ISBN 978-0-282-17818-5
PIBN 10586464

1 MONTH OF
FREE
READING

at

www.ForgottenBooks.com

By purchasing this book you are eligible for one month membership to ForgottenBooks.com, giving you unlimited access to our entire collection of over 700,000 titles via our web site and mobile apps.

To claim your free month visit:

www.forgottenbooks.com/free586464

English
Français
Deutsche
Italiano
Español
Português

www.forgottenbooks.com

Mythology Photography **Fiction**
Fishing Christianity **Art** Cooking
Essays Buddhism Freemasonry
Medicine **Biology** Music **Ancient
Egypt** Evolution Carpentry Physics
Dance Geology **Mathematics** Fitness
Shakespeare **Folklore** Yoga Marketing
Confidence Immortality Biographies
Poetry **Psychology** Witchcraft
Electronics Chemistry History **Law**
Accounting **Philosophy** Anthropology
Alchemy Drama Quantum Mechanics
Atheism Sexual Health **Ancient History**
Entrepreneurship Languages Sport
Paleontology Needlework Islam
Metaphysics Investment Archaeology
Parenting Statistics Criminology
Motivational

HISTORIA DE LA REGENCIA

DE

LA REINA CRISTINA.

POR

DON JOAQUIN FRANCISCO PACHECO.

TOMO I.

MADRID,

IMPRENTA DE D. FERNANDO SUAREZ,

PLAZUELA DE CELENQUE, N. 3.

1841.

2.

"Ofrezco á los venideros un ejemplo, á los presentes un desengaño, un consuelo á los pasados. Cuento los accidentes de un siglo que les puede servir á estos, aquellos y esotros con lecciones tan diferentes."

D. FRANCISCO DE MELO. *Historia de los movimientos de Cataluña.*

PROLOGO.

Dos consideraciones de distinta naturaleza han hecho vacilar largo tiempo al autor de la presente Historia: primero, sobre si debería escribirla; despues, sobre si debería publicarla.

La historia, se dice, no puede ser escrita por los contemporáneos. No cabe en ellos la imparcialidad que debe ser su primera ley; no alcanzan ellos á considerar su conjunto, á percibir la relacion de los diferentes hechos que la componen, desde el punto de vista elevado y jeneral, que reclaman hoy la marcha de nuestras ideas y el espíritu de la moderna civilizacion. Los historiadores de sucesos recientes tienen la doble desventaja de ser hombres de partido, y de preocuparse con cada acontecimiento, sin poder descubrir, colocados entre ellos propios, su jeneracion ni su enlace.

Hay tal vez en estas observaciones algun principio de verdad. No basta todo nuestro deseo para ser imparciales ni para ser filósofos. Por mas que procuremos apartar á un lado nuestras prevenciones, olvidar nuestros intereses, levantar nuestro espíritu, es posible que tropecemos alguna vez en los escollos con que nos circunda por todos lados nuestra condicion.

Pero no se exajeren tampoco las ventajas de los que escriben sobre asuntos pasados. Tambien hay parcialidad en los historiadores que juzgan de lo que no vieron: tambien se trazan apolojías en vez de narraciones: tambien, por elevarse en la consideracion de los sucesos, fórmanse novelas en lugar de referir realidades, y atribúyese á los actores lo que solo ha existido en el injenio del escritor.

Una cosa nos ha parecido siempre: que para describir con verdad estos grandes trastornos políticos que llamamos revoluciones; para apreciar los hombres, los partidos, las cosas, naturalmente y como fueron, sin engrandecerlos ni deprimirlos, sin calificar de hechos de Estado á sus pasiones, sin revestir de proporciones heróicas á sus crímenes, sin buscar misterios donde no los habia, ni cálculos para el porvenir donde solo se pensaba en lo actual;

para dar á la debilidad humana toda la parte que le corresponde, sin desconocer las altas leyes de la Providencia, y no elevar los sucesos de esta rejion donde vivimos, de esta sociedad flaca y miserable donde nos encontramos, á una sociedad y á unas rejiones ideales; para ser sencillo, exacto, moral; para dar una idea mas cierta, si no tan injeniosa y admirable, de los hechos que se refieren; es mucho mas ventajosa la posicion del que escribe sobre los acontecimientos de que fue testigo, que la de aquel otro, separado de ellos por largos años, y que solo los pudo conocer por relaciones ya desfiguradas, por escritos confesadamente de polémica y discusion, ó por los documentos de oficio, que se publican del modo que todos saben, y con la notoria inexactitud que en donde quiera los distingue. Hay siempre una gran parte de la verdad, la cual se desvanece con los mismos sucesos, y que no se consigna en ningun escrito contemporáneo; y esta verdad, la conoce mas completamente el historiador de la época, aunque no pueda trasladarla toda á su libro, que otro historiador venido despues, cuando aquella habia perdido su viveza, y se conservaba solo truncada y adulterada en las tradiciones.

Esta reflexion nos ha animado para escribir.

La duda respecto á publicar lo que escribíamos, tiene su oríjen en diferente causa.

Severos por naturaleza y por convicción, no hemos escaseado, ni podíamos escasear la censura ni á los partidos ni á los hombres. Nuestra palabra va á ser constantemente ríjida con todo lo que hemos tenido ocasion de examinar en el largo curso de esta obra. No para hacer injuria, no para deprimir ni rebajar á nadie, sin afectos y sin odio á la verdad, pero con una persuasion injénua, desinteresada, enteramente de conciencia, hemos empleado, bien contra nuestro deseo, mas expresiones de crítica y reprobacion que de simpatía y alabanza. Así, y solo así, hemos creido ser justos, porque la historia política de España en el presente siglo, no podia en nuestro concepto tener otro carácter, si habia de ser digna de su nombre.

Mas al obrar de esa suerte no nos hemos hecho ninguna ilusion, ni desconocido nada de lo que nos espera. Mil voces, mil pensamientos, de todos los partidos, van á levantarse contra nuestra Historia. Amigos y adversarios políticos, todos van á resentirse do ella: todos van á juzgar severamente al escritor de quien se creerán maltratados. Para todos va á ser punzante y amarga nuestra narracion; y de todas las filas va á caer sobre nosotros una larga explosion de enemistades y de quejas.

Semejante situacion es triste·y embarazosa ; sobre todo para quien no ha renunciado á la vida politica. Es muy fácil desafiar el odio y la animadversion de los contrarios ; mas es duro , es escabroso, es dificil, arrostrar el desvio de los que profesan los mismos principios que nosotros , de los que han lidiado bajo la misma bandera , de los que han marchado en nuestra comunion y en nuestra amistad. A lo primero estamos acostumbrados todos los hombres públicos ; lo segundo, debemos confesar que nos ha retraido mas de una vez , que casi ha sido superior á nuestras fuerzas.

Una protesta sola tenemos que oponer á tales quejas y á tales clamores ; y esta protesta es comun asi á los adversarios como á los amigos. Nada ha estado mas lejos de nuestra intencion que el deseo de convertir en arma de batalla , en medio de depreciacion y de injuria , el libro que publicamos en este instante. Nada ha estado mas lejos de nuestra intencion que el herir con él á ninguna de las personas públicas , que de cualquier modo se ven citadas en sus hojas. Nada ha estado mas lejos de nuestra intencion que el reducir á las pequeñas proporciones de un folleto de circunstancias, apasionado, injusto, rencoroso, lo que queremos que sea un trabajo de vida y duracion, mas permanente que las diferencias y los odios que nos dividen.

Con lealtad, con sinceridad, procurando sobreponernos al empuje de las circunstancias, hemos querido describir exactamente los sucesos de una época tan memorable. El interés de la verdad, como nosotros la hemos concebido, es el que nós ha inspirado en la obra, y el que nos sostiene para publicarla. Ni la amistad debia hacérnoslo desconocer, ni la enemistad podia tampoco cegarnos para rechazarle. Leal y sinceramente le hemos seguido: leal y sinceramente publicamos sus inspiraciones. Con esta confianza sufriremós la contradiccion de nuestros adversarios, y las quejas de nuestros amigos: solo apelamos de la pasion y de los juicios del dia, á la conciencia y á los juicios del tiempo.

HISTORIA DE LA REGENCIA

DE LA

REINA CRISTINA.

LIBRO PRIMERO.

INTRODUCCION.

" Et nunc reges intelligite: erudimini, qui judicatis terram."

SALMO II.

LIBRO PRIMERO.

Nos proponemos escribir la historia de uno de los mas notables periodos que pueden señalarse en la de nuestra España. Ajitado à un mismo tiempo por la revolucion y la guerra civil, el que principia en 1833, à la muerte de Fernando VII, y con el advenimiento al trono de su hija Doña Isabel II, es quizá la época mas interesante en los fastos modernos de una nacion, que ha llenado frecuentemente al mundo con la grandeza de su nombre y con las desgracias de su destino. Esas dos luchas mezcladas y confundidas entre sí, esos combates politico y dinástico, que por primera vez se enlazan en los anales de la Peninsula, no podrán menos de llamar la atencion de las jeneraciones venideras, como llaman la de los pueblos contemporáneos, ansiosos los unos y las otras de contemplar tanta abundancia de extraordinarios acontecimientos, y tan profun-

da materia de enseñanza y de reflexiones. Y en cuanto
á nosotros mismos, espectadores y actores de esta sangrienta epopeya, su idea y su recuerdo serán indele-
blemente la idea y el recuerdo de nuestra vida; porque
ha sido inmenso ese panorama que acaba de pasar ante nuestros ojos, y es difícil que presenciemos otro
igual por muchos años que se dilate nuestra existencia.

Habíanlo ciertamente preparado la série de circunstancias tristes y especiales, que desde principios del siglo se sucedian en este desventurado pais. La incuria y
desmoralizacion del poder bajo el reinado de Cárlos IV,
el magnífico pero peligroso sacudimiento de la guerra
contra Napoleon, los desórdenes y la ceguedad del siguiente sexenio, la anarquia constitucional de 1820 á
1823, y la reaccionaria opresion de los diez años que
vinieron en pos de ella; todo habia acumulado una infinita carga de combustibles, prontos á inflamarse en la
primera oportunidad, y cuyo estrago debia de ser sangriento y estrepitoso sobre los cálculos y las provisio-
nes de la prudencia comun. Faltas y yerros de los hombres encargados de dirigir la nacion, los cuales se dejaron arrastrar con frecuencia á remolque de sus movimientos, completaron despues el mal y la ruina que
aquellas causas habian principiado. Y la guerra y la
revolucion, no dominadas ni enfrenadas, corrieron
sobre un reguero de pólvora; y las lágrimas y la sangre inundaron mas abundantemente que nunca los es-
paciosos ámbitos de nuestro suelo.

Oportuno será, pues, que destinemos algunas pájinas á la breve consideracion de los hechos que se acaban de indicar. Preñados ellos, por decirlo así, de los

que son principal objeto de esta obra, mal llenariamos nuestro propósito si no los contempláramos, aunque lijeramente, y si no procurásemos comprender de un modo jeneral, pero exacto, su verdadera indole y sus consecuencias indispensables. Necesitase conocer lo pasado, si se quiere juzgar con algun acierto de lo presente.

CAPITULO PRIMERO.

1800.

Habiamos entrado en el siglo XIX. La marcha de los tiempos, los acontecimientos de la Peninsula, los trastornos y revoluciones ocurridos en Europa y en América à la segunda mitad del XVIII, no habian podido menos de ejercer un grande y desastroso influjo en la constitucion de la monarquia española. El desarrollo evidente, el progreso intelectual y político, que se notáran en la nacion bajo los reinados de Fernando VI y de Cárlos III, la prosperidad interior y la importancia européa, de que nuestros abuelos habian gozado durante aquel periodo; todo principiaba á desvanecerse con una rapidéz ominosa, cuyos sintomas y

cuyos efectos no podian ocultarse á la mas somera
atencion. Un mal-estar intimo y profundo, una debilidad extrema y permanente, habian reemplazado al vigor, á la esperanza, á la conciencia de poder, que
animaban á los pueblos algunos años antes. Ideas de
desórden, si no de revolucion, conmovian hondamente
los ánimos; y la inmoralidad, el desvario y el abandono de la córte, levantaban por donde quiera un escándalo no menos fatal y peligroso. Sin resolucion y
sin fuerzas, ni para ser neutrales, ni para combatir,
habiamos hecho una desgraciada campaña en 1794, y
una paz vergonzosa y llena de peligros en el año siguiente; y enemigos sin enerjia, cómo amigos sin confianza de la Revolucion francesa, pareciamos ya desti-
nados, al igual de otros muchos pueblos de Europa,
cuando no á ser absorvidos por su invasora expansion,
á ser arrollados y conculcados por lo menos con su im-
petuosa actividad.

Tan solo un gobierno fuerte, y de voluntad decidi-
da y robusta, hubiera podido contener á España, á
principios del siglo XIX, en la pendiente de perdicion
por donde se iba precipitando. Era aun á la verdad
posible la empresa; porque las ideas del pueblo no estaban pervertidas, y conservaba los sentimientos de
moralidad y órden que son la base de toda buena gobernacion; porque el Estado poseia numerosos recursos, que bien distribuidos pudieran hacer frente á todas sus necesidades; porque los restos, en fin, de su
fuerza maritima y militar eran principio suficiente para
fundar en él cuanto reclamaba una nacion casi rodeada de mares, y con frontera tan privilejiada como la

del Pirineo. Era posible la empresa; porque si bien
la Revolucion de Francia habia de tener eco de este lado de los montes, hallándose tan enlazados el un pueblo con el otro, guardaba y encerraba todavia el español abundantes vestijios de su vida propia, señales
profundas del espíritu que le habia animado durante
siglos, y que le condujera enérjicamente desde las montañas de Asturias hasta las cimas de los Andes y las
inmensidades del Océano.

Necesitábase empero, volvemos á decir, un gobierno digno de este nombre, que, severo como el carácter castellano, resuelto, sufrido, laborioso, aprove-
chára con habilidad los restos de la pasada grandeza, y
reorganizase fuertemente la sociedad española, abandonada por muchos años, y dejada caer hácia un abismo. Un rey, un ministro, que nos hubiese deparado
la Providencia, animado con resolucion de tales intenciones, habria evitado, si no todos los males que han
caido sucesivamente sobre el pais en esta larga conmocion de casi medio siglo, aquellos al menos que bro-
taron espontáneamente entre nosotros, y que son sin
duda de los que mas han desgarrado el seno de la patria.

Pero continuaba Cárlos IV sentado en el trono español, y desde las gradas de éste dirijia los negocios
públicos el célebre Príncipe de la Paz. Débil, ignorante, apático sobre todo y perezoso el primero, abandonaba completamente la supremacia del Estado, reser-
vándose solo del réjio poder los placeres mas groseros
y materiales. Satisfecho con comer y cazar, dominado
por una invencible desidia á los asuntos de importan-

cia, cifrábase toda su ventura en que le dejasen gozar de sus aficiones, y no le distrajesen de sus recreos, ni le obligasen á prestar atencion á las materias gubernativas.—Cuando la mano de Dios señala para los pueblos la hora del precipicio, su omnipotencia les destina semejantes reyes. En tiempos bonancibles, ellos crean las tempestades: en épocas de borrasca, su impulso mismo lanza en la perdicion á las naciones.

No se puede hablar del reinado de Cárlos IV, sin dirijir, aunque sea brevemente, la atencion hácia su esposa María Luisa. Si el abandono y la desidia del poder venian de parte del Rey, la desmoralizacion y el desórden se derivaban de parte de la Reina. Mejor dotada que el primero de facultades intelectuales, siendo absoluto dueño de su voluntad, imprimiendo la direccion que creia conveniente á los negocios, animando á la córte en el sentido que le agradaba, colocando y manteniendo por una larga série de años á su valido casi sobre el mismo nivél del trono; la historia no puede ser muda acerca de debilidades y de escándalos que tan pesadamente habian de caer sobre la nacion, y tan funestas huellas debian de imprimir en su destino. Perdonar pudo la justicia política los galanteos de Catalina II, hácia la misma época en que nos ocupamos, porque fueron defectos de mujer y no alcanzaron á la soberana; pero no lo era dado disimular los que referimos de nuestra Reina, porque ellos entregaron la España en manos del favorito, y la prostitucion privada fué el oríjen de la prostitucion del poder.

Y al cabo, si ese favorito hubiese merecido por sus altas y extraordinarias prendas la singular elevacion

á donde el capricho mujeril le ascendía: sí, velando
la mancha de su orijen, ó haciéndola olvidar á fuerza
de decoro, hubiese dirijido útil y dignamente los negocios públicos, y mejorado la suerte de la patria: si
hubiese comprendido y satisfecho las necesidades de la
epoca, pugnado siquiera por llenarlas del mejor modo
posible, y le hubiese visto la nacion modesto en su altura, activo y ocupado en los afanes·del gobierno, sa-
gaz para separarnos de los peligros que nos rodeaban,
empeñado, con empeño de conciencia, por conservar
el depósito material y moral que habia recibido; si
tal, decimos, hubiesen sido al cabo su carácter y su
conducta, los contemporáneos y la posteridad habrian
podido tambien otorgarle gracia por su parte, y perdonar jenerosamente unas faltas, que se rescataban, ó
se atenuaban cuando menos, con servicios grandos,
extraordinarios, eminentes.

Mas sin unirnos á los detractores apasionados de
D. Manuel Godoy, y sin dar entrada en nuestro ánimo á las acusaciones ó ridiculas ó exajeradas, que nacieron y corrieron durante su privanza y despues de
su caida; bien podemos asegurar que, inferior al puesto donde la suerte le habia colocado, estaba muy lejos
de llenar esas ideas que acaban de indicarse. El Principe de la Paz no era cruél, no era tirano, no era
perseguidor y vengativo, como sus contrarios dijeron;
mas era un hombre vulgar, destituido de notables cualidades, ajeno de la comprehension y la grandeza que
exijian las circunstancias. Desvaneciôle la altura en
que se veia puesto, pensó demasiado en si mismo y
en su propia sublimacion, y no acertó, porque era

insuficiente, con lo que reclamaba el estado del pais. Dudoso é inseguro en su política, careciendo de aquella fuerza que las almas privilejiadas rebosan y comunican á los pueblos, sin alcanzar mas allá de un círculo y de un tiempo limitados; no podia menos de ser débil y vacilante, tocando sucesivamente en los inmensos escollos, que multiplicaba en derredor de él una época tan dificultosa. Ninguna compensacion, pues, disimulaba los males de su oríjen; y desnuda la privanza de cuanto pudiera haberla atenuado, no solo se ofrecia cubierta de su impura fealdad á los indignados ojos de la nacion, sino que la realzaban justa y necesariamente los continuados desastres, que, en una série no interrumpida, iban siendo enérjicos comentarios de su historia.

Bajo esta deplorable trinidad, del Rey, de la Reina, y del favorito; del Rey inepto, de la Reina desenfrenada, del favorito incapáz y petulante, se ajitaba tristemente la monarquia. Dilatábanse la desmoralizacion, la corrupcion, el vilipendio, por las clases superiores: por las mas bajas el descontento y el escándalo: por todas la debilidad y la postracion, que eran sus consecuencias indispensables. El Estado se estremecia, y murmuraban los pueblos; en tanto que la córte, adormecida con procaces lisonjas y con proyectos absurdos, dejaba descuidadamente venir la hora del naufrajio.

Hemos dicho ya que habia algun peligro para el gobierno español en el influjo necesario de los trastornos de 1789. Durante un siglo entero dominaba en Castilla la dinastía borbónica, y la inspiracion francesa habia corrido largamente en las entrañas de nuestro pais. La administracion y el absolutismo político de Luis XIV fueron introducidos por su nieto Felipe V de este lado del Pirineo: vino en seguida la literatura de Boileau á destronar la de Lope de Vega; y desde el reinado de Cárlos III habian tambien pasado los montes Voltaire y Montesquieu, y aun Helvecio, y Raynal, y Rousseau, y todos los filósofos y publicistas de la escuela revolucionaria. Mas tarde, los trabajos de la Asamblea constituyente habian ocupado al público de Madrid; y Brissot y los Girondinos contaron con secuaces entusiastas en la nacion española. La idea misma de república fué acariciada un momento por hombres de los de mayor actividad y mas porvenir que habia entre nosotros.

Débese sin embargo confesar que este peligro no era entonces inminente. Separaba una distancia inmensa á los circulos ilustrados de la córte, de la gran mayoría del pueblo castellano. Las tradiciones políticas y relijiosas, que acumulára una série de tantos siglos de catolicismo y de monarquia, conservábanse intactas aún en las dilatadas provincias de su imperio. El español encerraba en una misma fé, proclamaba en una misma fórmula, la confesion de Dios y la adoracion del Rey; y ni la filosofia, ni el republicanismo de unos pocos, extranjeros mas bien que nacionales por su educacion y por sus ideas, eran aun suficientes á conmover la gran masa popular, resguardada de su contacto por la escasez de comunicaciones, por la inercia natural de este pueblo, y por la accion inquisitorial, que, aunque menguada y decadente, imponia terror y respeto á los que recordaban su anterior destino. La verdad es que el contajio extranjero, el contajio liberal y filosófico, se hallaba poco extendido, y no era amenazante todavia: teníamos empero un principio activo de él, y este jérmen podia convertirse en peligroso, por la desidia, por el abandono, por la incapacidad y los abusos de los que gobernaban. Lo que en pocos años invade y domina á pueblos bien disciplinados, de temer era que se extendiese con rapidez por una nacion descontenta, irritada, herida en su orgullo, y abrumada de padeceres.

Y era tanto mas temible que cundiesen en ella las ideas de la Revolucion, cuanto que se reunian para esto fin los recuerdos de antiguas instituciones y la carencia actual de toda organizacion resistente y vigorosa. El nombre de las Córtes, las tradiciones de aquel gran cuerpo nacional, no se habian desvanecido de la memoria comun; y los males de la época contribuian á embellecer esos vagos recuerdos de lo pasado, y á fomentar todas las ideas que al mismo órden de cosas pudieran referirse. Natural era el renacimiento de una esperanza, en cuyo favor se agrupaban á la vez vestijios venerables y desengaños del tiempo presente; que los libros mostraban como útil en todas ocasiones, y apetecible para la gloria y el bienestar, mientras que los desórdenes actuales la indicaban tambien como único recurso contra su mal y sus escándalos.

Todo esto, sin embargo, se presentaba en una oscura lejania, aun á los observadores no superficiales. Las apariencias de respeto, las exterioridades de veneracion eran siempre idénticas; y el poder del pueblo, y el de los tribunos que toman su nombre, y precipitan á las masas en cualquier sentido, no se conoce aun entre nosotros. Los mismos hechos de la Revolucion francesa, si bien habian admirado y asombrado al mundo, no estaban analizados ni comprendidos por una observacion imparcial, no estaban jeneralizados ni reducidos á teoría, para la enseñanza, para el uso, para el escarmiento de las naciones..

Remontándonos del pueblo y de la multitud hácia las instituciones y clases privilejiadas, las encontraríamos á la misma época, en igual estado de abatimiento y nulidad. Lanzadas de las Córtes del reino aun antes de que éstas cayesen en desuso, habian perdido todo poder legal desde principios del siglo XVI, y visto despues desmoronarse el social y de opinion, que gozaran desde épocas remotas. El clero y la nobleza, esos dos grandes elementos de la antigua monarquía, se hallaban completamente abatidos por la autoridad real á principios del siglo XIX.

Los últimos golpes dados, así á la una como á la otra clase, lo fueron principalmente por los soberanos de la casa de Borbon. Mientras reinó en Madrid la dinastía austriaca, tanto el clero como la nobleza habian ejercido, cuándo mas, cuándo menos, poder é influjo real en la suerte del Estado. Baste recordar la importancia de la Inquisicion hasta los tiempos de Cárlos II: baste tener presente que la grandeza ocupó las gradas del trono hasta la muerte de aquel monarca, y no dedicada solo á servicios domésticos y palaciegos, sino disponiendo y gobernando en el pais. Ademas de los privilejios y de las inmunidades de ambas clases, que levantaban una barrera social entre ellas y el estado llano, ellas eran tambien la candidatura jeneral donde el poder reclutaba sus ajentes, ellas eran las que lo constituian, ellas las que lo sustentaban. En vano se observará contra la índole y carácter aristocráticos de aquellos siglos, que el clero y la nobleza no se reunian en las Córtes: la verdad es que ellos poseian los ministerios, que ellos mandaban las armas, que ellos, en los consejos y en las municipalidades, distribuian la justicia, y administraban la nacion.

El postrer momento de ese sistema es el de la agonía de Cárlos II. Vése en ésta por última vez ajitarse á la Iglesia y á los señores, para disponer de la suerte del Estado. Las intrigas de Madrid en 1699 y 1700 son la despedida de la aristocrácia y del alto clero, que políticamente iban á hundirse en el sepulcro, enlazadas al último vástago español de la casa de Habspurg.

Con el advenimiento de Felipe V al trono de Castilla, principia de lleno en la sociedad una tendencia democrática. El ministerio se comienza á dar á hombres salidos de la plebe, y aun á aventureros, cuyo oríjen apenas es conocido. El sistema de los cuerpos francos, con todas sus consecuencias anárquicas, se aclimata brevemente en los ejércitos españoles. Al mismo tiempo que se prodigan los titulos nobiliarios á los contratistas de las guerras de sucesion, el francés Juan de Orry ataca la existencia de los antiguos señorios, promoviendo la reversion á la Corona de sus mas pingües posesiones. La Inquisicion por último se ve amenazada: el Nuncio de S. S. es despedido del reino: todas las eminencias sociales se humillan y desaparecen ante el nuevo espíritu que ha reemplazado al de la antigua monarquía.

Ese espíritu, todo de abatimiento para las clases superiores, continúa sin intermision en los reinados de aquel siglo. La majistratura, invadida por el pueblo, lucha enérjicamente con el poder de Roma, desgarra sus prerogativas, y sujeta el estado eclesiástico á la autoridad de los monarcas. La cuestion del Monitorio de Parma, el expediente del Obispo de Cuenca, los debates acerca del Santo Oficio, y la expulsion de los jesuitas, acaban de fundar de un modo seguro la supremacia civil.

Debia ésta, sin embargo, esclarecerse todavia más á principios del siglo XIX, y bajo la administracion de D. Manuel Godoy. Los desórdenes del palacio, y las guerras últimamente emprendidas, habian puesto en una situacion extrema y deplorable la hacienda de la nacion. El crédito estaba profundamente resentido, y las rentas del Estado no alcanzaban á cubrir sus obligaciones. Acudióse, pues, á buscar nuevos y cuantiosos recursos con que satisfacerlas; y no se encontró ninguno mas fácil ni de mayor importancia, que la ocupacion en cierta parte de las rentas y los bienes del clero. Su masa decimal sufrió una nueva reduccion; y no siendo aun esta suficiente, procedióse á la enajenacion de la sétima parte de sus fincas raices.

Verdad es que se partia para todas estas innovaciones del consentimiento impetrado y obtenido de la corte romana: verdad es que se ofrecian rentas de la Caja de amortizacion, como equivalente de los capitales ocupados; pero por mas valor que se atribuyese á estos paliativos, siempre era sumamente notable el hecho en sí propio, y siempre indicaba una variacion inmensa respecto á lo que habia sido el clero en los siglos anteriores. Su condicion estaba cambiada, y su inmenso poder muy disminuido: no era ya escuchada su voluntad como ley, ni por el Gobierno ni por el pais. Mal podia tenerse por buen tiempo de su historia, cuando se menguaban sus antiguos bienes, cuando se restablecian en uso las casi olvidadas leyes contra su amortizacion, cuando se les restrinjia su primitiva inmunidad, y cuando, por último, se trataba muy sériamente de proceder á la reforma de los regulares, y se habian conseguido de Roma las correspondientes bulas.

Lo mismo que con el clero acontecia con la nobleza aristocrática. La irrupcion de las clases inferiores en la de los títulos de Castilla habia sido escandalosa desde la mitad del siglo XVIII. A millares se habian creado estos últimos durante cada reinado de aquella época. Concediéndolos de ese modo, casi sin motivo qué alegar, y aun en muchos casos puramente por dinero, como se enajena un mueble ó una finca, todo el prestijio moral de la nobleza, todo el poder social que anteriormente habia conservado, acababa de desvanecerse y anegarse en aquel diluvio de vulgaridad. Y á esa circunstancia, que bastaria ya por sí sola, añádanse otros medios directos, empleados por la ley contra el mismo espíritu de aristocrácia y distincion. Hasta el reinado de Cárlos III la composicion de las municipalidades importantes ofrecia á la nobleza una base de autoridad, que de seguro no habia desaprove-

chado. Los ayuntamientos eran otras tantas ciudadelas
políticas en nuestro país, y la institucion de las reji-
durías perpétuas las tenia entregadas de bien antiguo
en poder de aquella clase. Creando Carlos III las plazas de síndicos y de diputados del comun, introdu-
ciendo la eleccion, la representacion, el espíritu veci-
nal y democrático, en los cuerpos municipales, hirió
de muerte al antiguo sistema que se albergaba en ellos, y
dió principio á una de las innovaciones mas importantes y mas fecundas, que habian de caracterizar la época
en que hemos nacido.

Otra gravísima, inmensa cuestion, resuelta en el
mismo reinado en contra de la tendencia aristocrática,
fue sin duda la de las vinculaciones. La institucion del
mayorazgo habia sido la que fijára cuatro siglos antes
la existencia de la clase noble; porque ella fué la que
la constituyó permanente, hereditaria, progresiva. Antes del mayorazgo apenas era posible sino la distincion,
la nobleza personal: las vinculaciones fueron las que
ligaron las familias á la tierra, y produjeron verdaderamente clase, donde solo habia en realidad individuos.
Uno de los pocos yerros, pero quizá el mas importante
de la inmortal obra de Jovellanos, consiste en asegurar que sin las vinculaciones seria aun posible en nuestro tiempo la nobleza, como sistema, como institucion
permanente. Equivocábase el ilustre publicista, y no
habia considerado cuán diversa es la actual situacion
de España, de la que tuvieron los estados de Aragon y
de Castilla desde el siglo X al XV.

Mas esa persuasion de un hombre tan insigne, escuchada y no impugnada hácia fines del XVIII, nos

hace conocer plenamente la tendencia de la opinion
por aquellos tiempos, y la decadencia de favor respecto á las clases nobiliarias. Habian cundido ademas entre nuestros padres con un éxito sorprendente las ideas
económicas proclamadas en el mismo siglo; y juzgando por ellas solas la teoria de la amortizacion, buscá-
banse todos los medios para poner á esta un coto razonable. De tal reunion de circunstancias provino y
tuvo orijen la prohibicion de amayorazgar, que cier-
ra el reinado de Cárlos III, y la facilidad de vender
bienes de mayorazgos, trocándolos por rentas públicas, que se concedió, y á que se estimuló, tal vez
sin conocer toda su importancia, en el reinado de
Cárlos IV.—De este modo se abrian profundas brechas
al legado de los siglos anteriores, y se despojaba á los
restos de la aristocrácia del escaso poder social que
desde 1700 habia mantenido.

Con el poder se desvanecian tambien los privilejios. Los supremos tribunales del Estado restrinjian
á título de prestacion feudal casi todos los derechos de
propiedad y de señorio, que se habian reservado en los
pueblos sus antiguos poseedores. Una jurisprudencia,
cuya idea capital se cifraba en favorecer á la Corona,
era la regla única en los litijios de reversion ó incor-
poracion: aceptada uniforme y constantemente por todos los fiscales y todos los consejos, no se necesitaba
sino esperar algunos años, para que poco á poco se vie-
sen extinguidos los restos de una feudalidad, que nunca fué tan intensa ni opresora como la de otros paises.
Todos sus vestijios reales estaban casi reducidos al derecho de nombrar los jueces en ciertos pueblos, jueces

de los cuales se apelaba á las audiencias y chancillerías, y que se hallaban por consiguiente en la misma clase de los alcaldes ordinarios. Todos sus restijios personales estaban cifrados en la exencion del servicio militar, y en la entrada exclusiva de algunas pocas carreras, cuyos estatutos reclamaban la posesion de hidalguía. Y aun este mismo privilejio era en el hecho, mas que real, aparente; porque segun la práctica de nuestros tribunales, no habia familia alguna medianamente acomodada, que hacia el año de 1800 no hubiese obtenido, ó no pudiese obtener una ejecutoria de nobleza.

Habiase pues verdaderamente realizado el triunfo de la igualdad en nuestra nacion española. Jamás, ya lo hemos dicho, se habian conocido en ella tan exorbitantes y odiosos privilejios como los que pesaron sobre otros paises. El duro sistema feudal de la edad media, con las vejaciones y los crímenes que en otras partes le acompañaron, ó apenas rijió alguna vez, ó pasó muy lijeramente en la historia y sobre los pueblos de nuestra Península. Y aun aquello poco que hubo por la ley, y que se conservó algun tanto en las tradiciones; aun esas prerogativas que tenian su fundamento y su consagracion en el mayorazgo; aun las distinciones que se advierten bajo el dominio de la dinastia austriaca, con su colorido aristocrático, con su tendencia nobiliaria de aquellos tiempos; todo estaba acabado y desvanecido en realidad al comenzarse el siglo XIX. Si en el fondo de las provincias se conservaban algunas ridículas pretensiones, algunas formas y maneras ambiciósas, por los que tenian un escudo de piedra sobre su portal, nada de eso se elevaba hasta las grandes

ciudades, y mucho menos hasta la capital de la mo-
nárquia. A nadie preguntaba la córte el blason de sus
abuelos; y el que tenia un vestido decente podia concurrir sin otra información á los salones del Príncipe
de la Paz, y mezclarse alli con la antigua grandeza,
que se deshacia en a loraciones á los pies del poderoso
ennoblecido.

Tal era la situacion política y social del pais, por
los tiempos que vamos recordándo. Humilladas, vul-
garizadas, abatidas las antiguas clases, rebajada á una
igualdad absoluta toda la nacion, alzábase solo en me-

lado, y casi al igual del mismo, otra especie de trono,
tambien de inmensa altura, pero de fundamentos de-
leznables. No tenia este las raices de catorce siglos, ni
se apoyaba en la lejitimidad que sustenta tales instituciones: un capricho le habia creado, y un soplo podia
echarle á tierra. Y si bien sus apariencias exteriores
eran robustas, si bien parecia enlazado y afirmado con
el de los Reyes; justo era, sin embargo, considerar
que sobre él se estrellaba el escándalo y el descontento público, y que si por suerte llegaba á arre-
ciar la tormenta, y á desplomarse aquella obra, algo habia de arrastrar en su caida á la que mala ó
imprudentemente le sirviera de único fundamento. Política á la verdad errada en cualquier situacion, pero mucho mas errada todavia en el periodo social
en que entrábamos: no buscar fuerza y arrimo en
instituciones que tuviesen vida propia; y lejos de
ello, malgastar una buena parte de la que correspondia á la autoridad réjia, empleándola en sostener esa

que no puede llamarse creacion social, antipática, repugnante, odiosa á todas las ideas, á todas las costumbres del pais. Los hombres amantes de su patria, dotados de alguna intelijencia y prevision, debieron lamentarse con amargura de tan errado camino; porque era verdaderamente tentar á la Providencia la institucion del Principado de la Paz en 1795, y la del Almirantazgo de España, despues de haberse hundido en Trafalgar nuestra marina. Y tentar asi á la Providencia, y burlarse del buen sentido y la moral de las naciones, en las épocas en que se desatan las tempestades, es el mayor delirio que cometen los Principes, y el mas fecundo orijen de desgracias para ellos mismos y para sus infelices pueblos.

Lo que indicaba la razon, y lo que varias veces habia demostrado la historia, no debia dejar de suceder en el período que vamos examinando. La animosidad contra el favorito debia de buscar un jefe, y personificarse en la real familia. El Príncipe de Asturias fue el alma de los descontentos, y en él, por esta causa mas que por ninguna otra, se fijó el cariño y se cifró la esperanza de la nacion. Cada una de las clases, cada una de las ideas heridas por D. Manuel Godoy, creyeron ver en Fernando el representante de sus quejas. La antigua nobleza, el clero, los hombres de estudio, la milicia, la nacion toda, esperaron en él. Un

sentimiento unánime le aclamaba: una opinion universal hacia consistir en su triunfo el remedio de todos
los males.

No nos proponemos escribir la historia detallada de
aquellos sucesos, ni llenar estas pájinas con las mezquinas intrigas del Escorial. Baste decir que un Príncipe tan favorecido de la fortuna como lo era Fernando, que tan alto podia colocarse en la estimacion de
su pueblo y de la historia, aguardando solo con dignidad á que llegase naturalmente el momento de su
reinado; que este Príncipe, decimos, se dejó llevar de
criminales deseos, mezcló su nombre y su concurrencia en bajas, impuras, desastrosas maquinaciones, y
contribuyó tanto como su adversario, y mas próxima
y mas directamente aún, al hundimiento de la nacion.
Ajeno de toda idea filial, conspiró contra la autoridad
de su padre: ajeno de todo sentimiento patriótico, se
dirijió á un soberano extranjero, haciéndole indignamente árbitro de su destino, poniéndose á su merced,
abriéndole las puertas de su patria. Y al mismo tiempo que audaz conspiraba por la corona, era un cobarde que no se atrevia á morir (I); y, despues de haber
comprometido á los que le rodeaban, imploraba sumi-
samente su perdon, y abandonaba á sus compañeros,
para que fuesen sacrificados á la justicia de las leyes ó
á la venganza del favorito.

Esta causa del Escorial fue la primera explosion de
tan inmensa y tan cargada mina. Allí comenzó el desórden público, allí comenzó la guerra civil, allí la re-

(1) Véase la nota al fin del tomo.

volucion española. Cárlos IV, exaltado un momento, à pesar de su apatia, lanzó en medio de la nacion su terrible manifiesto contra el heredero del trono. Amenazóse repetir la historia que se atribuye à Felipe II, y ver á otro Principe de Asturias condenado al patíbulo por su padre y por su Rey.

Mas las circunstancias eran completamente distintas. Entre el Monarca Borbon y el hijo de Cárlos I, la diferencia no podia ser más señalada. Felipe obró en silencio, si obró duramente: Cárlos IV escandalizaba al mundo, siendo seguro que no habia de obrar. A los pocos dias se repitió el escándalo con un perdon indecoroso: el Principe entró de nuevo en la aparente gracia de sus padres; y solo hubo por resultado un nuevo estremecimiento moral de todos los principios sociales y gubernativos. El desórden habia levantado su frente, y saliendo de las ideas, se realizaba en hechos de tal importancia.

Victima entre tanto de la política del imperio francés, poníase completamente á su disposicion la pobre monarquía española: Un cuerpo de ejército de nuestros mejores soldados marchaba entre los del Emperador á sus campañas de Dinamarca y de Suecia, mientras que por un tratado imbécil dábamos paso á sus tropas para Portugal, y las dejábamos tomar posicion, no solo á nuestras espaldas, sino en todas las plazas importantes de nuestra frontera, y aun en la misma córte de Madrid. Desde 1807 estaba la nacion ocupada por el ejército francés. Murat era ya el verdadero jefe de las fuerzas militares en España; y todavia se ocupaban Cárlos IV y su ministro en prepararse un imperio de

América y un reino de los Algarbes, para cada uno de
los dos.

Cuando el desórden y la confusion hubieron llegado á su colmo, hasta un extremo difícil de concebir,
verificóse la asonada de Aranjuez, á que puso término
la abdicacion de Cárlos IV. El poder rodó ya por el
suelo, la corona fue en fin pisoteada por la muchedumbre, la revolucion presentó al mundo su primera
escena. El trono del valido cayó hecho pedazos: el trono de los Reyes se conmovió hasta en sus mas pro-
fundos cimientos. No era ya en España inviolable la
soberania, cuando tal espectáculo se ostentaba en
Aranjuez.

El primer periodo del reinado de Fernando VII,
desde el 19 de marzo en que subió á aquel trono que
tanto deseára, hasta el 5 de mayo en que cobarde-
mente lo abdicó en Bayona, presenta el mismo ca-ác-
ter de ceguedad que habia distinguido á los últimos
meses del anterior reinado. Los hombres que dirijen
los negocios se llaman á la verdad de otra suerte, pues
el huracan habia llevado con D. Manuel Godoy á los
ajentes de su poder, y los conspiradores de 1807 no
podian menos de convertirse en áulicos en 1808. Pero
si las personas eran diversas, la conducta era igual,
y los yerros eran semejantes, ó, por mejor decir, mayores, mas evidentes cada dia. Necesario es confesar
que en los últimos momentos de Cárlos IV, su ministro
habia querido llevar la córte del otro lado de los mares: tambien Fernando la trasladó, pero fue del otro
lado del Pirineo.

Cuando se contempla al gobierno de la nacion es-

pañola, lo mismo bajo el padre que bajo el hijo, ar-
rastrándose tan indignamente á los pies de una potencia extraña, llamándola á decidir en nuestras contiendas interiores, invocándola como su providencia, como
el árbitro de su destino futuro, ajitándose hasta el es-
tremo de la degradacion por conseguir una mirada favorable, una esperanza de misericordia; no puede menos de hervir la sangre en cualquier pecho castellano, y
de encenderse el rostro con el rubor de tanta ignominia. Y no basta que esa providencia, que ese árbitro
se llamase Napoleon, ni que tuviera un millon de
combatientes, ni que fuese el hombre mas grande, el
primer soberano del mundo: la prudencia podia acon-
sejar que no se desafiase su poder; pero el honor tambien mandaba que no se envileciese nuestra nacionalidad. Está en las manos de la fortuna el distribuir la
fuerza entre las naciones; mas la conservacion del decoro y de la honra pende de nosotros mismos, y estos
no pueden arrebatársenos, como voluntariamente no
los abdiquemos. Defienda en buen hora D. Manuel Godoy los principios y los actos de su administracion:
para nosotros está juzgada al considerar á 1808, y al
advertir la conducta indigna y cobarde, que casi todos
los hombres socialmente elevados siguieron en aquella
época. Un ministerio que dura quince años, es responsable del estado de la sociedad á su conclusion.

Y deplorable era, como hemos dicho, ese estado,
al recojer Fernando las riendas del gobierno. Tan
ineptos y tan débiles eran sus hombres, como los hombres que acababan de pasar. Ninguna prevision, ninguna dignidad, ninguna enerjía se encerraba en sus

corazones. Si Carlos IV había dejado que los franceses vinieran á Madrid, Fernando VII fue á buscar al
Emperador en Bayona.

Tan solo el pueblo, con su instinto de irreflexion,
con sus movimientos espontáneos y apasionados, daba
muestras confusas de lo que habia de ser dentro de
poco. El pueblo reconocia el mal y los peligros de la
conducta que se seguia observando: el pueblo recelaba de lo que no recelaba la córte: el pueblo se indig-
naba de lo que los gobernantes sufrian pacientemente.
Enemigo del favorito, destronado, tenia la sensatez de
ser contrario á su sistema; mientras que los cortesa-
nos de Fernando VII proscribian al autor, y continuaban la obra. El pueblo era mas digno que ellos de la
tierra que pisaba, y del cielo que lo cubria.

Pero la política de la córte debia triunfar aún de la
política popular. A despecho de ésta marchó Fernando á Bayona; y débil allí, como lo fue siempre y en
todas partes, abdicó en público la corona de su nacion, mientras en secreto otorgaba protestas, mandaba convocar las Córtes de Castilla, y pedia á sus pueblos que se armasen y sublevasen por él. ¡Pobres y
miserables recursos, para satisfacer tantos deberes como se habian hollado, para lavarse de tanta indignidad como se habia echado sobre las cabezas! ¡Mezquina hipocresía, que mil veces estigmatizára la historia,
y que vino á completar una série de tanta pobreza y
tanto vilipendio!

Todo fue en realidad pequeño y miserable en aquellas escenas de principios de mayo. Los padres acusando
al hijo ante el soberano francés, el hijo humillando su

dignidad, y regateando su renuncia, el Emperador descendiendo de su altura inmensa, de su carácter y su papel de leon, para mezclarse en rateros despojos á manera de raposa. Todos ellos escribieron una tristísima pájina en esa historia de vergüenza, con la que los unos completaron su ignominia, con la que el otro echó sobre sí una mancha indeleble, y conmovió los fundamentos de su poder. La Europa entera miró con asombro unos hechos que no comprendia, y aguardó con estupor las terribles consecuencias de tanta torpeza y tanto crimen.

En este momento es, cuando ya han transcurrido mas de treinta años de aquella vergonzosa catástrofe, y todavia comprendemos dificilmente alguna de sus circunstancias. No nos cuesta trabajo figurarnos al anciano rey, que consiente en perder el trono por vengarse de su hijo; ni estrañamos tampoco que nos repita éste escenas semejantes á las que habia ofrecido al mundo cuando la causa del Escorial. Lo que confunde la imajinacion de los hombres sensatos, y no puede esplicarse sino por un tristísimo alucinamiento, es la baja conducta del Emperador, reducido á tan pequeñas é ignobles proporciones, y aventurando el paso mas imprudente, mas inútil, mas perjudicial á su gloria y á su destino, de cuantos pudieron presentársele en su extraordinaria y casi fabulosa carrera. Bien era necesario, no solo que desconociese á España, como ha confesado despues, sino que, enfermo y ciego de una despoderada ambicion, hubiese olvidado por entonces los sentimientos de la humanidad y los intereses de la Francia misma.

Grande, inmensa, incomparable altura pudo ganar

en aquel dia Napoleon. Tuvo en sus manos la suerte
de un gran pueblo, cuya imajinacion estaba herida de
su nombre, y que profesaba aun hácia él, en medio de
su reciente desconfianza, un elevadísimo culto. Pudo
hacerle feliz, respetando su independencia, y unirle á
su destino con unos lazos que nunca se hubieran roto.
Pudo rejenerarle, haciendo entrar en su seno las grandes mejoras que reclamaba su situacion, y presentán-
dolo en la confederacion europea, cual era conven ien-
to para el bien comun. Arbitro verdadero, puesto que
ya le habian hecho tal, en medio de sus discordias,
hubiera sido tan noble como glorioso usar del arbitraje
con alta y prudente sabiduria, en provecho de la nacion española, y en beneficio tambien de la civilizacion
del mundo, cuyo instrumento él debia considerarse.
¿Era por ventura tan dificil haber mantenido en la Península los principios de la ley, de la razon, de la moral, purgándonos del jérmen de todos los males, haciendo entrar en su sendero á todas las ambiciones,
rodeando el trono de las personas estimables que se
habian conservado puras en medio de aquel diluvio de
manchas, inspirando en los altos puestos de la gobernacion algo de aquella singular enerjia, que tan saludables efectos habia realizado de la otra parte de los
montes? ¡Oh! no; de ninguna manera podia ser difícil semejante obra, para quien tan árduas las habia
acometido y llevado á cabo: de ninguna manera, como
la hubiese concebido con decision, como la hubiese
emprendido con esfuerzo y voluntad. La conciencia pública de este pais le hubiera ayudado en ella, al ruido
de los aplausos de toda Europa.

Pero aun los hombres mas grandes padecen momentos de ilusion, y se ven desvanecidos por el vértigo de las pequeñas pasiones. El éxito continuado es un consejero engañoso, que pierde con sus lisonjas á los que ha favorecido con su ayuda. Napoleon comenzaba á desvanecerse en la época de que tratamos, y quería ya levantar por todas partes dinastías rejias salidas de su estirpe. No consideraba que los demas Estados de Europa no eran la Francia, ni que sus hermanos no eran él.

Consumáronse pues los actos de abdicacion de la dinastía española; y la obra de la debilidad y de la perfidia apareció como fundamento de una nueva era. Cárlos IV y Fernando VII marcharon á lejanas rejiones, y José Bonaparte fue proclamado y saludado nuestro rey.

Por segunda vez, en el espacio de poco mas de un siglo, venia á sentarse un principe de las dinastías francesas bajo el antiguo dosel de las Españas. Allá en 1700, cuando la gloria de Luis XIV habia llenado todos los ámbitos de Europa, el testamento de Cárlos II llamó para nuestro suelo la dominacion del Duque de Anjou; y los ejércitos franceses, bajo las órdenes de Berwick y de Vandoma, corrieron á los campos de Villaviciosa y de Almansa á sostener el trono de Felipe V. Ahora tambien, en 1808, llena igualmente la Europa con el nombre inmenso de Napoleon, traianos la renuncia de otro Cárlos al rey de Nápoles, José, hermano de aquel monarca; y pasaban igualmente los Pirineos las lejiones de Soult y de Massena, para asegurar en Madrid la dominacion del enviado de las Tu-

llerias.—Triste repeticion de una dolorosa fatalidad, que
parece nos condenaba á arrastrarnos sujetos al destino
de aquella misma nacion, de la que fuéramos anteriormente siempre rivales, con frecuencia enemigos, quizá
las mas veces vencedores. Pero fatalidad mas triste y
dolorosa en el caso presente, porque no era una razon
de derecho, como en el de Felipe V, sino un acto de
perfidia, el que nos imponia el reinado de José: porque no habian ido á buscarle los votos de la España,
huérfana de soberanos, sino que eran las malas artes
del Emperador las que nos habian robado los nuestros: porque no venia, en fin, ni era posible, que vi-
niese, á formar principio de una dinastía realmente
española, sino que nos era enviado como un lugar-
teniente, ó primer prefecto del gobierno imperial, para rejir y explotar esta nacion, segun los intereses de
la familia francesa.—Si el caso, pues, do 1700 habia
sido duro para el orgullo nacional, el de 1808 heria
todos los instintos, todos los intereses, todas las pasiones, todos los derechos de la sociedad española.

Y de nada servian para compensar estos males, ni el
carácter particular del nuevo Monarca, que se presentaba como recomendable y digno de estimacion, ni la
esperanza de reformas reclamadas de antemano por el
país, y que parecian naturales cuando hubiese un gobierno mas ilustrado, ni el apoyo, ó por mejor decir, la
hermandad que debia prometerse José del gabinete de
las Tullerias, poderoso á la sazon sobre todos los de la
Europa. Estos motivos, que pudieran tener fuerza para
algunas personas de indole templada y reflexiva, no
tenian ninguna de seguro para las masas de la nacion.

Habia sido tan breve la aparicion de Fernando sobre el trono, que no habia habido tiempo para que se desvaneciesen las antiguas ilusiones. España entera le miraba aun llena de fé, atribuyendo sus defectos y sus errores á los que habian rodeado la inexperiencia de un natural bondadoso. El odio á Godoy habia hecho que se le absolviera de los sucesos del Escorial: la perfidia de Napoleon habia cubierto su falta del viaje de Bayona: la opinion pública lo proclamaba una victima, un mártir de patriotismo. De él tambien se esperaban reformas, con mas confianza todavia que la que pudiera tenerse en ningun estraño. Y en cuanto al poder material que acaba de indicarse, tal era la jeneral ignorancia de nuestros mayores acerca del estado de la Europa, y tales los restos del antiguo orgullo nacional, gravados aún en nuestros ánimos por la época que vamos recorriendo, que se despreciaba en nuestras provincias como ridícula y de poco valor á la Francia, y se creia confiadamente que no podrian sus ejércitos sostener el choque de nuestros soldados. Errores todos, que bien pronto hubieron de conocerse; pero errores que acojia ávidamente el espiritu español, y que producian en las masas los mismos efectos que si hubiesen sido verdades inconcusas.

La nacion pues, toda ella, rechazaba instintivamente la nueva dinastía, que pugnaba por sentarse sobre su trono. Desde el primer momento apareció clara su voluntad, y se ostentó su repulsa por cuantos medios estaban á su alcance. A la proclamacion de Fernando se acababan de escuchar por donde quiera las mas altas manifestaciones de júbilo y de esperanza;

mientras que su viaje fue acompañado de dolorosas muestras de sentimiento, y su abdicacion extendió por todas partes un desasosiego y un luto, precursores infalibles de reria y encendida tormenta. Antes aún de que ella se verificara, cuando solo habia recelos de que quisiese arrancarse á los españoles su familia real, el cañon habia tronado en Madrid, el puñal habia brillado en sus plazas, y una jornada de sangre y de lágrimas inextinguibles habia proclamado á toda la nacion un espantoso y desconocido porvenir.

Bajo tales y tan tristes auspicios se inauguraba el reinado de José. Permanecia esto en Bayona con el Emperador, y debe creerse que mas de un negro presentimiento se deslizaria en sus almas, al considerar el saludo que merecian á los pueblos castellanos. Pero no era hombre Napoleon á quien tales obstáculos arredrasen; y toda vez que tenia resuelto imponer á España un soberano de su familia, necesario era que cediesen todos los inconvenientes, y se doblegasen ante su férrea voluntad.

No queria, sin embargo, dejar de revestir aquella revolucion dinástica, de ciertas formas que la sancionasen y lejitimasen á los ojos de la muchedumbre; ni queria tampoco ostentarse como rey absoluto, ni proclamar su soberania como ilimitada y despótica. Pagase en esto un tributo á las ideas en que se educó, antiguo republicano en la revolucion de su país, ó transijiese con las que veia progresar por todas partes, y aclimatarse en nuestro siglo; lo cierto es que buscó sanciones liberales al acto en que fundaba su dominacion, y que, primero entre los modernos gobernantes

de España, convocó una numerosa asamblea política, y
habló de pactos entre los pueblos y los reyes.—Quizá
es este un punto, que no debiera pasar desapercibido
en las historias del Emperador, porque podria servir
para ilustrarnos mas completamente sobre las ideas gubernativas de un hombre tan extraordinario.

Mas el hecho, para nosotros, ocupados solo de la
historia nacional, el hecho es que de su órden se convocó en Bayona una gran junta de personajes notables
de España, no solo para que reconociesen á José como
soberano de la monarquia, sino tambien para que dis-
cutiesen y adoptasen una Constitucion restrictiva de su
autoridad réjia. Primer destello, repetimos, del espíritu liberal y filosófico en la gobernacion de nuestro Estado; novedad impensada, que ninguno se hubiera
atrevido á calcular algunos meses antes, y que tenia
sobre todo la circunstancia singularísima de ser completamente espontánea de parte del poder, no impues-
ta, no reclamada, no imajinada por ninguna exijencia.
El soberano se adelantaba á los pueblos, y cuando ellos
nada le habian pedido aún, él les hablaba de sus derechos y les otorgaba sus garantias.

Poco diremos de las escenas que representó en Bayona aquella junta de que vamos hablando. Cánsase el
ánimo, y desfallece, á la verdad, contemplando tan no
interrumpida série de debilidades. Casi todos los llamados á autorizar y revestir con su sancion las perfi-
dias que acababan de consumarse, casi todos concurrieron á esa triste y vergonzosa obra. Rubor causa
todavia el leer las listas de aquellos nombres, y el examinar los jesuíticos rodeos en que miserablemente se

encerraban los que menos querían prestarse á las declaradas intenciones del Emperador. Pero estas eran las consecuencias del aprendizaje político, que por largos años se había hecho en la monarquía española: careciase en un todo de valor civil, y no se osaba tener y manifestar una opinion propia delante de las potencias del mundo. Eso valor lo dan únicamente ó el hábito de la libertad, ó la conciencia de un deber mas alto que todas las consideraciones humanas; y si habíamos carecido en España de lo primero durante algunos siglos, la despótica y corruptora administracion que acababa de pasar, había tambien extinguido esa segunda idea en todos aquellos que infestára con su álito. El pueblo solamente era valeroso y osado en tan árduos instantes; pero el pueblo no tenia representantes en Bayona: los miembros de aquella junta correspondian todos á las clases distinguidas de la nacion. No debia admirarnos, por mas que nos doliese, su conducta, pues era la consecuencia de nuestras propias obras: cuando se ha sembrado degradacion, es forzoso que se coja vilipendio.

Decimos esto, en cuanto á la sancion de las renuncias y al reconocimiento de José. Por lo que hace á la Constitucion que allí aprobaron, es justicia sóla el calificarlos mas benignamente. Casi ninguno de los convocados hacia profesion de hombre político en el nuevo sentido de esta palabra, ni tenian la menor intelijencia de los sistemas de garantias inventados en el siglo anterior para restrinjir las facultades de los gobiernos. Nuevo como era el liberalismo en España, no debia ser entre los miembros de Bayona donde se encontrasen sus mandatarios. Aun para los pocos iniciados en estos asuntos, debía bastar como primer ensayo aquella Carta que les ofrecía la corona, semejante en algunos artículos al sistema francés, y gran adelanto en verdad para lo que en España había rejido hasta entonces. Exijir de un monarca, que graciosamente lo proponia, cuando nada le obligaba á ello, mayor extension de derechos populares, hubiera sido un absurdo, una necedad: en otros casos es en los que el espiritu innovador puede mostrarse exijente, y en los que de hecho ordena, avasalla, y lo hace sucumbir todo bajo su poderosa nivelacion.

Pudiéramos á la verdad escusarnos de mayores explicaciones sobre este punto. La Constitucion de Bayona, decretada para irse planteando sucesivamente, nunca llegó á ejecutarse, ni aun en una pequeña parte de la Monarquia. Los azares de la guerra impidieron al rey José, y á los ministros de que se rodeó, el llevar adelante los pensamientos que habian proclamado. Aun cuando no hubiese sido asi, creemos que dificilmente los hubiera acojido la nacion, ni con benevolencia ni aun con imparcialidad. En la fatalisima posicion que aquel ocupaba, todos sus esfuerzos por el bien eran inútiles, porque todos se estrellaban en una animosidad implacable, en una resistencia de verdadero ódio. Vanamente se habia circundado desde que le fue posible, de personas respetables que gozáran el aprecio público: la nacion las dejó solas, y las maldijo, cuando las miró junto á él. Vanamente hubiera llegado á dar á los pueblos los derechos y el poder que les ofrecia: á lo menos por el pronto, los pueblos se los hu-

bieran rechazado á la cara; ó si los aceptaban por
ventura, habria sido para emplearlos en su contra,
para herirlo con su misma concesion. En semejante
estado de hostilidad son inútiles, completamente inútiles, tales leyes: la cuestion es solo de fuerza y resistencia; y mientras alguno no cede en la lucha, lejos
de ser útiles, son perjudiciales las concesiones.

Diremos algunas palabras, sin embargo, acerca de
esta Constitucion de Bayona, que tan desapercibida
pasó en las ajitaciones de la Peninsula, y que tan desconocida ha quedado del comun de nuestros pueblos.
Bueno es siquiera conocer el espiritu que la inspiraba,
y el carácter que se envolvia en sus mandatos, para
hacer completa justicia á una época, tratada casi esclu-
sivamente bajo el influjo de las pasiones. Aunque documento abortado, mas bien que institucion real, el
historiador no debe cerrarle sus pájinas, ni negarle su
memoria.

Hemos visto que la Constitucion de 1808 no fue
una obra del liberalismo español: no era el espiritu filosófico, cual existia ya en algunos centros, cual comenzaba á apuntar en algunas ciudades, el que la habia inspirado y redactado. Descúbrese en ella desde
luego la indole del gobierno francés, como le habian
imajinado las constituciones del Imperio y los primeros actos de Napoleon. Una mezcla de semejantes teorias, producto á su vez de las ideas revolucionarias y de
la necesidad de gobernacion, con los recuerdos españoles de las Córtes de otros tiempos, cuyos vestijios querian aplicarse á las necesidades de la época; tal era la
obra que se nos presentaba como simbolo de nuestra se-

licidad futura, y como pacto de alianza entre la nacion y la dinastía de sus nuevos soberanos. Ignórase, segun dicen, el publicista que concibió y extendió sus disposiciones; pero es seguro para nosotros que debia de estar versado en la política francesa, y de haber seguido las variaciones de sus trastornos. Pudo haberse entregado al Emperador en Berlin, como indica un distinguido escritor: lo que no nos merece duda es el haberse escrito por quien moraba del otro lado de los Pirineos.

De cualquier modo, el espíritu de esta Constitucion no llevaba aquel sello anárquico, que ha sido tan comun en las obras de la filosofía, anteriores y posteriores á la misma época. El poder permanecia en el Monarca, y los cuerpos populares no tenian ciertamente medios para disputárselo. Las garantías y los derechos eran mas bien los que quedaban en exposicion y abandono, prohibida severamente la publicidad de las sesiones de Córtes, negada la libertad de la prensa periódica, y organizado un alto cuerpo político (el Senado) al que se cometia por casi única facultad la de suspender la Constitucion. Con semejantes precauciones, forzoso es convenir en que el peligro de una revolucion no se presentaba inminente.

Diráse ahora que solo era una ridícula decepcion la Carta fundada en tales bases, y que el gobierno que establecia no era el gobierno representativo. Acerca de esto no pensamos disputar, porque no somos los defensores de aquella obra, sino únicamente los narradores de su índole. Pero nos parece con todo digno de observacion, que cuando se critica históricamente las cosas humanas, es necesario colocarse en su situacion propia y particular, y no trasladar los juicios de épocas á épocas, de circunstancias á circunstancias diferentes. Ya hemos dicho que el liberalismo de nuestros padres no se hubiera contentado con la Constitucion de Bayona; pero adviértase tambien que no fue el liberalismo, que no fueron nuestros padres los que la hicieron. Su fecha es de julio de 1808, cuando aun no habia habido en España otro gobierno que el de Cárlos IV, el de Godoy, el de los primeros meses de Fernando VII. Su autor era un Monarca, en el ejercicio de la plena autoridad que los Monarcas españoles se venian atribuyendo constantemente. Pues bien; este fue el que escribia al frente de su código las notables palabras con que concluiremos este capítulo: « decretamos la presente Constitucion, para que se guarde como ley fundamental de nuestros estados, y como base del pacto que une á nuestros pueblos con nos, y á nos con nuestros pueblos. »—Parécenos en verdad que se notaba un gran paso, desde 1807 hasta esas importantes expresiones. Quizá no se hubiera pedido otra cosa en tiempo de Cárlos IV, si Cárlos IV las hubiese podido escribir.

la dinastia de sus nuevos soberanos. Ignórase, segun dicen, el publicista que concibió y extendió sus disposiciones; pero es seguro para nosotros que debia de estar versado en la politica francesa, y de haber seguido las variaciones de sus trastornos. Pudo haberse entregado al Emperador en Berlin, como indica un distinguido escritor: lo que no nos merece duda es el haberse escrito por quien moraba del otro lado de los Pirineos.

De cualquier modo, el espiritu de esta Constitucion no llevaba aquel sello anárquico, que ha sido tan comun en las obras de filosofia, anteriores y posteriores á la misma época. El poder permanecia en el monarca, y los cuerpos populares no tenian ciertamente medios para disputárselo. Las garantias y los derechos eran mas bien los que quedaban en exposicion y abandono, prohibida severamente la publicidad de las sesiones de Córtes, negada la libertad de la prensa periódica, y organizado un alto cuerpo politico (el Senado) al que se cometia por casi única facultad la de suspender la Constitucion. Con semejantes precauciones, forzoso es convenir en que el peligro de una revolucion no se presentaba muy inminente.

Diráse ahora que solo era una ridicula decepcion la Carta fundada en tales bases, y que el gobierno que establecia no era el gobierno representativo. Acerca de esto no pensamos disputar, porque no somos los defensores de aquella obra, sino únicamente los narradores de su indole. Pero nos parece con todo digno de observacion, que cuando se critica históricamente las cosas humanas, es necesario colocarse en su situacion

propia y particular, y no trasladar los juicios de épocas a épocas, de circunstancias á circunstancias diferentes. Ya hemos dicho que el liberalismo de nuestros
padres no se hubiera contentado con la Constitucion
de Bayona; pero adviértase tambien que no fue el liberalismo, que no fueron nuestros padres los que la
hicieron. Su fecha es de julio de 1808, cuando aun no
habia habido en España otro gobierno que el de Cárlos IV, el de Godoy, el de los primeros meses de Fernando VII. Su autor era un monarca, en el ejercicio de
la plena autoridad que los monarcas españoles se venian atribuyendo constantemente. Pues bien; este fue
el que escribia al frente de su código las notables palabras con que concluiremos este capitulo: « decretamos la presente Constitucion, para que se guarde como
ley fundamental de nuestros estados, y como base del
pacto que une á nuestros pueblos con nos, y á nos con
nuestros pueblos. » — Parécenos en verdad que se notaba un gran paso, desde 1807 hasta esas importantes
expresiones. Quizá no se hubiera podido otra cosa en
tiempo de Cárlos IV, si Cárlos IV las hubiese podido
escribir.

Pero buena ó mala, como quiera que ella fuese,
la Constitucion que acabamos de indicar no habia de
rejir nunca á la nacion española. Vanamente se presentaba como reformadora de abusos, que, sobre todo
por espacio de veinte años, habian gravado al pueblo
con un peso insoportable: vanamente se adherian á
ella, ó por mejor decir á su esperanza, algunas respetables personas, que, desposeidas de entusiasmo, y as-
pirando solo al bien comun, creian llegado el momento de una variacion de dinastia: vanamente se presentaban á apoyar la de José las inmensas fuerzas del Emperador, y la reconocian y aceptaban todas las poten-

cias de Europa, con la sola escepcion del gobierno
británico; el pueblo español se habia levantado celoso
de su independencia, y habia jurado perecer primero
que doblegarse ante la familia estraña, que con tan
ignobles artificios habia querido colocarse sobre su trono. El pueblo español habia lanzado su grito de combate; y una guerra, impía por sus medios, pero santa
por su orijen, ajitaba las entrañas del pais, desgarran-
do los restos de su antigua existencia.

Nosotros, los que, en el nacimiento aún de nuestra vida, no asistiamos á aquellas sublimes conmociones, á aquella popular insurreccion, á aquel levantamiento de todo un pueblo en defensa de su nacionalidad; nosotros podemos dificilmente concebir el magnífico espectáculo que cundia por las ciudades y campos
de la Peninsula en el verano de 1808. Las insurrecciones que hemos visto despues, lejos de servirnos
para comprender aquella, solo nos ofrecerian juicios
equivocados, si por sus causas, por sus indoles, por
sus caractéres quisiéramos estimarla. Obsérvese snio
que nuestra revolucion se hizo instantánea é inesperadamente; que ningun amaño secreto la habia preparado; que, no existian periódicos ni sociedades á la
sazon; que nuevos del todo en la vida pública, ni habia division de partidos, ni se alimentaban ódios con-
centrados, ni existia sino un solo pensamiento, universal, omnipotente, lleno de inocencia y de esperanza.—
¡Oh! sublime debió de ser aquella protesta augusta del
derecho contra la fuerza material, de la lejitimidad contra la perfidia; aquella protesta santificadá con la sangre

del Dos de mayo, y coronada en su primera y mas jenerosa explosion con la inmarcesible victoria de Bailen!

Mas si aquel movimiento de la nacion era magnífico en sí propio, y nada podia reemplazarlo, para
conseguir el objeto que nuestros padres se proponian,
necesario es advertir que estaba lleno de peligros para la suerte futura del Estado. La asonada de Aranjuez habia conmovido el antiguo gobierno de las Españas: la marcha y la abdicacion de Fernando VII
habian acabado de hecho con la monarquia: la insurreccion de las provincias y la creacion de sus Juntas
levantaban en lugar de aquella una multitud de gobiernos populares, vagos é indefinidos, es verdad, pero
reales y poderosos. El pueblo era, en toda su jeneralidad, con todo su carácter, quien se presentaba
á luchar contra el que se decia sucesor en la corona;
y si bien las autoridades que creó procedian en nombre del lejitimo monarca, ni tenian de éste su investidura, ni podia bajo ningun aspecto desconocerse
la indole popular, en que consistian su orijen y su
fuerza. La España en su gloriosa revolucion de 1808
se vió repentina ó inesperadamente convertida en un
Estado popular y federativo.

No queremos decir que se verificaba este cambio
con acuerdo y reflexion, ni que se pensaba en repúblicas á la época que vamos examinando. Hemos
dicho ya que el nombre de Fernando VII, emblema
y personificacion de la independencia nacional, era la
idea dominante y jeneradora en el pronunciamiento.
Nadie pensó en variar la naturaleza de la monarquia:
nadie en desatar los lazos, que tenian unidas á ella,

provincias entre sí. Tratóse de rechazar y espeler al
enemigo, y de reconquistar el trono de la dinastía
española; pero haciéndolo popularmente, porque era
imposible otra conducta, creáronse gobiernos que tenian ese carácter, y que en el momento mismo hubieron de tender hácia las condiciones que les eran propias. Haciase, pues, una verdadera revolucion en el
pais, sin saberlo, sin quererlo, sin que nadie pudiese
impedirlo; y si bien es verdad que se realizaba solo
como, medio y no como fin, si subordinada á la idea
y al derecho monárquicos, podia creerse que cederia y
se eclipsaria cuando éste pudiera de nuevo levantarse,
tambien era seguro que semejantes hechos no habian
de pasar en valde por la nacion, y que las instituciones populares, aunque efimeras, debian de dejar vestijios poderosos en un pais organizado como nuestra
España.

 Por lo que hace al federalismo, teniamos aún otras
causas que lo promoviesen. Jamás habia sido la nacion española un pueblo único y homojéneo: jamás
se habia procurado en él una centralizacion fuerte y
vigorosa: jamás se habia trabajado con ahinco por
uniformar las leyes y las costumbres de las diversas
partes del Estado. El cargo mas grave que formulará
la historia contra el absolutismo de nuestros reyes,
desde Felipe II hasta Cárlos IV, consistirá sin duda
en no haber empeñado todo su poder para constituir
una verdadera nacion, igual consigo misma en todos
sus extremos. Doloroso era que se hubiese desapro-
vechado tanto elemento y tanto espacio como tuvieron
para ese fin, y que todavia en el siglo XIX hallóse-

mos en España catalanes, aragoneses, castellanos, ga-
llegos, andaluces, todo menos españoles. Las diferencias morales y legales de provincia á provincia, conservábanse en 1808 como pudieran haberlo estado entre naciones diversas; y un gallego en Andalucia, ó
un asturiano en Cataluña, eran tenidos casi por extranjeros en la opinion vulgar del país.

Federativo, pues, y de ningun modo unitario,
había de ser el alzamiento nacional, cuando sobre tales principios se organizaba. Cada capital insurreccio-
nábase por sí sola : agrupábanse en derredor de ella
los pueblos de su provincia ; y la Junta que resultaba
de esta aglomeracion, llamábase, y era en realidad,
una Junta suprema ó independiente, que ni procuraba dominar á las otras, ni permitia que otra la domi-
nase. Tan solo la de Sevilla, verdadera capital del mediodia de España, quiso arrogarse facultades superiores á las de sus compañeras, y convertirse en centro
directivo y de accion para la Península y las rejiones
de ultramar; pero aquellas se sublevaron contra este
pensamiento, y la Junta tuvo que ceder de unas pretensiones mal acojidas por todas partes, y que no tenia ni derecho ni fuerza para llevar á cabo.

Asi principiaba en nuestro país la revolucion política. No era, ya lo hemos dicho, obra de las ideas y
de la conviccion; era obra de la necesidad. Compuesto únicamente el Estado del trono y del pueblo, quedó
solo el pueblo cuando hubo desaparecido el trono. Los
ayuntamientos eran la única institucion independiente
y política que nos habia quedado : á manera, pues, de
grandes ayuntamientos creáronse esos centros provin-

ciales, para organizar y dirijir la accion de todos con
tra el enemigo comun. Uniòse à esto, y vino à robus-
tecer la necesidad, el espíritu filosófico, que se dise-
minó de la córte por las provincias. Instintivamente levantaron su cabeza la publicidad, la discusion, todos
los elementos necesarios al sistema en que de hecho se
entraba. La España, volvemos à repetirlo, fue sin saberlo una confederacion de repúblicas, que peleaban
por su rey. La democrácia pura comenzó de hecho,
para venir mas adelante à comenzar en teoria.

Sin embargo, el espíritu de independencia provincial no podia sostenerse bajo el sistema y en la situacion con que habia principiado. La guerra exijia unidad, si habia de continuarse con éxito; y necesitaba
imperiosamente la creacion de un poder que alcanzára
à todos los ángulos de la monarquia. Creóse la Junta
central como primera realizacion de esta idea; pero su
composicion misma de diputados de las Juntas provinciales indicaba suficientemente cuánto iban ganando
en los ánimos los principios de eleccion, de representacion, de voto popular.

Poco despues de instalada esta Junta apareció ya,
y tomó cuerpo la idea de la celebracion de Córtes.
Fernando VII las habia mandado reunir por un decreto expedido misteriosamente de Bayona; pero su órden no se habia comunicado à las provincias, y no era
ella de seguro la que obligaba à pensar en tal reunion.
Nada podian ya las meras voluntades de Fernando para conducir à los que se llamaban sus súbditos: nacian condiciones propias de aquella situacion extraordinaria, nacian necesidades de aquellos momentos, y

el desarrollo de las ideas era correspondiente al estado y á la marcha del país.

Los afiliados á la escuela filosófica, el partido reformador, que se ajitaba desde los últimos años del pasado siglo, deseaban y llamaban altamente las Córtes, porque deseaban y llamaban el gobierno constitucional. Puesto ahora una gran parte de él á la cabeza del movimiento, viéndose favorecido, como era necesario, en la formacion de las Juntas populares, convencido de la urjencia de reorganizar la nacion, aprovechaba aquellos momentos para llevar adelante una idea, que no miraba ya solo como teoría útil, sino tambien como exijencia, como necesidad perentoria de las circunstancias.

Semejantes cálculos no podian ser ni aceptados ni aun comprendidos por infinitas personas influyentes, que, bien halladas con la marcha antigua del poder, no aspiraban de ningun modo á reformarle. Pero aun estos mismos conservaban una tradicion de los antiguos hechos de las Córtes españolas, y ansiaban tambien sinceramente por verlas reunidas, como medio de dar impulso á las operaciones de la guerra, y de auxiliar la autoridad pública en los graves apuros del Estado. Hombres de muy alta posicion ignoraban todavia las consecuencias de cualquier asamblea popular; y prometianse en aquellas una nueva especie de consejos, manejables y sumisos segun el buen querer de las modernas autoridades.

Habia por último una consideracion decisiva para que se reuniesen Córtes, para que se abriera un cuerpo nacional, convocado por el partido inmenso que luchaba contra Napoleon. Reuniendo este en Bayóna el de que hemos hablado en el capítulo precedente, obligaba á sus adversarios á que siguieran un sistema semejante, y á que defendiesen su causa con las mismas armas con que él procuraba herirla. Su apelacion á las reformas exijia reformas por el lado contrario: su convocacion de representantes del pais exijia otra convocacion en sentido opuesto. Necesitaba el pueblo español hacer alarde solemne de su voluntad, y no dejar en poder de su enemigo la ventaja que daban ya en aquella fecha, y que habían de dar mas cada dia, los grandes nombres de que había comenzado á servirse.

Dominó pues la idea de las Córtes, y fue necesaria su convocacion. En vano la repugnaban instintivamente algunos individuos de los consejos, á quienes un presentimiento justísimo alejaba de toda idea de novedades: en vano la repugnaba el Consejo de Rejencia, sucesor de la Junta central; que temia de seguro verlas intervenir en su poder y menoscabarlo. La opinion las exijia mas resueltamente cada vez; y llegó un momento en que fué imposible dilatarlas. Hasta la naturaleza misma de la Rejencia, que ya no era un cuerpo popular en su forma, reclamaba que se constituyese uno tal á su lado; y las desgracias, por último que habían sobrevenido en 1810, la invasion de Andalucía y el sitio de Cádiz, impulsaban á buscar un remedio en la organizacion de nuevos poderes.

Convocáronse, pues, y reuniéronse las Córtes, compuestas de una sola cámara, y nombradas en su totalidad por el pueblo y por las Juntas. Los antiguos

brazos de la nobleza y del clero no habian sido llamados por la Rejencia, ni habian nombrado de consiguiente representantes. El pueblo, que lo era todo en
la sociedad, no excluidas, pero si confundidas en él
las antiguas clases privilejiadas, lo iba á ser asimismo
en el cuerpo eminente y soberano que se constituia.

Esta composicion de las Córtes, opuesta á las ideas
que vulgarmente se han tenido despues sobre la forma de los poderes parlamentarios, ha experimentado
desde aquel momento mismo vivas y ásperas censuras.
Por nuestra parte no podemos convenir en ellas. Dejando á un lado la teoría jeneral de las dos cámaras,
que ya tendremos ocasion de examinar en el curso de
esta obra, creemos que para juzgar la institucion de
1810 no puede adoptarse otro terreno que el de la posibilidad y la conveniencia, en la época misma, y atendido el objeto en que habian de ocuparse las Córtes.
La Junta central habia querido proceder detenidamen-
te en la materia, y habia examinado cuantos caminos
se la propusieron para arreglar un punto tan interes-
sante. Convocar las Córtes segun las antiguas fórmulas
de España era imposible: ademas de no ser idénticas
en todos sus reinos, el transcurso de tres siglos tenia
notablemente variados sus elementos mas esenciales.
Cualquiera resolucion habria sido pues arbitraria, y el
derecho no habria sido atendido ni guardado en ningun caso.—Por lo demás, unas Córtes de dos ó tres
estamentos no habian de producir sino embarazos de
todos los dias, quejas, colisiones, desavenencias formales. El Parlamento doble que puede servir para conservar, es mucho menos apto como reformador; y para

el gobierno, en los casos en que viene á él, es un obstáculo insuperable y un medio absolutamente absurdo.

Agregábase, en fin, aun teóricamente, otra razon
que ya hemos indicado. Las clases, que nada eran en
el órden político al llegar 1808, nada habian hecho
como tales en la insurreccion. Una parte del clero,
una parte de la grandeza habian doblado su frente ante el yugo francés: los demas, que ciertamente eran
los mas numerosos, se habian confundido con el pueblo en el levantamiento comun, y con el pueblo habian peleado. Sin privilejios en 1808 y 1809, no era la
revolucion quien habia de dárselos en 1810. La ocasion era mal escojida para pensar en ellos. Al lado del
jigante que se levantaba, solo habrian servido para
ponerle trabas algunos pocos dias, hasta que él los
hubiese deshecho con su maza formidable.

La ley pues de la situacion era la igualdad. Habiamos tenido la del despotismo, y era menester que
tuviésemos la de la revolucion. Solo debian y podian
desear el clero y la nobleza que se les diese entrada
en las Córtes como ciudadanos: esto lo obtuvieron
desde luego, y nadie pensó en disputarles semejante
prerogativa.

Reuniéronse asi las Córtes en una asamblea. La nacion las saludó con esperanza; y justicia es reconocer
que ellas trabajaron asiduamente en llevar adelante la
causa del pais, en rechazar á sus enemigos, en asegurar su independencia y su libertad.

Pero entonces ya fue preciso que se desenvolviesen
los jérmenes revolucionarios. Hasta allí habiamos tenido hechos populares, juntas populares, tendencias

populares: desde que se reunió un cuerpo popular, y comenzó á discutir en público, forzoso fue que naciesen las teorías, y que la revolucion, consumada por acaso y desapercibidamente, formulara sus principios, se elevase á doctrina, y proclamara su existencia á la faz de la Europa. La convocacion de unas Córtes en el siglo XIX lo habria exijido así, cualesquiera que fuesen las personas que las compusieran; mas esta necesidad se aumentaba aún, cuando se encontraban reunidas en ellas multitud de individuos, notables por sus luces y por su enerjía, que se contaban entre los prosélitos de la escuela reformista y liberal.

Se ha acusado acerbamente á las Córtes por la declaracion que hicieron el mismo 24 de setiembre, á las pocas horas de haber sido instaladas, acerca de la soberanía de la nacion. Tambien creemos injusto este cargo, é inmerecida esta censura. Cualquiera que sea el valor filosófico de la soberanía nacional, la situacion en que se hallaban las Córtes les imponia como un deber de honra el de proclamar aquel principio. Esa soberanía, declarada bajo el cañon francés, en el momento de reunirse los Diputados españoles, era sobre todo una protesta solemne contra la doctrina que hace á los pueblos propiedad y fundo de sus príncipes, y que concede á estos el derecho de enajenarlos segun su voluntad. Siendo tal la declaracion de que hablamos, yendo principalmente dirijida contra los actos de Bayona, cualquier español del partido nacional podia convenientemente firmarla. Los que la han censurado olvidan que no se trataba entonces de procla-

mar principios filosóficos que fuesen ciertos, sino de
acordar medidas, ora de gobierno, ora de guerra, que fuesen útiles. Pues bien: si la manifestacion á que aludimos podia ofrecer mas adelante algunos inconvenientes, necesario es confesar que por
el pronto era un arma poderosa, de la que no se
debia prescindir en la terrible lucha que estaba empeñada. Nuestras autoridades no traian su orijen de
Fernando; mientras que José Napoleon si le deriva-
ba de él por las abdicaciones de 1808. Necesitábase pues oponerle un derecho no menos comprensible
para la multitud, que se fundase en tradiciones antiguas, y que tuviese al mismo tiempo alguna novedad,
para cautivar el espiritu de un pueblo de imajinacion.
Este no podia ser otro que el de la soberanía nacional, aceptada por muchos absolutamente, consentida
por todos bajo una explicacion que evitase sus peligros anárquicos. No se critique pues con una severidad injusta lo que en aquella situacion era indispensable. Resuelto el pais á la batalla, necesario era lidiar
antes que todo, y valerse de las armas que se encontrasen para la pelea.

Lo mismo diremos de la libertad de imprenta, y
de cuantas medidas liberales adoptaron las Córtes en
la primer época de sus trabajos. Quédese para los
filósofos el discutir abstractamente sobre su utilidad:
el historiador y el hombre de Estado no podrán menos de reconocerlas como indispensables en el período que recorremos. Si eran un gravisimo mal,
caiga la responsabilidad sobre aquellos que, trayendo la situacion, cometieron la culpa; pero no se ol-

vide que cuando se echó á rodar la corona en una tierra extraña, cuando quedó vacante el poder, y tuvo que ocuparlo la multitud, el reinado de esta exijió sus condiciones, y no era posible eludirlas, por mas que se hubiesen empeñado en ello los que estaban á su frente.

Es singular sistema de contradiccion el que algunos han adoptado respecto á aquellas Córtes. Hijas de las pasiones de un levantamiento popular, y teniendo que valerse de afectos apasionados, para llevar adelante una lucha, que segun los frios cálculos de la razon era insostenible, quiérese sin embargo que se hubiesen conducido con la detencion, con el miramiento, con la impasibilidad de un lejislador comun, en tiempos pacíficos y templados, en los que no se disputa el derecho, ni se tienen que ejecutar grandes sacrificios. Sinceramente decimos que no nos parecen justas tales pretensiones. Querer medir aquella época con la vara de la política comun, es para nosotros un absurdo apenas concebible. Los que adoptaron entonces el principio de la prudencia, y no creyeron oportuno resistir á Napoleon, doblaron su rodilla á la nueva dinastia, reconociendo á José por Rey de las Españas. No censuramos ni aprobamos su conducta; porque todas las opiniones son respetables, cuando se forman y se defienden con conviccion y buena fé. Pero los que mas irritables, ó mas entusiastas, ó dotados de una conciencia del derecho mas fuerte y vigorosa, se lanzaron en el partido de la contradiccion; estos no pueden ser juzgados sino en su propio terreno, y es un desvario el imajinar que se les critica razonablemente, echándoles en cara las máximas de los gobiernos comunes, y probándoles que no se sujetaron á ellas. ¡Como si su posicion no fuese evidentemente escepcional, y como si no hubiesen sido por necesidad arrastrados á todas las consecuencias del camino que elijieron!

En una guerra tan desigual, por no decir tan absurda, como la que se habia empeñado, el partido español, habria tenido que ceder desde muy luego, si á fuerza de sacrificios y de entusiasmo no hubiera levantado y acrecentado su poder material. Ahora: el entusiasmo no se alimenta sino de ideas estraordinarias, y necios hubieran sido los hombres que quisieran producirle ó mantenerle, hablando solo de deberes comunes, valiéndose solo de los recursos vulgares de una ordinaria gobernacion. Las ideas tienen únicamente el privilejio de sublimar las masas, de engrandecer sus sacrificios, de convertir sus acciones en milagros. A ellas se debió el levantamiento, de ellas tuvieron que valerse las juntas, en ellas se apoyaron con justicia y con razon las Córtes. Otra conducta las hubiera hecho fracasar desde sus primeros instantes.

Pues bien: tres fueron las grandes ideas que ajitaron á la nacion española en aquella memorable lucha, tres los principios de su resistencia desesperada; el Rey, la Relijion, la Libertad. El Rey y la Relijion, respetables objetos que los españoles veneraban desde muchos siglos, como que habian sido la base y fundamento del Estado: la Libertad, que era la idea moderna, el principio del siglo presente, que no podia menos de nacer y desarrollarse en una conmocion tan profunda. Idea grata, por lo mismo que desconocida y confusa; por lo mismo que llena de ilusiones, y mal separada, ó por mejor decir, confundida entonces con la de independencia nacional. El Rey y la Relijion primeros motivos del alzamiento: la Libertad, condicion necesaria de su desarrollo. Sin las ideas de Relijion y de Fernando no habria tenido efecto la insurreccion: sin esas de orgullo, de individualismo, de Libertad, nos parece imposible que hubiera resistido seis años. La reunion de las tres produjo el milagro de nuestra heróica defensa. No se reparaba entonces en el antagonismo que entre ellas habia de declararse: aliados contra el enemigo comun los sostenedores de la una y de las otras, su union utilizó los sacrificios, y dilató la lucha hasta los grandes acontecimientos europeos de 1813.

La historia debe reconocer todas estas verdades, y no ser parcial contra ninguno de los elementos de aquella inmensa obra. Asignándoles su lugar propio, explicando su aparicion, su incremento, su decadencia, no debo dejarse seducir por los sectarios de ninguno, para desposeer á los otros del lauro que les corresponde. Todos concurrieron á la oportuna sazon, todos con la fuerza de vida y de ilusiones que era necesaria para tan grande empresa. La razon indica que sin la aparicion de cualquiera de ellas en su tiempo oportuno, tal vez no se habrian realizado los deseos instintivos del pais. El movimiento liberal no hobiera levantado á España en 1808; las ideas monárquicas y relijiosas no hubieran sostenido la guerra en 1812,

si otros principios, si otras esperanzas no hubiesen
nacido en su ayuda. Júzguese como se quiera teóricamente á esos principios; pero los que crean, como
nosotros, que no los hay en política que sean buenos
ni malos en todos los tiempos y todas las circunstancias, mirarán sin ódio, y concederán su aprobacion á
esa tendencia liberal, que nos aproximaba á las naciones mas cultas de la Europa, y que á la vez concurria poderosamente para el grande objeto de resistencia
en que estaba empeñada la nacion.

Formuláronse por fin en un Código, despues de
haberse manifestado en disposiciones aisladas y sucesivas; y al cabo de muchos meses de debate, al cabo
de una empeñada contienda entre los partidarios de la
reforma, y los que mas instintiva que reflexivamente
lo eran hostiles, tuvimos una Constitucion, que aspiró
al titulo y á la gloria de ley perpetua y fundamental.
Y ésta no fue ya, como la de Bayona, solo un documento de esperanza, solo una concepcion para lo futuro. En 19 de marzo de 1812 se la promulgó en Cádiz, residencia de nuestro gobierno; y jurada por la
Rejencia, reconocida y obedecida por el pais, comenzó á ser norma de sus destinos lo que hasta entonces fuera solo idea del partido reformista.

Fuerza nos será detenernos algun tanto al hablar
de esta ley, que tan inmenso destino ha ocupado en la
suerte de la nacion, y que tan contradictoriamente ha
sido juzgada desde su orijen hasta en los mismos momentos actuales. Debemos ser justos con ella, como
creemos haberlo sido con el espiritu liberal de que fue
hija, con la revolucion que la precipitó, con los Dipu-

tados á las Córtes de 1810, que la escribieron y la sancionaron.

La historia jeneral de nuestros tiempos señalará suficientemente el estado de las opiniones liberales en Europa, á la época en que se concibió el referido Código. En España sobre todo, que es nuestro campo, no habia sido hasta entonces el liberalismo una doctrina gobernante, ni habia pasado de una oposicion vaga, doctrinal, filosófica, excluida enteramente del poder. Aun en Bayona mismo hemos observado ya que era un espíritu extraño, el espíritu del Imperio francés, el que habia dictado las disposiciones de aquella ley. Por otra parte, los males y las desgracias que habia esperimentado la nacion en el espacio de tres siglos, males de la monarquia pura eran, y en el absolutismo solo habian tenido su orijen y su causa. Y esos males habian sido inmensos, y en particular en los últimos veinte años, su influencia se distinguió constantemente como la mas desastrosa. La guerra misma en que se veia abismada la nacion, el caos en que estábamos hundiéndonos, todo procedia del despotismo apático de Cárlos IV, y del abandono con que habia dejado sus pueblos en las manos, tambien irresponsables, de Godoy. Otros males, otros peligros, no eran conocidos aún. No se temia el desbordamiento de las pasiones democráticas, como se recelaba del desbordamiento del poder real. La idea liberal, nueva, indefensa, inexperta, no podia ser otra que entrabar la autoridad del soberano, rodeándole de instituciones y cuerpos populares, que impidiesen sus demasías.

Estas hubieran sido necesariamente las consecuenrias de aquella reunion de las Córtes, aun cuando sus individuos, atentos solo á la historia nacional y contemporánea, ni hubiesen tenido noticia, y conservado tradiciones de nuestros antiguos anales, ni estuviesen empapados en la filosofía francesa del siglo que acababa de pasar. Puesto que el mal habia venido de abusos de la autoridad réjia, la autoridad réjia era la que habia de sufrir en la reforma. Así lo quiere nuestra naturaleza humana, y así lo han presenciado eternamente los siglos. El mal próximo es el que hiere nuestra atencion, el que mueve nuestra voluntad; y por eso la historia del mundo es una série de reacciones, compuesta siempre de alternados movimientos. El abuso de la libertad hace que se robustezca el poder; el abuso del poder nos lanza en busca de garantias.

Mas ademas de los hechos recientes, encontrábanse ellos mismos reforzados con los estudios y tradiciones históricas, y con la propagacion de la filosofía revolucionaria. Hemos dicho ya que databa de largo tiempo la introduccion de ésta en nuestro pais, y que mil causas sucesivas habian favorecido su desarrollo. Hemos dicho tambien que pertenecian á su escuela, si no el mayor número, cuando menos los hombres mas ardientes, mas ilustrados, de mas porvenir, de las Córtes de Cádiz. Añádase por último la confianza, el entusiasmo, la inexperiencia de la nacion, y se comprenderá qué clase de instituciones políticas babia de producir esa reunion de circustancias. En otras algun tanto semejantes se habia decrotado en Francia la Constitucion de 1791: no era muy aventurado predecir que la de 1812 habia de serle parecida.

Y parecida le fue efectivamente. Ora sea que muchos Diputados quisiesen imitar lo que en su inexperiencia reputaban por un modelo, ora que la semejanza de situacion produjese semejanza de resultados, el hecho fue que nuestra Constitucion pudo aparecer como casi copiada de la que adoptaron los franceses en los principios de su convulsion politica. Del mismo modo que ésta, traspasó la de Cádiz todos los límites que la sensatez y la necesidad de gobierno señalan al sistema de la desconfianza y de las garantías: como ésta, trató de enemigos al monarca y á sus consejeros: como ésta, falseó esencialmente la réjia autoridad, ó impidió la gobernacion del mismo poder que proclamaba. Como ésta, pues, planteó un problema irresoluble, y condenó á una revolucion próxima, inminente, necesaria, los mismos pueblos que pretendía encaminar hácia la ventura.

No es nuestro ánimo discutir en este instante si las Córtes á que nos vamos refiriendo pudieron formar una Constitucion, que hubiese tenido destino de vitalidad, porque hubiera llenado las necesidades politicas del pais. Somos ahora simples narradores de lo que fue, y está lejos de nuestro propósito el engolfarnos en todo el círculo de las posibilidades. Conocemos tambien, y hemos declarado lo dificil que habia de ser esa obra, cuando el trono estaba vacante, cuando habian concluido en la sociedad las antiguas aristocracias, cuando las ideas del liberalismo ajitaban el mundo en su primer empuje. La razon tiene que confesar épocas de transicion y de ensayo, en las que nada se hace de estable y permanente. Tal vez atravesaban nuestros padros uno de estos periodos, y estaban condenados à construir obras efímeras, cualquiera que fuese el partido que hubieran adoptado. ¿Cabe acaso pensar que si la Constitucion hubiese sido menos imperfecta, si las diversas instituciones que comprendia hubiesen estado mejor ordenadas, mejor enlazadas, habria ella podido resistir à la reaccion de 1814, ni à la nueva oleada liberal, que un poco mas tarde habia de venir à exijirnos lo que se llama un nuevo progreso?

Nosotros nos permitimos dudarlo. La reforma liberal de España no habia llegado racional, natural, convenientemente, en circunstancias favorables para su pronta y segura realizacion: los hechos extraños, que la trajeron en un instante intempestivo, acabaron de falsear su base, y comprometieron su éxito para largos dias. Precipitada, envuelta con inmensos trastornos, como se presentó, viniendo sobre todo cuando no habia monarca, realizándose separada de éste; en vano hubiera querido conducirsela con toda la sabiduria y la prudencia, no ya de aquellos tiempos, sino aun de otros muy adelantados: la prudencia y la sabiduria pueden poco en favor de los sistemas gubernativos, cuando faltan sus elementos naturales, sus condiciones necesarias. No es tanto el poder de la razon, no es tanto el valor de una teoria, por bien imajinada que sea, que puedan suplir lo que han hecho los siglos, y se ha connaturalizado en las entrañas de la sociedad.

Pero volvemos à decir que no discutimos posibilidades, sino que contamos hechos. Fuese, ó no, posible una buena y duradera Constitucion, la decretada en 1812 no podia pretender ninguno de esos dos dictados. Ya hemos advertido que los poderes que creaba nacian desde luego en recíproca hostilidad : bástanos esto solo para advertir el jérmen de lucha y de destruccion que llevaba en sí propia.

Una sola defensa podria intentarse del Código político ¡que nos ocupa; pero aun esa misma defensa confirmaria todas las censuras de que ha sido objeto. Cabe en efecto decir que la Constitucion, inútil é imposible para una verdadera monarquia, inútil é imposible para cuando hubiese vuelto Fernando, era, si no completa y adecuada, por lo menos practicable, mientras se hallase la nacion gobernada exclusivamente por las Córtes.—Si se dice esto, se dice efectivamente una verdad: el Código de Cádiz puede servir para el gobierno de una asamblea, que invoque á un Rey, y se valga de su nombre, pero que se guarde mucho de colocarle nunca sobre el trono. Suponed que el cautiverio de Fernando se hubiera prolongado indefinidamente: suponed continuada aquella monarquia mentirosa, en que se apellidaba y proclamaba al Soberano, mas en que de hecho solo habia un gobierno popular, un Congreso, que ponia y quitaba Rejencias; y no cabe duda en que la Constitucion de 1812 hubiera podido subsistir por algun mas tiempo, siendo la ley política de la nacion española. Ese es verderamente su carácter: esas son su índole y su naturaleza. Aplicadla á un Estado que por circunstancias singulares se halle á la vez monarquia y república, como nosotros en aquel tiempo, y la veréis adaptarse y funcionar, sin los mas graves inconvenientes que la crítica y la filosofía le señalan.

Pero esto mismo, que confesamos en su abono, volvemos á decir que es su mayor censura. Los que decretaban la Constitucion, para el gobierno de Fernando la decretaban. Su esperanza y su deseo estaban cifrados en que el Rey volviese: los articulos de su Código, no al Rey prisionero, sino al Rey presente se
referian. ¿Qué decir, pues, de una Constitucion, que
no podia servir sino en las suposiciones contrarias á
sus preceptos? ¿Qué decir de una ley monárquica que
no podia aplicarse sino á condicion de que el Estado
no fuese monarquia? ¿Qué decir de un Código fundamental, que solo sirviese en circunstancias rarisimas,
eminentemente escepcionales?— Dejamos á nuestros
lectores el contestar á semejantes preguntas.

Por lo demas, fuerza es hacer justicia á los Dipu-
ados de las Córtes constituyentes. Arrastrados por la
inexperiencia, por las ilusiones, por el espiritu que
mas arriba hemos señalado, procedieron con la mayor
buena fé, al decretar una ley, en la que ponian todas sus esperanzas. Muchos de ellos se figuraron ciertamente que no hacian otra cosa sino restablecer los
antiguos fueros de la nacion: todos creyeron que ase-
guraban su bien y su felicidad. Puede señalar sus extravios el hombre de Estado, y hace notar sus errores, que son muchos: puede sonreirse el filósofo, encontrando amalgamados desde la primer pájina de la
obra el derecho divino (1) y la soberania nacional
(2); pero las personas sinceras é imparciales no po-

(1) «En el nombre de Dios todo-poderoso, autor y supremo lejis-
ador de la Sociedad.»

(2) Artículo 3.

drán menos de reconocer toda la pureza de sus intenciones; y todas las dificultades de su inmenso pro-

CAPITULO CUARTO.

1814.

La campaña de Rusia habia obligado á Napoleon á retirar de España una parte de sus tropas: la victoria de Salamanca obligó al Mariscal Soult á levantar el sitio de Cádiz: los sucesos de 1813, coronados para nosotros con la jornada de Vitoria, lanzaron al rey José de la otra parte de los Pirineos. Nuevamente se encontró la nacion unida toda bajo un gobierno, despues de seis años de divisiones y de combates. La perfidia de 1808 estaba burlada y castigada: el invasor, á cuya grandeza no bastaba el mundo, caminaba precipitadamente á su ruina. Rejia por último la Constitucion, y dominaban las Córtes desde Barcelona á la Coruña, desde el estrecho de Gibraltar hasta la embocadura del Vidasoa.

El contento y la esperanza eran unánimes en el pais. Habian sido muy pocos los comprometidos por el sistema francés, á quienes la suerte de la guerra obligara á pasar los montes. La España entera aguardaba á su Rey, al que habia sido objeto de tantos afanes, al que se habian consagrado tantos sacrificios. Esta era la idea dominante, la idea exclusiva de aquellas circunstancias, la que preocupaba universalmente lo mismo al partido realista que al partido constitucional, que ya principiaban á distinguirse. Todos eran á la verdad monárquicos, y todos tenian igual esperanza en Fernando VII. Pareciales á todos imposible que su reinado no hubiese de ser un siglo de ventura. Levantada la nacion á una sublimidad inmensa, y deudor él á sus súbditos de tan brillante corona, la inexperiencia y la sencillez se complacian en vagas y risueñas ilusiones de una poética felicidad. Aun los que estaban mejor instruidos acerca de su índole y su carácter, no hubieran osado abrigar sérios recelos, contra quien se presentaba bajo la influencia de tales antecedentes.

Solo pudieran existir motivos de duda y de temor para los que hubiesen juzgado como nosotros de la Constitucion de 1812. Si ella era únicamente propia para el gobierno popular, ausente ó separado el monarca, claro era tambien que llegado éste, y rodeado de tan inmenso prestijio, habian de presentarse obstáculos que embarazaran la gobernacion, y que hiciesen nacer difíciles ó insuperables colisiones. Pero nadie estaba persuadido á la sazon de semejantes ideas-

Aborrecia un partido la ley constitucional, no porque imposibilitase el gobierno, sino porque era la realizacion de una teoria reformadora, contraria á sus hábitos ó á sus intereses: éstos aguardaban de Fernando que los libertase de aquel fantasma. Los que, por el contrario, habian abrazado la causa de las innovaciones políticas, no estaban apercibidos aún de lo que la observacion y la experiencia han hecho vulgar posteriormente. Sus ideas y su dogma consistian en que si el nuevo Código hallaba dificultades para su aplicacion, si la reforma de los abusos experimentaba obstáculos, si la accion gubernativa no era perfecta y adecuada, causábalo precisamente la misma ausencia del Soberano, y seria remediado sin duda cuando éste se sentara en el trono, y empuñase el cetro de sus mayores.— « ¿Cómo estrañais que la Constitucion no produzca to-» dos sus saludables efectos (decia al Congreso de 1814 » el Sr. Martinez de la Rosa)? La Constitucion se ha » hecho para el reinado de un monarca; si ahora, que » no le tenemos, marchase bien, seria detestable para » la situacion ordinaria á que hemos de venir. Llega-» do que sea Fernando, ya observareis cómo todo se » allana y se facilita. » —El desengaño era lo que habia de llegar y facilitarse muy pronto, para éste, como para tantos otros españoles.

Cambióse en fin completamente la situacion por el decreto de Valencia de 4 de mayo. Cesando en las vacilaciones que habia experimentado al parecer, oyóse la voz resuelta del Monarca, que anulaba cuanto se habia hecho en menoscabo de su soberania, que derogaba la Constitucion, que disolvia las Córtes, que pro-

clamaba su poder absoluto, como en su primer advenimiento al trono. Y á esta voz, cuya fuerza moral
hubiera sido por sí sola irresistible, y que ademas se
veia apoyada por la material de cuarenta mil bayone-
tas, cesaron de hecho las Córtes, desvanecióse la
Constitucion, y renació ese absoluto poder, que los
Constituyentes de Cádiz habian creido sepultado para
siempre bajo sus lápidas. (1)

Debe ser motivo de graves censuras esta conducta
de Fernando, respecto al Código constitucional, aun
para los mismos que no le creiamos duradero. Seguro
es que no se necesitaba una medida tan violenta, para
organizar el gobierno de la monarquia. Seguro es que
se hubieran podido conservar aquellas mismas Córtes,
y reformar, de acuerdo con ellas, la Constitucion de
Cádiz. Dado caso que la sabiduria del Monarca hubiese
advertido sus defectos, dado que su revocacion hubiese sido dictada con absoluta buena fe, y solo por el
bien del Estado, todavia era posible, con los mismos
propósitos, haber seguido caminos mas suaves, y no
haber rechazado y proscrito con tanta universalidad lo
que habia tenido su orijen en puras, patrióticas, des-
interesadas intenciones. Tal era el poder, tanta la
autoridad de Fernando en aquellos dias, que su voluntad sola hubiera sido la ley en cualquier revision
que se intentase. ¿Para qué, pues, el perjudicialisimo
ejemplo de las anulaciones y de los golpes de Estado,
cuando ni los unos ni las otras eran precisos para fundar lo que debia apetecerse?

(1) Véase la nota al fin del tomo.

Pero la censura deberá ser mucho mayor, y no cabrá disputa sobre su justicia, cuando, apartadas esas razones hipostáticas, consideremos solo las reales, y presentemos los verdaderos motivos del decreto en que nos ocupamos. No era la necesidad de establecer una fuerte gobernacion, no era el convencimiento de las imposibilidades prácticas contenidas en la Carta de 1812, lo que movia el espíritu del Soberano para dictar su célebre decreto. Seria hacer un favor que no merecen á los Consejeros de 1814, el atribuirles semejantes ideas. Si aborrecian la Constitucion, era porque aborrecian las reformas; si hacian restablecer el gobierno absoluto, era porque querian explotarle en su provecho. Y Fernando, educado en sus propias máximas, celoso de su autoridad, por lo mismo que habia dejado que se la arrebatasen, envidioso, porque habia recibido beneficios, infatuado de sí, por tanta adulacion de que habia sido objeto; Fernando anuló la obra liberal con enemistad y con ódio, y de ningun modo por juiciosas y prudentes consideraciones, que se derivasen de un exámen imparcial y concienzudo. No condenó en ella sus yerros, que no conocia; condenó su espíritu, que le repugnaba hondamente; condenó su tendencia, que le era antipática; condenó su oríjen y sus autores, cuya conducta, cuyo recuerdo eran pesados para su ignoble y mezquino corazon.

Si pudiera caber duda sobre la verdad de estas causas, el proceder que se siguió respecto á los individuos de las Córtes, seria suficiente á desvanecerla. Un monarca que hubiese anulado aquella ley política por efecto solo de su conciencia ó de su razon, habria limitado

á ése hecho sus providencias, y no habría incomodado
á las personas, al tiempo de derogar las instituciones.
Bastábale para reinar, si reinar era lo que sinceramente quería, haber disipado las nuevas obras de
aquellos años de convulsion y de lucha, sin necesidad
de perseguir á sus autores, ni de entrar en sus estados con un cortejo de tiránicas violencias,, en contra
de los que ciertamente pudieron errar, pero que le
habían proclamado monarca, y habían combatido á la
Europa entera por asegurarle su corona. Esta ingratitud, esta lujosa tiranía nos ponen de manifiesto la índole de Fernando y el carácter de su decreto de Valencia. Era ya éste una bárbara reaccion, la primera que
la política intentase en nuestro país, el primer eslabon
de la cadena que había de forjarse, el primer principio de las persecuciones inquisitoriales de nuestro siglo XIX.

Hasta allí no se había conocido la tiranía de los
partidos vencedores sobre los partidos que les estaban
sujetos. El liberalismo de Cádiz fue tolerante con los
absolutistas; y si los afectos al sistema francés tuvieron que sufrir crudas persecuciones en el momento de
la restauracion, y aun emigrar algunos de ellos con
los ejércitos imperiales, éste era un resultado doloroso, pero casi necesario de tan ardiente lucha, que naturalmente debia cesar, luego que se ajustaran las pa-
ces entre las dos potencias, y acabaran las pretensiones de José á la soberanía de las Españas. La reaccion
de 1814 era pues la que primero caia sobre nosotros
con todo el carácter de violencia política. Fernando fue
quien en medio de la paz y de los triunfos, dominan-

do sin contradicion, nos ofreció un ejemplo tan lamentable. ¡Cuántas desgracias no sembraba á manos llenas al decretar la prision de los Diputados reformistas, al hacerlos condenar al patíbulo, al enviarlos, como por misericordia, á nuestros presidios de la costa de Africa! Todo el orijen de los males posteriores pudiera bien cifrarse en ese solo hecho.

La historia tiene necesidad de ser muy severa con este período del reinado de nuestro Monarca. Jamas se vió una época ni un soberano con mas facilidades ni mas deberes de hacer el bien; y jamás se desperdiciaron mas dolorosamente esas proporciones, ni se echaron mas hondos fundamentos de desórden y desventura. Si ya que Fernando VII habia juzgado á propósito anular la Constitucion, hubiese encerrado en esto solo su tendencia reaccionaria; si hubiese respetado, olvidado siquiera á los jefes del liberalismo, á los cuales debia verdaderas obligaciones, y no los hubiera engrandecido, divinizado con la persecucion, al paso que los irritaba y enemistaba para siempre; si hubiese reunido las Córtes que en su mismo decreto ofrecia, dándoles el necesario influjo, no para conmover el Estado, sino para concurrir útilmente á su administracion; si hubiese gobernado, en fin, siquiera con prudencia y habilidad, conllevando las nuevas necesidades, atendiendo á las nuevas ideas, fomentando los intereses de todo jénero, que tanto desarrolla la índole del siglo, ocupándose en una palabra de su deber, reinando para el bienestar del país que le habia ofrecido su sangre; ¡oh! con eso solo hubiera podido la España prolongar su sosiego por dilatados años, y descansar apa-

ciblemente de la récia sacudida que acababa de estre-
mecer sus fundamentos con una guerra y una desolacion tan horrorosas. Un gobierno fuerte ó ilustrado,
activo, económico, imparcial, podia prometerse en
España muy largo destino á la época de 1814.

Pero ya hemos visto el cúmulo de malas pasiones
que ajitaban al Soberano. Comenzó anulando una ley,
que era el emblema do las reformas, y que no estaba
desacreditada aún. Continuó ensañándose personalmente con los hombres de mas importancia del partido constitucional, condenando en ellos todo un órden
de ideas, y levantando la bandera de las reacciones
personales. Cerró mas fuertemente las puertas de la
patria á los que emigraran con el ejército francés, y
que concluida la lucha, suspiraban ávidamente por sus
antiguos y queridos hogares. Faltó en fin á la palabra
que solemnemente habia empeñado de convorar Córtes, y procurar reformas; y en lugar de ello, resta-
bleció en un todo el órden de la antigua monarquia,
con sus males, con sus abusos, con sus despilfarros
y su ceguedad. Y aun no hemos dicho bien : esos males y esos abusos se aumentaban, no solo porque el
siglo los sufria menos, sino porque el espíritu de
reaccion los hacia mas duros y mas pesados. La Inquisicion misma, y la Compañía de Jesus volvieron á
levantar su cabeza, y á contarse entre nuestras instituciones; y si bien ni la una ni la otra podian ser ya
lo que en épocas lejanas, ni restituirnos á periodos
que pasaron, acreditaban por lo menos cuáles eran
las ideas politicas, cuáles las tendencias, que el nuevo Gobierno pugnaba por establecer. Añádase á esto

su inmensa debilidad, mas flaco y desmadejado cada dia, y sus apuros rentísticos que se acrecentaban de un modo prodijioso; y comenzaremos á formar una idea de la instabilidad y el peligro continuo, que debian ser sus principales caractéres.

Asi, el partido liberal, objeto del odio y de las persecuciones, comenzó desde luego á conspirar contra el órden establecido. Revolucionario en el fondo de sus ideas, hízose tambien revolucionario en su conducta; y comprimido por la fuerza del Monarca, apeló de aquella sentencia á la sentencia del pueblo, ó de los que pudieran arrastrarle. Habia esperado que Fernando aceptaria su obra: cuando la vió rechazada, aspiró á imponérsela aun contra su voluntad.

Aqui principia un nuevo periodo político en la historia de nuestros trastornos, el periodo de las conspiraciones. No las habia habido hasta alli para variar la índole del gobierno; pero desde alli comenzaron á repetirse con frecuencia, y no pasó ya ningun año sin que algun nuevo descubrimiento confirmara el adelanto tristísimo en que progresaba nuestro pais. Desde 1815 hasta 1819, cada uno nos presentó nuevos criminales, ó nuevos desgraciados; víctimas en fin del espíritu que se levantaba, cuya sangre corria derramada en los patíbulos, pero que no secaba, como habia creido el Gobierno, la planta de la conspiracion. Los desaciertos del poder, y el empuje de las ideas sobrepujaban al ejemplo de los castigos.

Data tambien de esta época la introduccion en nuestro suelo de un medio poderosísimo de mal, que facilitaba, que incitaba, que envolvia en sí ese jérmen revolucionario. Hablamos de las sociedades secretas, santamente desarrolladas algunos años adelante, pero que en ese tiempo á que nos referimos comenzaron ya su obra de destruccion entre nosotros. Las lojias masónicas eran una importacion francesa, venida con su espíritu y con sus ejércitos, de la que se apoderaron las ideas liberales comprimidas y proscritas por el Monarca. Sus misterios dieron abrigo á la revolucion, sus jerarquias sirvieron para organizar planes de trastorno, y sus compromisos ligaron infinidad de personas al propósito de los que osaban más. Contra el gobierno público del Estado hubo un gobierno secreto, que pugnó por vencerle y derribarle.

Y hemos dicho ya que ese gobierno público era debil sobre toda ponderacion. Los hombres que de ordinario le compusieron, no parecian sino expresamente buscados para llevarnos al precipicio. Como clásica y singular ha quedado consignada la ignorancia de alguno de ellos; pero bien se puede dudar que fuesen mas expertos que aquel sus antecesores y succesores. El gobierno del pais estaba realmente abandonado á la Providencia; y no es de seguro el mejor medio para que la Providencia nos auxilie, el entregarnos ciegamente en sus manos, sin hacer nada por nuestra parte para obtener sus beneficios.

Una sola innovacion recordamos intentada en aquellos tiempos, y fue por cierto tan infeliz, que contribuyó no poco á empeorar el estado de las cosas públicas. Hablamos del sistema de contribucion directa y jeneral, emprendido con mas celo que fortuna en 1817. Acometióse en él una obra, que, aun con datos estadísticos, hubiera sido siempre aventurada ó imposible; y la falta de aquellos datos, y esa imposibilidad esencial, para cuyo conocimiento bastaban los principios mas vulgares, dieron brevemente en el suelo con ella, con su autor, y con sus sostenedores. No consistia á la verdad en un remedio de aquella especie lo que habia menester nuestra hacienda de España: mas sencillos y mas radicales á la vez los necesitábamos.

Uno sobre todo era principalmente indispensable, á saber, el de el órden y de la economia. Mal acostumbrado el gobierno español en este punto, como dueño y poseedor de inmensas riquezas, veiase obligado ahora á reformar sus antiguos hábitos, desde que habia perdido las gruesas sumas que le llegaban autos de Ultramar, y que ya no consentia venir el estado de aquellas colonias. Pero en vano se presentaba á sus ojos esta necesidad imprescindible: cerrábalos resueltamente por no advertirla; y lejos de poner coto á sus antiguos despilfarros, hoi que se le escapaba de las manos la América, aumentaba por el contrario sus dilapidaciones, con el necio empeño de volver á conquistar, y de sujetar nuevamente á su yugo, esas rejiones tras-atlánticas.

Este punto de nuestros establecimientos coloniales merece una pequeña detencion.

Largo tiempo habia que los hombres dotados de prevision y de criterio, miraban como una eventualidad muy posible la emancipacion de la América española. Despues de haber visto á los anglo-americanos resistir con éxito á todo el poder de la Inglaterra, y fundar una república allende de los mares, era muy fácil augurar que los establecimientos españoles debian de intentar el mismo propósito, sin que bastasen á impedírselo las enflaquecidas fuerzas de la metrópoli. Hechos aislados en verdad, pero muy significativos, vinieron á confirmar esta prevision comun; y antes de que concluyera el siglo XVIII, habia intentado ya Miranda el establecimiento de una nacion independiente al otro lado de los Andes. Comprimiéronse, ciertamente, aquella y algunas otras' tentativas, merced al hondo espíritu de union, y á la fuerza de las costumbres españolas, trasladadas por nuestros antepasados á todas sus fundaciones ultramarinas; pero era difícil esperar que ese espíritu y esas ideas se conservaran perpetuamente, y que no hubiera de ocurrir acontecimiento alguno, que sacudiendo la Europa, dilatara sus conmociones hasta aquellos remotos paises.

Este acontecimiento se presentó en la invasion de la Peninsula. Extinguido el gobierno del Rey, y pugnando por ponerse en su lugar el de José, los americanos se revolvieron en su contra con la misma enerjia que los españoles peninsulares. Tambien allí hubo Juntas soberanas, tambien allí se desataron los lazos que unen las provincias con la capital.

Pero allí era el movimiento mucho mas peligroso que en la metrópoli. El espectáculo del supremo poder en medio de aquellas rejiones, la aproximacion de la soberanía, el cambio de condicion que con esto se verificaba, habia de inspirar ideas de rompimiento y emancipacion respecto á la Europa. Aprovecháronse de ellas los antiguos instintos, suscitólas y las explotó á su vez la codicia mercantil; y vióse muy luego, como resultado, la proclamacion de la independencia americana en casi todas nuestras colonias de aquel continente. Desde el fondo de Nueva-España hasta las provincias de Buenos-Aires resonó un grito de guerra y de expulsion contra los españoles.

Las Córtes de Cádiz, gobierno á la sazon del Estado, empeoraron el mal, y acrecentaron el incendio con sus providencias. Extendiendo los principios filosóficos del liberalismo al otro lado del Océano, dando tambien las franquicias constitucionales á aquellas rejiones remotas, debilitaron más el escaso principio de órden que allí restaba, avivaron más las ideas de independencia politica que allí se debatian, é imposibilitaron y anularon los esfuerzos con que lidiaban los partidarios de la union, para contener el espiritu disolvente que se habia apoderado de aquellas poblaciones. Toda la fuerza de cohesion que distinguiera siempre á nuestros establecimientos, no pudo resistir á tantos y tan combinados embates. A la vuelta de Fernando, la América entera se veia convertida en un inmenso campo de batalla: algunas de sus provincias estaban ya perdidas para siempre.

Si el Gobierno de los seis años hubiese sido capaz de conocer nuestra verdadera situacion, y de percibir los intereses nacionales, su conducta respecto de la América hubiera podido ser tan fácil como gloriosa. Habria visto que era llegada en efecto la hora de la emancipacion, y prestándose á ella pausada y sucesivamente, hubiera asegurado la felicidad de poderosos imperios, y el interés y la perdurable influencia de la monarquía española. Al desatarse los lazos que nos habian unido hasta allí, era muy sencillo el estrechar otros que por largos siglos nos uniesen. La comunidad de orijen, de hábitos, de idioma, de relijion, principios eran ya para muy intimas y muy amigables relaciones; y si en los tronos que debian levantarse en aquellos paises, porque la república era allí un edificio sin cimientos, se hubiesen tambien sentado dinastias del trono español, facilmente se descubre el inmenso partido que hubiéramos podido prometernos de tan feliz reunion de circunstancias. La América, de seguro, no hubiera sido presa de la anarquia: España tambien habriase evitado hondos pesares, y su poder y su nombre ocuparian distinta posicion en los actuales designios del mundo.

Pero nada de esto podian comprender los gobernantes de 1814 ni de 1818. Su resolucion de someter la América era invariable. La fortuna les confirmaba en ella: los reveses tambien los confirmaban, irritándolos. Un cuerpo del ejército español habia pasado desde luego á Costa firme, en donde se habia cubierto de una gloria inútil: otros, aunque de menor fuerza, le habian seguido sucesivamente: preparábase en fin otro postrero de gran importancia, cuya aparicion sola debia sofocar hasta los últimos jérmenes del espiritu de independencia.—Asi pensaba el Gobierno en su imprevision del porvenir, sin notar el horrible nublado que se levantaba sobre su horizonte.

No era ya momento de conspiraciones aisladas y parciales, como las de Navarra, las de Galicia, las de Cataluña, las de Valencia, en los años precedentes; la conspiracion se urdia en ese mismo ejército, reunido con tan inmensos gastos, y considerado con tan ilusas esperanzas. El Gobierno se lo habia dejado seducir. Las sociedades masónicas le tenian mimado, y aprovechaban ávidamente el descontento de la tropa. Esta se prestaba á todos sus manejos, disgustada con el servicio, incómoda con la idea del embarque, herida con los peligros de una guerra, de la que no se esperaba volver. Y aun los jefes de alta categoria, ó por ambicion, ó por resentimiento, concurrian tambien en mucha parte á tales maquinaciones, y preparaban un golpe mortal al gobierno ciego y confiado que los habia puesto al frente de las armas.

Hubo sin embargo un momento en que todo pareció desvanecerse. Llegó la conspiracion á noticia de la córte, é impulsado por sus súplicas corrió á desbaratarla el Jeneral. Es fama no contradicha que este mismo habia sido de sus primeros motores, y aun que era el alma del proyecto todo; mas de cualquiera suerte, él lo comprimió por entonces, y procediendo con enerjia cortó los planes de los conjurados.—Por última vez se daba asi al Gobierno un nuevo respiro, una saludable dilacion, para que mirase en derredor de si, y precaviese los males que le amenazaban. Mas el Gobierno vió pasar aquellos instantes como cualesquiera otros, sin modificar en lo mas mínimo ni su abandono, ni sus yerros, sin prepararse de la menor suerte para sujetar las pasiones de insurreccion que amagaban su existencia. El Gobierno continuó en su torpe y criminal descuido, indolente, apático, dormido como antes, porque era su destino no despertar sino cuando le hiriesen en el corazon.

Habian pasado estos gravisimos acontecimientos en el verano de 1819; y el primer dia de 1820 sublevábase una parte del ejército expedicionario, ponía en libertad á los presos de la tentativa anterior, aprisionaba á su vez los actuales jefes, y proclamaba como ley política del pais la Constitucion de 1812.—Principio terrible de un porvenir azaroso, y digna inauguracion de una época, en que descubiertamente iba á entronizarse la anarquia, y á desgarrarse en lucha civil el seno de la patria!

Lo que hacia temible este levantamiento, no era tanto su fuerza material, cuanto el descontento público, que seis años de abandono habian acumulado, y la desidia misma, que convertida en naturaleza del poder, no era probable que le abandonára en aquellos momentos. La nacion, cuando menos indiferente, no comprimia á los sublevados con un acto de enérjica repulsa: el poder, confuso y aturdido, se embarazaba en sus resoluciones, y no sabia hostilizar, ya que no habia sabido prevenir; el espíritu revolucionario se ajitaba por donde quiera, y mas diestro y mas activo que los gobernantes, debia obtener sobre ellos una pronta y decisiva victoria. A los dos meses de la sublevacion de la Isla se veia obligado Fernando á convocar Córtes: dos dias despues, habian corrido tanto los acontecimientos, que tenia que proclamar él mismo la Constitucion de Cádiz.

Así terminaba la primera reaccion que en nombre de la lejitimidad se habia intentado en España contra el espíritu del siglo XIX. Seis años escasos habian sido suficientes para volvernos al mismo sistema que en

1814 se derribara, á pesar de hallarse emigrados ó en
duras prisiones los jefes del partido liberal, á pesar de
la sangre que había corrido en los patíbulos para ex-
terminar las ideas novadoras. Los desaciertos de la córte habían podido mas que sus castigos; y vencida la
soberanía, entraba de por fuerza en las condiciones que
no había querido aceptar voluntariamente. ¡Qué diferencia, sin embargo, entre haber reconocido al liberalismo en 1814, ó tenerlo que soportar despues de
aquella larga dilacion! Todo el prestijio de Fernando
se había desvanecido en ella, y la opinion pública, que
le levantára adonde no llegó jamás ningun rey, le habia rebajado despues de tan inmensa altura, para mi-
rarle, cuando no con aversion, al menos sin notable
aprecio. En cambio, los patriarcas del sistema liberal
traian sobre sus frentes la canonizacion del martirio,
y en sus corazones el resentimiento de los agravios.
Mal gravísimo, de que nos quedaron resultas para
largos tiempos, y que todavia en estos instantes ejerce
una desastrosa influencia. Y si de los jefes pasamos al
partido, encontraremos tambien que se había acostumbrado á conspirar, que se había manchado con asocia-
ciones clandestinas, que habia perdido la inocencia y
la pureza de que estaba animado en 1814. Y si del
partido pasamos al ejército, que habia sido su brazo,
le hallaremos igualmente indisciplinado é insurrecto,
perdidas las ideas de la subordinacion y del deber, indigno de llevar su propio nombre, y convertido en un
medio á propósito para engolfarnos en mayores desastres. Y si del ejército pasamos por último á la nacion,
la veremos igualmente á ella principiada á desmorali-

zar con esas vacilaciones, insegura ya en su fé, marchándo hácia la tristísima situacion de un pueblo sin principios y sin esperanza. Todo ello por la ceguedad con que en seis años se habia procedido: todo ello porque ni se habian querido conocer las necesidades de la época, ni aun resistirlas tampoco con fuerza, con energía, con vigor. Quizá habia sido aquel período en el que mas necesidad hubiera de gobierno, y en el que menos se gobernára en nuestro pais: asi llegaba la época de que se cojiesen tempestades, en remuneracion de los vientos que se habian sembrado.

CAPITULO QUINTO.

1820.

Puede inferirse por lo que dejamos dicho, en qué crítica situacion se encontraba el Estado, y cuán negros pronósticos debian formarse en verdad acerca de su futura suerte. El pueblo, sin embargo, que no estaba aún acostumbrado á reflexionar sobre materias políticas, y que no conservaba recuerdos dolorosos de la anterior época constitucional, recibió sin desconfianza este cambio, y esperó alivio en sus males por el benéfico influjo de la nueva ley. Al escuchar á su Monarca, que atribuia á torpes é interesados consejos su primitiva repulsa de la Constitucion; al oirle asegurar, por una y otra vez, que de allí en adelante mar-

charía francamente, y el primero, por el recto camino
que adoptaba; el pueblo español fue bastante dócil y
bastante confiado, para olvidar su descontento y sus
quejas, y para esperar sencillamente que podria reinar
un acuerdo saludable entre el mismo Monarca y los
nuevos poderes, que se iban á crear. No, á la verdad,
con grande entusiasmo, fuera de algunas pocas personas; pero sí, ciertamente, con benevolencia, fue
recibida la ley de Cadiz á su segunda aparicion entre
nosotros.

Comenzóse luego á poner en práctica, y se procedió sin demora á la eleccion de Diputados á Córtes.
Entraron en éstas, como era necesario, los antiguos
jefes del liberalismo, los perseguidos por sus opiniones reformistas. De ellos se compuso tambien el Ministerio, de ellos se formó el Consejo de Estado, de
ellos todo el alto personal de la administracion. Sus
hechos anteriores, y la horrible proscricion de los seis
años, los ponian ahora naturalmente á la cabeza de la
sociedad, en union con los autores de la revolucion
victoriosa.

Por lo demas, el espíritu que en estas elecciones
habia animado al país, era todavia desinteresado y
prudente; y los individuos que de resultas de ellas fueron á representarle, se recomendaban casi todos por
su honradez, por su templanza, y por sus conocimientos. Entonces tuvimos una confirmacion de lo que la
historia de todos los países habia demostrado de antemano, y que despues ha vuelto nuevamente á confirmar: que cualesquiera que sean los métodos de eleccion, por errados y viciosos que se les suponga, siem-

pro producen una cámara digna, moderada, apreciable, cuanto lo permiten las ideas contemporáneas, la
primera vez que se ponen en ejercicio en una nacion, privada por largo tiempo de las formas representativas. Todo
primer Congreso do un Estado lleva inmensas ventajas
á los congresos posteriores, y es un espejo mas verídico
de la opinion pública. Los partidos, los compromisos,
los accidentes de toda clase, que despues la pervierten,
y falsean, no tienen nunca lugar en aquel caso: escó-
jense las personas por su valor real, y no por aprecia-
ciones facticias; y el pueblo, ó los que lo dirijen en
semejante obra, disciernen mejor lo que les sea útil,
no cegados sus ojos con los intereses ó las ilusiones
de bandos extremos, que no han tenido tiempo de
nacer.

Asi sucedia en 1820. Las Córtes, reunidas en julio, no eran, á la verdad, una asamblea de hombres
de Estado, que se diesen cuenta exacta de la situacion, que previesen todos sus peligros, que alcanzasen los mejores medios de precaverlos. Con el aprendizaje de nuestros años anteriores habria sido demasiado exijir de congreso alguno tal elevacion de carácter y de miras. Pero sus individuos eran en mayoria,
como hemos dicho antes, hombres templados y de
prudente condicion, que aspiraban á las reformas sin
destruir el gobierno, y que, aun con toda la desventaja de nuestra ley politica, trabajaron en lo posible por
asegurarle. Digno propósito, en verdad, y merecedor
de justicia y reconocimiento, por mas que hubiesen
fracasado en él, como en obra que la situacion y aquella misma ley hacian absolutamente imposible.

Un ejemplo clarísimo de estas dificultades se ofreció ya á los dos meses de estar reunidas las Córtes, y dió principio al escándalo del nuevo periodo. Hasta entonces habia permanecido sin disolverse el ejército de la Isla de Leon, dirijido por los mismos jefes que verificáran el alzamiento, y que habian ganado por él sus diplomas de jenerales. La singularidad de aquellas circunstancias anómalas habia podido exijir ó disculpar tal resolucion en momentos de trastorno; pero organizado en fin el gobierno supremo, abiertas las Córtes, tratándose de poner en planta todo el edificio constitucional, no presentaba utilidad ninguna, y si presajiaba muchos males, la conservacion de una fuerza, que para nada servia, como no fuese para sembrar alarmas, para suscitar rivalidades, para irrogar notorios perjuicios. El Ministerio creyó llegado el caso de hacer entrar en el órden comun aquellas divisiones, y se aprestó á desbaratar su organizacion de ejército, y á diseminar los batallones por toda la monarquia.

Pero esta medida contrariaba los intereses y los planes de muchas personas. La conservacion del ejército era solicitada por algunos hombres como una garantia del sistema constitucional, por otros mas avisados como un medio de medrar en sus utilidades, y por otros, mas perdidos aún, como un instrumento de revoluciones sucesivas. Esto gusto criminal se iba apoderando de infinitas personas, y lo propagaban las sociedades secretas, que tanto habian contribuido al anterior alzamiento. Lo hecho no era ya suficiente para un gran número; y si bien, aún, la mayor parte de estos mismos no sabian lo que se debiera hacer,

sentianse en su interior animados de una fiebre revolucionaria, que los llevaba á nuevas convulsiones, y
que se exalaba desde luego en desórdenes, en gritos,
en insultos.

Para sostener esa digna obra no habia un medio
mas á propósito que la conservacion de las divisiones
insurrectas. Así, el patriotismo bullidor que plenamente aparecia, no omitió nada para conservarlas en cuerpo de ejército. D. Rafael del Riego, su Jeneral en jefe, despues que D. Antonio Quiroga habia marchado á
las Córtes, diputado por Galicia, corrió apresuradamente á Madrid, á conferenciar con los Ministros, y
á exijirles lo que tenia resuelto en sus propósitos el
partido revolucionario.

Entonces, volvemos á decir, comenzaron las escenas escandalosas. Era aquel Jeneral un hombre de
menos que medianas luces, ignorante del todo en las
cosas politicas, aun las mas usuales, y desvanecido
dolorosamente con una representacion para la cual era
el menos apto que pudiera concebirse. Bravo jefe de
batallon, que fué el puesto en que la revolucion le en-
contrára, jamás debió haber ascendido de semejante
esfera, para perderse y despeñarse de otras superiores. En la época á que nos referimos mostrábase pobre instrumento de cálculos extraños y de ilusiones
propias: mentido Laffayete, ridiculo Washington, que
se proponian néciamente crear los imitadores de trastornos extranjeros.

La entrada de Riego en Madrid, su aparicion en
el teatro, sus conferencias con los Ministros y aun con
el mismo Monarca, fueron hechos de vértigo y locura,

y tambien de irreverencia y de crímen, que asombraron á las masas, que llenaron de terror á los hombres prudentes, que levantaron numerosos enemigos contra el réjimen constitucional. Las esperanzas se desvanecian, y brotaban por todas partes la enemistad y los temores; mientras que los apellidados liberales se dividian tambien, y aumentaban su debilidad con las flaquezas que ponian de manifiesto.

El Gobierno, sin embargo, tuvo dignidad en aquella ocasion. Reprimiéronse las tentativas de desórden, disolvióse el ejército expedicionario, y su mismo Jeneral fue desterrado al fondo de una provincia. El salon de las Córtes resonó con palabras fuertes y decorosas, y su mayoria, prudente y honrada como hemos dicho antes, hizo justicia del idolo que los revoltosos querian levantar. Aún se caminaba con fé en medio de tales borrascas, y los hombres amantes de gobierno podian esperarle de las instituciones.

Al mismo tiempo que esto sucedia, ocupábase la asamblea de infinidad de reformas en todos los puntos de la administracion y de la sociedad. Impulsadas á la vez por la precision de poner órden en los diversos ramos del servicio público, que contaban tan antiguo abandono, por el espíritu democrático y filosófico que desenfrenadamente cundia, y aun por la tendencia revolucionaria, de que era imposible se libertasen, hijas ellas mismas de un levantamiento; lanzáronse las Córtes en un océano de novedades, deseosas de llevar á cabo la restauracion pronta y universal, que les pedia de una parte la nacion, y á que las estimulaban de otra sus compromisos y su orijen. La go-

bernacion propiamente dicha, la administracion, la
justicia, la hacienda, las leyes civiles mas importantes, el derecho criminal, el estado eclesiástico; todo
fue objeto de sus discusiones y de sus votos. Sus diarios y sus actas atestiguan que por lo menos se ocuparon asiduamente en los destinos del pais.

Habia, empero quizás, un punto, que con mas urjencia que todos estaba reclamando la reforma; y desgraciadamente no se tuvo el valor necesario para aco-
meterla. Hablamos de la ley constitucional, cuyos errores indicaba ya la reflexion, y comenzaba á confirmar la práctica. El transcurso de ocho años no habia
podido dejar de surtir sus indispensables efectos; la
presencia del Monarca daba tambien lugar á nuevas
observaciones; el uso diario, por último, aunque
todavia reciente, suministraba ya consecuencias preciosas acerca de unas teorias que ante todo están
obligadas á realizarse en hechos. Nosotros tenemos la
intima persuasion de que si el Congreso de 1820 hubiera acometido la reforma constitucional, algo se habrian enmendado los inmensos inconvenientes de aquel
Código, algo se habria facilitado la gobernacion de la
monarquia, algo se habria evitado de la triste depen-
dencia en que se hallaba el Monarca respecto de otras
instituciones, y de la necesaria hostilidad en que habian de consumir sus fuerzas los poderes del Estado.
No creemos de seguro que se hubiera sustituido la
primitiva Constitucion con una obra perfecta y acabada; pero juzgando que toda ley politica que no impi-
diese la gobernacion, habia de ser una inmensa mejo-
ra, comparada al Código de 1812, nos lamentamos de

que un puratinismo estrecho y de escasísimas miras
hubiese tenido mas poder que esas altas considercacio-
nes de bien público, en las personas que se hallaban
al frente del pais. Con la influencia que encontraban
aún las ideas conservadoras, quizá no era imposible
haber prevenido las catástrofes que despues vinieron.
Aquel ridículo término de ocho años, y aquella mezquina interpretacion, que señaló su principio en 1820,
no puede dudarse que fueron fatalísimos para la
patria.

Como quiera que sea, y perdida esta muy eficaz
coyuntura de enmendar grandes yerros, continuaban
las Córtes en la obra de sus reformas, pasando su soberana inspeccion sobre todos los objetos que hemos
indicado antes. Recorrer cuanto hicieron en esta via,
recordar siquiera uno por uno los objetos de sus deli-
beraciones, seria un trabajo demasiado extenso, que
dilatase fuera de proporcion estos apuntes, y que por
otra parte contribuiria bien poco al objeto capital de
nuestra obra. Dejámoslo pues á la historia particular de
aquellos tiempos, libro que por desgracia no está escrito aún, y que juzgariamos altamente útil para la
enseñanza de la edad presente. Nosotros nos limitare-
mos á indicar varias innovaciones gravísimas, las cuales influyeron hondamente en la sociedad, y expresa-
ban á la vez la marcha de las ideas que habian conducido á los poderes soberanos á decretarlas. Habla-
remos ligeramente de la reforma eclesiástica y de las
de diezmos y mayorazgos, puntos todos examinados
en aquellas primeras Córtes.

La reforma del estado eclesiástico regular habia ya

sido objeto de muchos y diferentes planes. Pensábase
en ella desde los reinados del siglo anterior, y á los
principios del XIX se habian impetrado de Roma las
correspondientes bulas para efectuarla. El gobierno
del rey José la habia puesto en ejecucion á su manera: las
Córtes de Cádiz tambien la habian decretado en 1813;
solo en el sexenio que acababa de pasar, habia quedado esta idea arrinconada, como tantas otras, por
espíritu de reaccion. Asi, debia renacer, y llevarse á
cabo en 1820.

Era á la verdad extraordinario el número de regulares que existian en España. Institucion propia y uti-
lísima en pasadas épocas, parecia ya menos necesaria
en la presente, sobre todo con aquel escesivo número de personas, y con aquel lujo escandaloso de amortizacion. No podia presumirse que fuera el celo cris-
tiano el que llenára los conventos: llenábalos, si, la
pereza y el deseo de comodidad, y eran un estimulo á
las malas cualidades que han aquejado siempre á nuestra España. Sin ódio, pues, contra las instituciones
relijiosas, pero por prudente economia de gobierno, necesitábase disminuir unos asilos, donde si justa-
mente se albergaba la piedad, tambien se albergaban
al lado de ella hondos hábitos de desidia y abandono,
tan perjudiciales al interés del Estado. Convenia sin
duda una reforma, que no extinguiese los institutos
relijiosos, queridos de la nacion, encarnados en sus
costumbres, intimamente enlazados con su vida de
muchos siglos; pero si que dificultase la entrada jeneral en ellos, limitando su número bajo reglas pruden-
ciales, y desobstruyendo mil carreras laboriosas, que

venía á interceptar la multitud de conventos esparci-
dos por todos los ángulos de la monarquia. En nada
era mas indispensable la prudencia que en este particular, pues se rozaba con intereses tan delicados como son los de la relijion en nuestra sociedad española.

Debemos hacer á las Córtes sincera justicia sobre
este punto. Su proyecto podrá prestarse á la crítica en
algunos pormenores de ejecucion, pero estaba concebido en el espíritu que acabamos de indicar: estaba
hecho sin pasion y sin intolerancia. Suprimianse, á la
verdad, los monacales; mas se reservaban ocho grandes fundaciones, donde conservar sus reliquias, mo-
numentos gloriosos de las artes, de la historia, de la
relijiosidad del pais. En cuanto á las demas órdenes
de ese estado eclesiástico, únicamente se disminuia el
número de los conventos: los relijiosos de los cerra-
dos podian elejir entre la secularizacion ó la reunion
en las casas que quedaban. No se les obligaba á seguir
ninguno de estos caminos: sus intereses ó su piedad
debian dirijirlos en la eleccion.

Por este sucinto análisis de la reforma, se echa de
ver fácilmente la idea moderada que la dirijia. Aun
habiase impetrado una bula jeneral de secularizacion,
para calmar así todo escrúpulo de las conciencias. Lo
que podia pedirse en justicia al Gobierno era que sa-
tisficiese con exactitud las cuotas señaladas á los secu-
larizados. Heredero de los bienes que ellos habian po-
seido, y habiéndoles propuesto aquella condicion para
que saliesen de sus institutos, tenia obligacion estrechí-
sima de llenarla sin la menor escusa, y sin dilaciones

de ningun jénero. La razon pública debia aprobar la
nueva ley, y darse por contenta de su resultado.

Mas no hay solo razon, no hay solo principios en
los pueblos, y menos aún durante épocas como la que
describimos: hay tambien intereses, que hablan muy
alto en el corazon de los hombres, y que influyen poderosamente en los destinos de la sociedad. La reforma no podia haber respetado todos los que encontró,
justos ó injustos, apreciables ó dignos de censura; y
ellos se volvieron resueltamente en su contra, y se dieron á hostilizarla con todo su poder. Los yerros de la
ley, las imprudencias de algunos de sus autores, las
faltas de los que la habian de ejecutar, todo se em-
pleó, todo se explotó hábilmente en semejante lucha.
Aquella fue una concepcion impia para acabar con las
creencias de los españoles; y cuantos medios podia
producir el sentimiento relijioso de la nacion, todos se
invocaron para cubrirla de un imponente anatema. El
ateismo de la Constitucion y de las Córtes se difundió
por toda la Peninsula; y por desgracia, el espiritu filosófico del siglo XVIII, que dominaba en realidad á
nuestros gobernantes, contribuia con una apariencia
de razon á sostener semejantes acusaciones.

Otra reforma, que tambien hemos indicado, y que
se enlaza muy naturalmente con la que acabamos de
referir, es la que se dictó sobre los diezmos del clero se-
cular. Mas aventurada que la precedente, debia aumentar asimismo con su peso la gran carga de dificultades
que se iban aglomerando.

La tendencia á destruir una prestacion que ha sido
tan universal en todos los paises de Europa, es tam-

bien universal bajo el influjo de la marcha presente de los espíritus. Sea por despego hácia las corporaciones eclesiásticas, á las que el diezmo ha correspondido de ordinario, sea porque verdaderamente constituya un obstáculo real á los adelantamientos de la labor; el hecho es que las prestaciones decimales van desapareciendo en la Europa moderna, sustituidas de diferentes modos, segun el sistema que ha servido para abolirlas. En unos paises se ha acabado con ellas revolucionariamente; en otros por medio de rescates, que han capitalizado la renta en primer lugar, y que despues han promovido su sucesiva redencion. El diezmo, empero, cual nos le habian legado los siglos anteriores, fenece y se concluye por donde quiera; y acaba de hacer imposible su retorno la necesidad de contribuciones territoriales que experimentan todos los Estados modernos, y la dificultad invencible de asentarlas, mientras aquel dura y se satisface segun su antigua índole.

Tambien las Córtes españolas habian de llevar á este punto su deseo de reformar; pero poco acertadas en los medios de verificarlo, debian de quedar inferiores á sí mismas, en otras muchas de sus obras. En vez de adoptar el buen sistema del rescate, el que atiende á todos los derechos, y consulta la propiedad simultáneamente con el bien comun; adoptaron el revolucionario sistema de la supresion, reduciéndolo, es cierto, á la mitad, pero causando aun así multitud de despojos, vulnerando multitud de derechos, irrogando multitud de perjuicios. Prodújose con esa medida un trastorno considerable en el órden material, que no se compensaba bastantemente con lo que de alivio se otorgaba á la agricultura; y se suscitaron intereses poderosísimos, y, lo que es mas, resentidos con justa causa, contra el órden de cosas de donde provinieran aquellos males. Y al mismo tiempo, las conciencias se azoraban, al considerar lo que creian una invasion de las atribuciones de la Iglesia; y la mala fe explotaba esa ajitacion al servicio de partidos politicos, que ya se iban elaborando sordamente.

La tercer reforma, de que hemos hecho mencion, y en las que ciframos el espiritu de aquella lejislatura, es la correspondiente á mayorazgos ó vinculaciones. Señalado queda en el capitulo primero con cuánto disfavor era considerada entre nosotros esa institucion social, desde el último tercio del siglo precedente: las Córtes, progresando en la idea democrática de Cárlos III, intentaron concluir del todo con su existencia. Atropellando hasta los derechos de las personas nacidas, y que los gozaban imperimibles á las vinculaciones; sin respetar mas que una parte en los de los sucesores inmediatos, á quienes solo se reservó la mitad de sus bienes; ellas cortaron resueltamente y de una vez tan inmenso nudo, decidiendo esa gran cuestion, que ajitaba y ajita hasta en sus profundidades, asi la ciencia politica, como la económica y la social. Precipitacion indudablemente inconsiderada, hija de sentimientos antipáticos mas bien que de sublimes reflexiones; acuerdo, que llevaba la tendencia democrática aun mas allá que la misma Constitucion vijente, la cual reconocia como una clase á la Grandeza; problema, en fin, aventurado aun bajo el aspecto, que

seducia á muchos, de crear intereses que se enlazáran
con la revolucion, pues no era fácil de decidir si semejante reforma ganaria votos y aficiones activas en
favor de las leyes constitucionales, hasta la cantidad
de interesadas antipatias y repulsas, que contra las
mismas debiera concitar. Mas en medio de las dudas
de esta especie, los principios democráticos de las
Córtes recobraban todo su imperio, y el espíritu de la
revolucion marchaba al cumplimiento de sus destinos.

Esto en cuanto á legislacion y cuestiones sociales.
Por lo que respecta á la gobernacion, propiamente dicha, las dificultades que ofrecia la ley de 1812 eran
inmensas; pero debemos hacer justicia á la mayoria de
aquel primer Congreso, confesando que no las aumentaba por espiritu de oposicion. Algunos meses mas, y
ya vendria tambien el periodo de las hostilidades.

La hacienda, por último, habia llamado asimismo
la atencion de las Córtes; y su organizacion y el restablecimiento del crédito, las habian ocupado frecuentemente. Pero sobre este punto no pudo dispensárseles,
ni aun en sus principios, ninguna alabanza. Pródigas
en el reconocimiento de deudas, y poco acertadas en
el establecimiento de contribuciones, lejos de producir
grandes bienes á la nacion, fueron sin duda orijen de
angustias y penalidades sucesivas. Habia mucho de em-
pirismo en los sistemas que se adoptaban, y mucho
de ilusiones en las esperanzas que se concebian. No
nació alli un plan realizable para mejorar por grados
nuestra situacion económica; ni era fácil esperarle de
la posicion respectiva de los Ministros y las comisiones

de hacienda. Quizá en esta materia, mas que en ninguna otra, es necesario que tengan los gobiernos una muy libre, muy lata, muy universal iniciativa: quizá en este punto, con preferencia á todos, se necesitan mas desahogadas preparaciones, antes de adoptar ninguna opinion. Si pues todo marchaba invertido en este particular, por causa de las necesidades políticas, no deberá estrañarse que solo se distinguiese aquella administracion de la hacienda por haber comenzado en medio de una profunda paz un sistema de empréstitos, que se dilató en seguida durante tantos años, siendo una de las principales causas de la confusion que nos circunda.

Como quiera que sea, entre temores y esperanzas, entre proyectos de reforma é intereses de resistencia, entre destellos de bien y chispazos de revolucion, habian concluido las Córtes su primera lejislatura, y dejaban holgado y desocupado al Gobierno, para atender con completa asiduidad á la direccion y administracion del pais. Las circunstancias se iban haciendo ya dificiles, porque los jérmenes de desórden encerrados en la Constitucion adquirian constantemente su natural desarrollo, á la par que los intereses lastimados con el nuevo sistema levantaban contra él, no solo oposicion, sino aun abierta y declarada lucha. El espiritu revolucionario y el antiguo espiritu español se veian á cada momento mas en presencia; y ni se alzaba buena y suficiente para enfrenar al uno y al otro la posicion de los gobernantes, ni las cualidades personales que á estos distinguian eran de aquellas estraordinarias, que suplen los defectos de las leyes, y dominan por su ascendiente irresistible la marcha y el destino de los pueblos.

'Entre los principios, ó disolventes, ó cuando menos peligrosos, que se desarrollaban con una triste rapidez, y con una fuerza de invasion irresistible, debemos señalar en primera linea las sociedades patrióticas, focos perenes de ajitacion y de anárquicas convulsiones en un pueblo como el de la Peninsula; la imprenta periódica, palanca inmensa de bien y de mal, problema irresoluble y necesario á la vez de los tiempos modernos; y la Milicia nacional voluntaria, institucion arriesgadisima en los principios de toda revolucion, cuando las imajinaciones se acaloran fácilmente, cuando no se conoce por práctica la tolerancia con las ideas, y cuando la experiencia por último no ha enseñado todavia los limites en que es forzoso encerrar su organizacion, ni el carácter que es necesario inspirarle y mantenerle. Los tres principios que acabamos de referir habian caido sobre nosotros, preñados de todo el mal de que eran capaces: la imprenta periódica desmoralizando y corrompiendo la nacion, las sociedades promoviendo una asonada perpétua, la Milicia trastornando las mas veces el órden, en vez de sostenerlo y asegurarlo. Exajeraciones todas tres de verdades inconcusas, de ideas dignas de respeto, como la publicidad, la discusion, la fuerza de los ciudadanos; pero que siendo exajeraciones, necesitarian desde luego ser ordenadas y comprimidas, y que, sueltas entre nosotros, dadas á los extremos de la licencia, hacian imposible toda accion gubernativa, y condenaban el Estado á una anarquia, á un desórden, á una confusion inacabables.

Esto por lo que hace al liberalismo. El espíritu retrógrado, á su vez, tambien se salia de las leyes, y
pugnaba por trastornar la Constitucion. Las conspiraciones se sucedian en todas partes, y aun comenzaban
ya á formarse guerrillas, proclamando al Rey absoluto. Los antiguos sentimientos monárquicos y relijiosos
eran explotados con habilidad, para producir ó la sublevacion, ó cuando menos la resistencia; y desde
principios de 1821 ibase empeñando una lucha jeneral
entre las ideas liberales y las monárquicas, entre el
poder público y los intereses que pugnaban por derribarle, cuyos efectos debian ya enjendrar sérias alarmas
en los hombres previsores, que se interesasen por la
suerte del Estado.

Cúya hubiese sido mayor la culpa para producir esta situacion, podrá indagarlo mas extensamente la historia de aquellos tiempos. Bástanos observar á nosotros que, si habia hombres en todos los partidos exactamente arreglados á usar de su derecho y á cumplir
sus deberes, inculpables de todo punto en el mal que
venia sobre la patria; ningun partido entero podia
pretender igual declaracion, porque ninguno era bastante comedido, bastante prudente, bastante observa-
dor de todas sus obligaciones, para lavar sus manos
en la derrota politica que iban trayendo por consecuencia de su conducta. Sucedió alli lo que sucede en
todas las contiendas de esta clase, cuando el gobierno
no es bastante poderoso ni bastante activo para sujetar á los bandos que se guerrean: comenzóse por
imprudencias livianas, que se exasperaron con la contradiccion, que tomaron cuerpo unas despues de otras,

que llegaron pronto á convertirse en delitos, en crímenes, en atentados, en ruina del gobierno y de la patria.

Únicamente quedaba como elemento de salvacion, ó por lo menos de resistencia á tantos males, la union conservada hasta allí entre las Córtes y el poder ejecutivo. Pero ésta cesó al comenzar la segunda lejislatura, cuando leyendo el Rey una adicion á su discurso, de que los Secretarios del Despacho no tenian conocimiento, renunciaron estos sus encargos, y sobrevino la primera crisis ministerial. La armonia que se rompió entonces, no volvió á restablecerse con aquel Parlamento; y desde ese punto comenzaron una série de colisiones, á que era imposible hubiese resistido ni aun la nacion mas antiguamente ordenada y descansada. Era diferente el espiritu que dirijia á las Córtes de el que movia é inspiraba al poder; y para colmo de males, lejos de estar acorde el Soberano con sus Ministros, lejos de cumplir con buena fé las promesas de constitucionalismo, que repetidas veces habia prodigado á la nacion, comenzó á conspirar él mismo en contra de su Gobierno legal, y fueron su palacio, y aun su persona, el centro de todas las maquinaciones que se fraguaban para destruir el órden establecido.

De ese modo, acababa de hacerse imposible la Constitucion. No decimos ésta, cuyas imperfecciones son tan evidentes, pero ni el Código mas oportuno ó intachable hubiera podido sostenerse bajo semejantes condiciones. Si hay alguna necesaria para el mantenimiento del réjimen constitucional, es sin duda la de la buena fé de los Monarcas. Nada puede resistir á una pugna abierta entre los supremos poderes del Estado. Es necesario, entonces ó que las Cámaras lancen al Rey, ó que el Rey ahogue para siempre á las Cámaras. La ley constitucional no existe sino en el nombre, y su invocacion por unos y por otros es una solemne mentira. La situacion no es de conflicto legal, es de una batalla fuera de la ley. Tal la habian visto nuestros antepasados en Inglaterra, cuando la expulsion de Jacobo II: tal la hemos visto despues nosotros en Francia, cuando la expulsion de Cárlos X. Ni las tradiciones aristocráticas inglesas, ni la Carta de Luis XVIII pudieron evitar esta necesidad.

En España, empero, no se la conocia por el pronto, ó se cerraban los ojos por no conocerla. Tal vez la revolucion se sentia débil en sí misma, inferior al poder del Monarca, y no osaba entonces, ni osó nunca pronunciar su último secreto.

Mas en todo lo que no era éste, comenzaba ya á desbocarse, y á apresurar con ello el circulo de su existencia. El desenfreno crecia en las calles, y la oposicion y la democrácia se levantaban en el Parlamento. Como si no bastáran las sociedades masónicas para mantener perene un foco de desórden, creóse otra nueva y mas ardiente sociedad, donde bajo una denominacion antigua y problemática, se elaboraron planes de un permanente trastorno. Las asonadas eran mas frecuentes cada vez, y pasaban desde la ostentacion de movimientos populares, hasta los insultos mas audaces y groseros contra el Monarca, contra las autoridades, contra los Diputados que se oponian en primera línea á los desórdenes. Aquello era ya un caos de confusion, que designan suficientemente el asesinato de D. Matías Vinuesa en la capital, la insurreccion de Sevilla y Cádiz, negando la obediencia al Ministerio, y la inconcebible resolucion de las Córtes acerca de este punto.

Aun en las reformas, mismas cuyo camino se continuaba, íbase ya el Congreso olvidando del espíritu de transaccion con que las habia dado principio. Erradas, como fueran en parte, las de la primer lejislatura, llevaban sin embargo un sello de moderacion, cual era consiguiente á la templada indole de la mayoria de los Diputados. En esta segunda, á que nos vamos refiriendo, échase ya de menos semejante prudencia, y comenzamos á ver mayores ataques al órden público y á la propiedad: no parece sino que el vértigo comun ganaba aun á los mismos representantes del pais, y les hacia delirar, cuando éste deliraba. Ni la nueva ordenanza del ejército, ni el Código penal, ni al ley de señorios, podrán ser invocadas por la historia para la glorificacion de aquellas Córtes. Sin haber aun llegado al carácter de las que las debian suceder, habian perdido mucho del que las distinguiera en sus anteriores sesiones. Era ya su mayoria mas vacilante, y la atmósfera de la revolucion no podia menos de penetrar en su santuario.

Dos años habian pues transcurrido desde los sucesos de 1820, y el mas oscuro porvenir cubria con sus nubes los destinos de nuestra patria. Las leyes eran por sí un obstáculo gravisimo para la gobernacion, y las pasiones de los partidos, y la poca enerjia de los depositarios del poder acababan de hacerla imposible. El bando liberal estaba desenfrenado y loco;

óbrio do palabras cuanto vacio de fuerzas, corria sin saber adonde, lisonjeándose de atropellar el mundo con su movimiento. El bando realista habia comenzado conspirando, y ya se sublevaba abiertamente para derrocar el gobierno establecido : las provincias del Norte se llenaban de partidarios, y la guerra civil encendia por todas partes sus hogueras. La conducta en fin de Fernando VII, centro de todas estas maquinaciones, acababa de hacer imposible todo bien, porque cerraba el camino á toda esperanza. Añádase el cuadro que nos presentaba la Italia, donde revoluciones semejantes á la nuestra se veian comprimidas por el ejército austriaco, y seguidas de una reaccion horrorosa; y se conocerá cuán horrible porvenir, ó de democrácia ó de absolutismo, se presentaba ya á los desgraciados españoles en los principios de 1822. Todas las ilusiones estaban desvanecidas, todos los males se desenvolvian con una horrible rapidez. Y esta situacion, sin embargo, era bella y apacible para la que habiamos de ocupar algunos meses mas adelante.

CAPITULO SEXTO.

1823.

El Ministerio que se inauguraba en 1.º de marzo de 1822, era indudablemente el mejor dotado de ideas y cualidades gubernativas, entre cuantos dirijieron al país desde muchos años á aquella fecha. En firmeza de carácter, en rectitud de principios políticos, en dotes de superioridad é ilustracion, llevaba de seguro ventajas inmensas á todos los que le antecedieron, como á todos los que le sucedieron durante la época constitucional. Penetrados sus individuos de la índole y de las obligaciones del gobierno, la historia debe hacerles completa justicia, confesando que pugnaron con sinceridad por establecerle entre nosotros, y que dila-

taron, en cuanto les fue posible, el reinado de la anarquia, que precipitadamente inundaba nuestro pais.

Faltóles haber sido ministros dos años antes, y haber encontrado en su auxilio unas Córtes como las
que acababan de pasar. En 1822 el desórden material
habia cundido por donde quiera, y la desmoralizacion
mas completa tenia ya pervertido el Estado. Las Córtes habian sido votadas por las lójias masónicas, y no
podian contribuir á ninguna obra de gobernacion. El
mismo Rey, en fin, se habia empeñado en criminales
conspiraciones; y los soberanos extranjeros, resueltos
á combatir nuestra marcha, hacien intrigar á sus
ajentes para precipitarnos en un abismo, que trajera
por reaccion un nuevo y mas desgraciado trastorno.

La situacion presentaba pues un problema irresoluble, para los hombres honrados que la consideraban
frente á frente. Su determinacion no podia ser otra
que la de luchar en tanto que fuese posible, y hasta
donde sus fuerzas alcanzasen. La Providencia decidi-
ria despues en la altura de sus destinos.

El Jeneral Riego, de quien hemos tenido ocasion de
hablar en el anterior capitulo, fue el primer presidente
que se nombraron las nuevas Córtes. Con ese solo hecho indicaban su espiritu, y daban color á su conducta. Sacado del destierro con que ya vimos habia sido
forzoso enfrenarle, elevado al mando superior de una
provincia, en donde continuó sus anteriores manifestaciones patrióticas, alzábasele ahora á la Presidencia, para que personificase en si el nuevo Congreso, y contes-
tara al Rey en el acto solemne de la apertura.—El Presidente Riego fue asimismo quien hizo recibir algunos

dias despues en la barra de las Cortes á los oficiales de su antiguo rejimiento de Asturias, y trasladó á España una de las escenas mas vituperables de los tumultuosos tiempos de la revolucion francesa. Cuando se dirijen arengas desde semejante sitio, cuando se ofrecen sables, y se distribuyen banderas en las asambleas lejislativas, bien se puede decir que no es ya el Monarca el jefe del Estado, y que hay ejércitos del Parlamento en contraposicion á los ejércitos de la Corona.

Nada importaba pues que el Ministerio agotase todos sus recursos por mejorar la situacion pública, cuando las Cortes no se ocupaban noche y dia en otros objetos que en el de derribarle. Aquello era una continua batalla, en la que todos los males y todos los peligros caian sobre la nacion. El Gobierno devolvia sin sancionar la ley de señorios; pero las Cortes volvian á aprobar la misma ley, y la elevaban segunda vez á la sancion. El Gobierno proponia empeñadamente una reforma de la Milicia nacional; pero las Cortes echaban por tierra sus bases, y empeoraban la institucion, en vez de contribuir á las mejoras que se habian imajinado.—La consecuencia era consumir el tiempo en debates infructuosos, impidiendo cada uno de los partidos las obras de bien ó de mal, con que el otro se lisonjeaba. Jamas hubo por aquellas épocas lejislaturas que menos recuerdos dejasen; y se debió esto sin duda á la disposicion hostil que acaba de describirse, prolongada durante cuatro meses desde principios de marzo hasta fin de junio.

Entre tanto que asi sucedia en el Parlamento, el

estado de la nacion se agravaba con semejante lucha,
y los jérmenes de la guerra civil tomaban extension y
desarrollo. El baron de Eroles conmovia los somatenes
de Cataluña. Navarra amenazaba sublevarse, Alava y
Vizcaya se encendian en formal y cruda guerra. Los
sucesos eran variados, aunque mas frecuentemente
venciesen aún las tropas del Gobierno; mas el hecho
de renacer los realistas de sus mas completas derrotas,
el hecho de multiplicarse por donde quiera, invulnera-
bles, invisibles, dueños siempre de la iniciativa y del
campo de batalla, acreditaba suficientemente que las
masas populares, la clase inferior de la sociedad, la
que forma el gran número, y constituye las columnas
de los ejércitos, que esa masa, decimos, iba ya decla-
rándose enemiga del sistema dominante, y era arrastrada por grados, desde el desvio hasta la lucha abierta, contra las leyes y los hombres que estaban dominando en el pais.

Y ciertamente, que no podia ser de otro modo.
Hemos procurado exponer en los capítulos anteriores
el principio del liberalismo en nuestra España, la marcha de las opiniones favorables al gobierno constitucional, losprogresos de la filosofía reformista, en que esas
opiniones tenian su fundamento. Recordaráse sin duda
que todo ello era una introduccion de ideas extranjeras, favorecida y apresurada por las convulsiones interiores, y por el descontento del pueblo español. Con-
movidos los hábitos de éste con tan extraordinarios
acontecimientos como presenciára desde la entrada del
siglo, falto de una instruccion severa y de una organizacion vigorosa, habia recibido con esperanza las

ideas liberales, que comprendia poco, mas en las que creyó un momento encontrar el alivio que instintiva- mente deseaba. La marcha y desarrollo natural de los antiguos principios, el roce con el ejército francés, que no pudo menos de producir frutos abundantes, y esa situacion en fin, creada por la incuria y los desór- denes del gobierno, dieron cuerpo á nuestro liberalis- mo, y extendieron sus doctrinas por una buena parte de la nacion. Mas cuando se vió que ellos no hacian la felicidad pública, cuando el buen sentido popular pre- senció la lucha abierta en que ya se encontraban con las ideas primitivas y fundamentales de la monarquía española, cuando vió que debian derribar el Trono, y creyó que iban á abolir la Iglesia, su abandono de ellas fue pronto é instantáneo, y del abandono pa- só muy luego, como era preciso, á una violenta hos- tilidad. La jeneracion de 1820 se habia educado aún en el respeto hácia tales instituciones, y no podia ser ella la que hubiese de considerar serenamente su de- molicion. Era menester para eso, que la reemplazase otra, de menos fé, nacida y amamantada en las con- vulsiones y en los trastornos.

Así, desde principios de 1822 existia ya esa lucha patente é inacabable. Del un lado, el Gobierno con la fuerza pública, y una parte de las clases medias y su- periores de la sociedad; del otro, las masas del pue- blo, animadas secretamente por Fernando, sostenidas por gran porcion de la nobleza y del alto clero, acau- dilladas por los monjes y regulares, que se lanzaron con el mayor ímpetu en la pelea. De admirar es que todavía no hubiese sucumbido el liberalismo, hostili-

zado por lan fuertes adversarios, y herido en sí pro_
pio de tantas divisiones, y que hubiese aldo forzoso un
empuje extranjero para acabar de derribarla; pero
tanta es la fuerza, tanta es la ventaja de un poder
constituido, que posee la organizacion gubernativa,
que dispone de los medios públicos, que ocupa el pa_
lacio y la capital, que habla en nombre de la ley, y
que llama á sus enemigos sublevados y traidores.

A pesar de todo, los acontecimientos se iban pre-
ripitando, y era imposible contener su marcha. La
idea de transaccion, por la reforma del Código constitucional, podia ser un esfuerzo de patriotismo, y era
quizá un deber de todo hombre público; pero no presentaba entonces ningunas probabilidades de éxito. Irritados el uno y el otro partido, el realista y el liberal, ninguno de los dos estaba preparado para prestarse á ella. Despues sobre todo de la crisis del 7 de
julio, presentábase como un delirio el pensar en semejante medio.

El Siete de julio de 1822 fue la inauguracion del último acto de nuestro drama, fue el principio de su fin.
Hubo en aquel instante, por el lado liberal, patriotismo y alto valor: los nacionales de Madrid se cubrie-
ron militar y politicamente de gloria. Por el contrario,
el bando realista que sublevára la Guardia real, la
abandonó en el momento del combate, y presenció su
derrota con la mas torpe cobardia. La Guardia sin
direccion y sin jefes, se vió rechazada, batida, acu-
chillada, obligada á rendirse ante tropas muy inferiores.

Pero aquella colision, en que todos habian tenido

parte de culpa, y que los Ministros, impotentes sin el auxilio del Monarca, no habian conseguido evitar, les obligó á dejar sus puestos, y á poner fin al doble combate que por cuatro meses habian sostenido. Mil otras personas prudentes y templadas, de las que se interponian para evitar mayores desenfrenos, se retiraron á la misma vez; y dueña de la situacion la sociedad masónica, ocupó sin concurrencia y sin trabajo el Ministerio, como tenia ocupadas las Córtes, y se entregó á lidiar abiertamente, y con todos los recursos nacionales, contra las masas del pais, organizadas en ejércitos á nombre del Rey absoluto.

Fueron, pues, campañas formales las del Oriente y del Norte de la Peninsula, y no siempre las armas del Gobierno llevaron en ellas lo mejor. Los realistas se apoderaron de fortalezas, dirijieron invasiones bien combinadas, procedieron, en fin, con audácia, con recursos, con gran poder y grandes resultados. No fue ya el brigandaje de Merino, del Abuelo, de Zaldivar, lo que hubo que comprimir y castigar: Quesada, Eroles, Bessieres, Samper conducian divisiones, que lidiaban en linea, que tomaban por asalto la Seu de Urgel, que sitiaban á Valencia, que batian al ejército constitucional en Brihuega, y amenazaban hasta el mismo rádio de Madrid. Parecia aquello una repeticion de la guerra de 1810, en la que los constitucionales representaban el papel de los franceses. Y para que nada faltase á este recuerdo y semejanza, tambien los realistas habian creado su Rejencia, que desde los valles del Pirineo se apellidaba gobernadora de la nacion, durante la cautividad de Fernando.

Difícil es de calcular á donde hubiera llegado aquel desórden, ni qué períodos hubiera corrido la revolucion, si, abandonada á sí misma, solo hubiese tenido que lidiar con las facciones españolas. La lucha con el bando realista, levantado ya á tan inmensas proporciones, la lucha de los partidos liberales entre sí, cada dia mas acerba é irritada, habrian vertido aún sobre la nacion una cosecha inacabable de desgracias y de crímenes, cuales no habia presenciado jamás en ningun tiempo de su historia, y de los que solo eran débil preludio los acontecidos en aquellos tres años que se cumplian. Pero la intervencion extranjera se presentó á poner un límite á tales convulsiones, y á dirijir de otra suerte el progreso de nuestros males. Escrito parece que debia estar el que no saliésemos de su órbita.

Venia ya de largo tiempo el ocuparse de nuestra revolucion las grandes potencias europeas. Habia sido ella por lo menos causa ocasional de las de Nápoles y el Piamonte; y natural fue por consiguiente que en los Congresos de Troppau y de Laybach se hubiese dirijido sobre España una mirada de recelo y animadversion. El lugar con todo á que nos habia levantado la guerra de la Independencia, no influyente á la verdad, pero sí distinguido y respetable, nuestra situacion jeográfica á los fines de la Europa, y nuestra vecindad única con el pueblo frances, el cual no se alarmaba por un gobierno liberal, y al cual tampoco habian de consentir los demas Estados que emprendiese una campaña, y renovase sus hábitos militares; todo ello contribuyó á que nada se resolviese en nues-

tra contra, y á que se aplazase la cuestion de nuestro
destino para decidirla despues, segun el aspecto que
tomaran los negocios de la Peninsula. Mas cuando en
1822 estalló la crisis del Siete de julio, y la revolucion
y la Monarquía se pusieron en abierta ó irreconciliable
enemistad, el mismo Gabinete francés, adversario antes
de toda intervencion en España fue el primero á prepararse para ella, convirtiendo en ejército de observacion el cordon sanitario con que se habia guarecido,
y acudiendo á Verona á discutir con sus aliados las
eventualidades de una lucha, que todos ellos imajina-
ban mas arriesgada y dificil de lo que á poco habia de
acreditarles el resultado.

Las estipulaciones de Verona, las vacilaciones del
mismo Ministerio francés, el desvio y los celos de Inglaterra son en el dia bastante conocidos. Despues de
tanta luz como tienen hoy aquellos acontecimientos,
están mas evidentes que nunca los errores que cometió
el Ministerio español á principios de 1823, cuando las
célebres notas de las cuatro potencias continentales.

Solo dos caminos quedaban ya en aquel punto á la
causa de nuestra reforma : ó el prudente y sensato de
las negociaciones y la transaccion, ó el francamente revolucionario, con todo su ardor y su desenfreno. Continuar encerrados como hasta alli, en aquella monarquia bastarda del sistema constitucional, era un proyecto imposible, era un delirio, que no debia abrigar
ningun hombre de Estado. La Europa habia decidido poner fin á semejante farsa, y no era el Gobierno del Rey·
por los medios ordinarios de una lucha regular, el que
habia de poder impedirselo. Para lidar con ella, si lidiar

se quería de buena fé, era indispensable tomar una
franca y expedita posicion, y lanzar con fuerza en la
lucha á todos los intereses revolucionarios : era indispensable abolir la monarquía, hacer terror en las ciudades, y llevar al pueblo, bajo una disciplina férrea,
al combate con los enemigos. Era indispensable ajitar
los ánimos de la Europa, conmover las ideas, no bien
asentadas aún, emprender en fin, por cuantos medios
fueran posibles, la obra francesa de 1793, modelo
acabado en este jénero, ejemplo que no perecerá nunca de lo que puede enerjía de voluntad para conmover y trastornar ni mundo.

   ¿ Se dice que esto no era posible, que nuestros medios eran escasos, que nuestros intentos se habrian
desvanecido en una inútil y ridícula tentiva ?—Pues
entónces, era necesario haber adoptado el otro plan,
haber negociado hábilmente, haber explotado las ilusiones que se conservaban aún fuera de España sobre
nuestra fuerza, haber obtenido en fin cuantas ventajas
eran factibles, cuando la lucha no se habia comenzado, cuando, por mas que se diga, no era imposible
evitarla. Esa ostentacion de constitucionalidad era ridícula cuando no tenia ningun apoyo: esa jactancia de la
respuesta á las notas y de las sesiones del Congreso, era
criminal en hombres públicos, cuando no estaban decididos á morir. Semejante puritanismo en enero exijia
hechos de Caton en setiembre; y los que despues de
haberlo ostentado aceptaron por último el decreto de
Fernando del 30 de este mes, de Fernando restituido
al poder absoluto por ellos propios, se hicieron reos
de una doble responsabilidad, y echaron sobre sus

frentes una doble mancha, que no podrá desvanecer toda la induljencia de este siglo corrompido.

La verdad es que eran hombres débiles ó ilusos, ajitados muchos de ellos por un fanatismo ignorante, dominados otros por su propia vanidad, algunos en fin por vergonzosos intereses. Figuraban siempre en primera línea los restos de la asamblea de Cádiz, cuyas imajinaciones estaban fijas en 1812, que ni habían olvidado ni aprendido nada desde aquella época, que lo veian todo, catorce años despues, con el prisma de la insurreccion contra José I. Para nada tenian en cuenta ni los tiempos ni la marcha de la nacion: el ódio contra la Francia que animó á nuestras provincias en 1809, creian ellos que habia de durar, porque en sus corazones duraba, en 1823. Y hasta tal punto eran ilusos y desacertados, que llegaron á esperar la union de todos los españoles contra la invasion francesa, inclusa la de aquellos, cuya causa venian los franceses á sostener, que los llamaban con sus votos, que los recibian como sus aliados y libertadores.—Terrible debió ser su desengaño, si la ilusion habia sido sincera, cuando se vieron, no solo abandonados, sino maldecidos y perseguidos por las masas populares, desde los Pirineos hasta el estrecho de Gibraltar.

De todos modos, y cualesquiera que fuesen sus esperanzas, la conducta que en aquellos momentos seguian era tan ridícula como imprudente. Falta habia sido de todos los Ministerios constitucionales el descuido con que se habian mirado y la triste situacion en que se encontraban nuestros medios de guerra; pero ni aun en aquellos momentos mismos se trató de reparar esa falta, ni se emprendió esfuerzo alguno para levantar las fuerzas militares de la nacion. Nuestros ejércitos carecian de todo, y su organizacion, esceptuando el de Cataluña, era poco menos que nominal. Las plazas de la frontera y del interior se encontraban aún como las habia dejado la guerra de la Independencia. Los cuerpos mismos que existian estaban en su mayor parte desmoralizados con la especie de guerra en que se ocupaban por aquellos momentos. Y con recursos de esta clase era con lo que se contaba únicamente, cuando no solo se rechazaban las proposiciones de la Europa, sino se ostentaba un lenguaje nécio y provocador, que ni aun en los lábios de estadistas poderosísimos se hubiera reputado como digno y oportuno.

No eran sin embargo todas ilusiones, ni se ocultaban tan sencillas verdades á los jefes y directores de nuestro gobierno. La prueba de que conocian su debilidad, la demostracion de que no se hallaban ofuscados, y la condenacion mas perentoria por lo mismo de su nécia y ridicula conducta, la tenemos en su marcha á Andalucia, decretada y llevada á ejecucion al mismo tiempo que provocaban é insultaban á la Europa. Advertian pues la impotencia de sus afanes, y daban ellos mismos la señal de la dispersion. Su abandono de la capital era en aquellos momentos la confesion de su derrota, y la renuncia de su superioridad hasta sobre los enemigos interiores. Jamás habia sido tan necesario ostentar firmeza con las obras, puesto que tanta arrogancia difundian las palabras. La reunion de aquellos dos hechos, tan poco acordes entre sí, semejaba á esas caricaturas de nuestros valentones, cuando se salvan con la fuga, de la riña que al mismo tiempo están provocando. Esto sí que era deshonroso y humillante, y no el haber negociado con habilidad, y haber cedido en algo de nuestros empeños, con una resignacion que nuestros errores hacian necesaria. Mas al emprender las Córtes la ruta de Sevilla, sin intentar medio ninguno de defensa para la nacion, ésta pudo actuarías de que se proponían solo la salvacion de sus personas, y de que se habian trocado de hombres públicos en mercaderes de seguridad.

Así, cuando el ejército francés cruzó el Vidasoa, y penetró en los límites de España, el mas indigno desaliento se comenzó á manifestar por todas partes. Sorpresa fue, no solo para el Duque de Angulema y sus soldados, sino aun para los mismos españoles que los acompañaban, el recibimiento jeneral que todos los pueblos les hacian. Jamás se habia acojido á las tropas de la nacion con tales muestras de cariño y entusiasmo; ó era necesario por lo menos recordar la época de 1813 y 1814; para traer á la memoria hechos de semejante índole. Verdad es que en estos instantes callaba y sufria el partido liberal; mas en ello mismo descubriase cuánta no debiera ser su inferioridad numérica, y cómo aumentaban al realista las inmensas masas populares, que, no correspondiendo en realidad á ninguno, se agrupaban hoy á ésto, impulsados por las faltas del último Gobierno, por la imprudente persecucion que habian sufrido sus ideas, y por los desórdenes revolucionarios de que eran testigos y aun víctimas. Los mismos que en 1820 recibian con esperanza el sistema constitucional, lo ahogaban con sus manos en 1823: muchos de ellos habian de volverle á levantar aún en 1834, despues de los errores del gobierno del Monarca. Y nada de esto puedo estrañarse en la historia del mundo; porque escrito está que en esas épocas de incertidumbre y confusion, sean los escesos de cada sistema los que lo aniquilen y destruyan, y no puede admirarse que cedan fácilmente á movimientos reaccionarios esas grandes masas desnudas de toda educacion, y sin hábitos fuertes y fundamentales de órden y moralidad.

¿Qué nos ha de admirar aquella conducta de los pueblos, cuando se nota el olvido de los deberes, que cundia al propio tiempo por las mas altas clases del Estado? Hemos dicho que los mismos gobernantes daban la señal del desbandamiento en su marcha de Madrid á Sevilla; y esta señal fue correspondida como era de esperar por casi todos los ángulos del pais. El Jéneral en jefe del tercer ejército comenzó la obra de las grandes defecciones, que no se limitaron solo á su persona. El segundo cuerpo se retiró sin pelear desde Zaragoza, hasta las sierras de Granada, para capitular allí con ignominia: el cuarto, nunca organizado en gruesas divisiones, se disolvió tambien y capituló en su mayor parte á la noticia de los acontecimientos de Sevilla del 11 de junio. Solo el primero, estacionado en Cataluña, sostenia enérjicamente la antigua gloria del ejército español, y defendia palmo á palmo aquel pais contra la muchedumbre de sus habitantes levantada en masa, y contra el ejército del Mariscal Moncey, cuyas fuerzas eran muy superiores.

Mas esta campaña en una provincia tan distante era completamente infructuosa para el partido constitucional. Ni ella, ni la de Estremadura, ni las de Málaga y Cartajena, ni la de las extremidades de Galicia, podían salvar de ningun modo la causa de las Córtes. El ejército francés habia entrado en Madrid, y despues de instituir una Rejencia del reino, marchaba á la vuelta de Andalucia con la misma facilidad con que habia avanzado desde el Vidasoa. La posicion de Sevilla no era defendible, y los jefes de la revolucion, que no querian ceder aún, resolvieron guarecerse en Cádiz, recuerdo de sus glorias, y dorado sueño de sus ilusiones.

Mas para emprender esta nueva marcha fue forzoso violentar al Rey, que por primera vez resistia con terquedad á las exijencias de sus Ministros. El miraba acercarse la hora de su restauracion, y tenia justa confianza en que los revolucionarios españoles, ó para su honra, ó para su vergüenza, eran incapaces de faltar á los personales respetos que se le debian. Y los hechos acreditaron que llevaba razon en su juicio; porque todo el extremo á que llegaron los gobernantes en aquella suprema ocasion se redujo á una interdiccion de pocas horas, para trasladarse al abrigo de fuertes murallas, volviendo luego á colocar en el sólio al mismo que habian lanzado de él, no por utilidad del pais ni por consecuencia de principios severos, sino por esquivar un peligro que los amenazaba próximamente en sus personas.—Atentado escandaloso por los motivos que lo inspiraban: circunstancias de ignominia, en las que no se conservaban ya ni aun las exterioridades consiguientes á todo Gobierno, en las que perdido todo pudor de hombres públicos, no se divisaban sino intereses y pasiones de la bandería agonizante.

Un espectáculo inmenso de barbarie y de vergüenza era el que presentaba al mundo en aquellos instantes la Península española. El gobierno constitucional se hundia escarnecido y silvado, rendido hasta por los jefes de sus ejércitos, que en vergonzosa defeccion faltaban á todos sus deberes militares y políticos; y al otro lado del horizonte se levantaba á reemplazarlo otro gobierno mas ignorante y mas feroz, que amenazaba inundar al pais con la sangre de sus víctimas. El desenfreno de la reaccion era espantoso; y lejos de contenerlo y moderarlo, promovianlo con su conducta, y animábanlo con sus palabras la Rejencia de Madrid y sus desaforados ajentes. Sueltas todas las pasiones, desbocadas todas las venganzas, trastornados todos los respetos sociales, era un espectáculo horróso el de aquellos momentos de agonía, de reaccion, de disolucion social. Jamás se habian visto semejantes atropellamientos, semejantes prisiones de millaradas de personas, semejante proscricion de inmensas listas, ejecutadas y llevadas á cabo en aquel torbellino. No se trataba al parecer de un cambio de gobierno; tratábase de un cataclismo social, en que una oleada de bárbaros arrasaba con su impetu cuanto encontraba delante de sí.

Imposible era que agradasen tales desórdenes al Jeneralisimo del ejército francés, cuya fama ó intenciones por lo menos comprometian, ya que no comprometiesen el éxito de su campaña. Pero él mismo debió advertir dolorosamente que no estaba ya en su mano, cuando quiso hacerlo, el contener la fuerza á que había dado salida. Tambien él mismo acababa de emplear medios revolucionarios, tambien había llamado á una democracia feroz; y en vano queria despues, nuevo Eolo, enfrenar y reducir las desencadenadas tormentas. En todos los sistemas politicos es posible la apelacion á esos recursos, á esas pasiones; pero en todos ellos es tambien idéntico ó igual el resultado. Pensóse en ordenar tanto escándalo por el decreto de Andujar, cuando ya era tarde para hacerlo con los medios que se empleaban: el escándalo continuó, y el decreto fue vergonzosamente abandonado por una interpretacion ridicula. Asi es comun en las discordias civiles ver arrastrados y comprometidos á los hombres prudentes, por las cabezas exajeradas que marchan en coalicion con ellos: llévanlos á donde ellos no quieren ir, y hácenlos responsables de lo que ellos repugnan y condenan.

Fuerza era por fin, despues de todo, que Cádiz se rindiese, que cesára aquella fantasma de gobernacion que alli se había conservado, que empuñase nuevamente Fernando VII el cetro del poder absoluto. El desaliento se apoderó al cabo de los patriarcas del liberalismo, y, disipándose todas sus ilusiones, vieron llegar el momento terrible de la agonia. Si ellos, los que habian preparado y realizado la revolucion de 1820, los que casi de continuo habian dirijido la marcha constitucional, los que la veian expirar de un modo tan sangriento entre sus manos; si ellos, decimos, reflexionaron á esta sazon un momento solo, y se pidieron

cuenta de sus obras, para concederse la aprobacion
que todos los hombres pedimos á nuestra conciencia,
despues de consumados grandes acontecimientos; necesario es pensar que sufririan espantosas tribulacio-
nes, y que la memoria de tantos hechos errados, útiles solo para la desgracia y el mal, acibararia sus
recuerdos, y tronaria rudamente en lo hondo de sus
almas. Verdad es que toda la destruccion no habia sido obra suya; pero ¡cuánto tesoro de ella no acababan de derramar sobre el pais! Verdad es que la monarquia no estaba floreciente cuando su insurreccion:
pero ¡cuánto más no habia decaido desde que se propusieron rejenerarla! Verdad es que el orijen de los
males traia su procedencia de tiempos mas antiguos:
pero ¡cuán acerbamente no le habian sustentado y desarrollado, mas allá de todas las comparaciones!—No
era solo de sus lágrimas y de su sangre de lo que podia pedirles una gran cuenta la nacion: ¿qué habian
hecho de la esperanza con que fueron aclamados en
1820, de la union y buena fé que apareció entonces
entre las grandes masas populares, de la posibilidad, por
último, de rejenerarnos sin conllevar esas horribles revoluciones, á las cuales habian abierto las puertas, las
cuales habian lanzado sobre sus infelices compatriotas?
En el exterior, la España tenia perdido su rango,
perdidas sus colonias, perdida casi su independencia: en el interior, habia perdido para largos años
su paz y su sosiego. La discordia abrasaba sus entrañas, y se acababa de entrar en un camino de
reacciones sin término ni esperanza alguna. Terrible cuadro, volvemos á decir, para los que habiendo

concurrido á su obra, lo examinasen despues sincera
é imparcialmente. Acusacion tremenda, no contra todos sus individuos, pero sí contra los directores del
partido liberal, y á la que no era posible diesen otra
contestacion que recriminaciones iguales al partido
contrario, ciertas tambien y fundadas como aquella. Epoca en fin dolorosa, en la que solo se descubria lucha de males: tiempo de maldicion, en que el
hombre público veia ya cerradas todas las puertas hácia el bien, y no se advertia otro camino para conservarse puro y honrado, que el de hundirse voluntariamente en un completo anulamiento. Y feliz el que pudiera prometerse este recurso, porque la oscuridad no
se consigue siempre aunque se apetezca, ni es siempre
tampoco infalible preservativo contra el furor de las
tempestades.

El 1.º de octubre de 1823 abandonó Fernando VII
la playa de Cádiz, y pasó al Puerto de Santa Maria.
El 30 de setiembre habia publicado un manifiesto, última obra del partido liberal, que debe conservarse
perpétuamente para juicio de sus autores (III). Aquello
era todo lo que habian salvado: aquello les bastaba.
Cuando vieron despues que el Monarca no cumplia sus
promesas, publicaron, para salvar su honor, una protesta en la Revista de Edimburgo.—¡O memoria de
1810! ¡O memoria de los antiguos hechos españoles!

• (III) Véase la Nota al fin del tomo.

CAPITULO SETIMO.

1824.

Hemos visto á la reaccion de 1823, verdadera revolucion para atrás, ajitando su cabeza ensangrentada,
y derramando el asombro por todos los ámbitos de nuestro suelo. Era el populacho, en sus clases mas viles,
el que se ostentaba en ella como primer actor, eclip-
sando desde luego á las personas de mas elevado órden, que se habian comprometido por el triunfo de
aquella doctrina política. Era el populacho el que la
daba su carácter, el que la inspiraba sus pasiones, el
que la envolvia con su repugnante colorido, para la
desolacion de todos los hombres de bien. Los últimos
momentos de la agonia constitucional habian sido se-

ñalados en algunos puntos con crímenes horrorosos, con escenas de estúpida barbarie: pues ese espíritu de Barcelona y de la Coruña parecia haberse trasladado á las masas vencedoras, y animar despues de la restauracion casi todas las provincias, casi todas las ciudades de nuestro suelo.

Dos clases de hombres habian concurrido á la lucha contra el sistema que acababa de caer. Odiado y combatido por unos y por otros, lo habia sido en realidad por distintas causas y con diferentes objetos. Contábanse entre ellos quienes se propusieran la organizacion de un gobierno moderado, propio del siglo que corria y de las necesidades que se experimentaban, quienes creyesen indispensable cerrar la puerta á toda reaccion, transijiendo con las ideas de la época actual, y enlazando de buena fó la autoridad del Monarca con un sistema de reformas racionales. Lejitimistas y realistas en principios, temian que la autoridad réjia se perdiese por sus escesos, como se habia perdido por los contrarios la revolucion. Desde los valles de Cataluña y de Navarra hasta los triunfos de Madrid habia sido ésta la idea dominante de Quesada y de Eroles: en esferas de distinta índole, ella lo era tambien de algunos altos majistrados, de algunos diplomáticos, de algunos Grandes y Títulos, entre los que habian puesto su nombre al frente del cambio que se consumaba; y agregábase en fin á este partido una pequeña fraccion, resto único, bajo la forma política, de los vencidos y emigrados en 1813, sobre la cual se hacen indispensables algunas lijeras explicaciones.

Dejamos dicho en el capítulo cuarto cómo algunos

partidarios de José se habian visto obligados á pasar el Pirineo, cuando desampararon la Península los ejércitos imperiales. La exasperacion jeneral era terrible entonces contra ellos, viva aún la lucha de los cinco años, y derramando sangre todas las llagas de la nacion. Las Córtes de Cádiz no se habian eximido de ese contajio universal, y sus providencias formaban eco, y estaban en armonía con todos los sentimientos comunes. Hecho que referimos sin defensa ni aun excusa de ninguna clase, pero que se explica suficientemente por esa irritacion actual y extraordinaria, que no habia tenido aun tiempo ni para modificarse, ni mucho menos para extinguirse.

Fernando VII hubiera debido sin duda variar completamente aquella política. Por justicia estaba obligado á ello, tratándose de unos hombres que solo habian cumplido sus decretos de Bayona: el primer *afrancesado* de la nacion no tenia derecho para castigar á sus imitadores. Por cálculo y conveniencia comun, tambien era su deber poner un término á persecuciones inútiles, y admitir y protejer en sus estados á las víctimas de un error ó de una desgracia. Finalizadas las dinastías napoleónicas, y confinado el Emperador á Santa Elena, ninguna razon, ningun peligro debió ya dilatar una amnistía sobre las pasadas disensiones. Fernando, empero, no lo hizo, llevado en ésto, como en tantos otros puntos, de su ignorancia y de su pasion.

En 1820, restablecido el sistema constitucional, fue cuando se permitió volver á los restos del partido afrancesado. Mas las amnistías que se dieron entonces fueron acompañadas de tales muestras de desconfianza y aversion, envolvióse el beneficio con tales exterioridades de injuria, que los agraciados trajeron en sus corazones un hondo resentimiento, y consagraron una apasionada animadversion á los mismos á quienes debian el goce de su patria. El gobierno liberal no supo ser completamente jeneroso; los amnistiados á su vez no supieron prescindir de lo que era menos, en gratitud de lo que era mas, y guardaron su enojo y su venganza, no solo contra los hombres, sino aún contra las instituciones mismas.

Sin embargo, no era ya posible con vida propia aquel partido, exhausto siempre de raices en el pais, unido solo por el recuerdo de un acaso, que no habia de volver á repetirse. Ahora, su existencia no podia conservarse de ningun modo, y sus individuos se habian de agrupar á los que únicamente cabian en la nueva situacion, á los realistas ó á los liberales. Su ilustracion, y su afecto á las reformas hubieran debido acercarlos á estos últimos; su desvio de las revoluciones, y ese resentimiento que hemos indicado, los lanzaron en el campo de los primeros. Pero escasos ya en número desde muy antiguo, reducidos cada dia por el tiempo que los llevaba, siendo imposible de todo punto su renovacion, todo su movimiento se reducia al de unos cuantos hombres de estudio, que con el poder de su mérito se habian adquirido un puesto respetable como maestros y como escritores. Pléyada, sin duda alguna, luciente en medio de la escasez de riquezas intelectuales que nos aquejaba: hombres de valor individual como filósofos, como literatos, como publicistas;

pero que á pesar de lo que eran, y del nombre que les daba el público, carecian de poder para influir de cualquiera suerte en la del Estado, y no aumentaban gran cosa la valía de ese moderado realismo, donde hemos dicho que se agrupaban á la reaccion de 1823.

Así, es necesario confesar que la inmensa mayoría de los vencedores era formada por el absolutismo puro y exaltado. Las pasiones y los intereses se reunian aquí con mayor fuerza, con mas prestijio, con mas autoridad. El clero realista, sobre todo en sus ínfimas clases, y la muchedumbre que bullia y se ostentaba como omnipotente, no querian acordar ninguna concesion á las ideas, ninguna misericordia á las personas. De ellos era realmente el poder, porque eran más, y porque osaban más; y ya hemos advertido en el capitulo anterior que despues de haberlos llamado para la pelea, era imposible esquivar sus voluntades en el triunfo. Desde el momento mismo se habian organizado en Milicia, copiando así una institucion revolucionaria, y aliando todo el empuje democrático á las ideas de la supremacía real. Alianza naturalísima en nuestro pais, donde nunca ha sido la revolucion política la causa de la plebe, porque la plebe no tenia con ella ni simpatia ni interés: la verdadera democracia es realista entre nosotros, como lo era bajo el imperio romano.

Este partido extremo que acabamos de indicar, esta amalgama verdaderamente española de elementos teocráticos, nobiliarios y populares, contraria á toda reforma política, habia sido de hecho la que se apoderara de la autoridad pública; y si bien la Francia lo veia con disgusto, persuadida de que era conveniente una marcha mas conciliadora, las palabras que habia pronunciado al decretar la invasion, le obligaban á abstenerse de todo paso decisivo, y á someter á la única voluntad de Fernando el, réjimen futuro de sus reinos. Proclamando su derecho y su soberanía, encontrando en el pais un movimiento tan universal, tan extraordinario en apoyo de esta idea, el Gobierno francés se encontraba limitado al carácter de consejero, y no podia hacer otra cosa que llamar la atencion del Monarca hácia los que creia intereses suyos y de la nacion.

Visto se habia pues el sistema de gobierno que nos estaba destinado. La voluntad de Fernando no podia ser dudosa, porque no era dudoso su carácter. Cruel, disimulado, vengativo, averso por espiritu y por reaccion á las ideas de nuestra época, sabiase bien que se habia de entregar en manos de la fraccion exaltada, que habia de sancionar sus duras disposiciones, y que habia aun de llevar mas adelante el desahogo de sus resentimientos, y la expresion de su odio hácia el liberalismo. Asi, nadie estrañó el decreto de 1.° de octubre, anulando de una plumada todos los actos lejislativos y gubernativos de la época constitucional; nadie estrañó que continuase su confianza al fanático Ministerio de la Rejencia; nadie, que se prolongaran bajo su mando las persecuciones personales, ni que siguieran cayendo victimas asesinadas, ó popular ó jurídicamente, como en el primer impetu de la reaccion. Todo ello se encontraba natural en Fernando, porque la conciencia pública le miraba entonces mas bien como jefe de un partido que como jefe de un gobierno (IV).

Esta desgracia acababa de completar el círculo de las nuestras, porque nos hundía más en el sistema de las reacciones. Aquella era quizá la última ocasión á propósito para constituir fuertemente nuestra sociedad española, y ved aquí que como las anteriores se desaprovechaba. Igual á los constitucionales, tampoco había Fernando VII aprendido ni olvidado nada en la época de su adversidad. Ni justicia para las personas, ni respeto para los intereses, ni gobernación verdadera para el Estado, nada se obtuvo de él, nada fue lícito esperar de aquel trastorno.

No decimos nosotros que hubiese llamado al rededor de sí, ni colocado en posiciones de importancia á las personas comprometidas por el anterior sistema; pero entre esos favores y la persecución que mantuvo en su contra, había mil medios razonables donde pudiera haberse colocado. ¿Cómo no advirtió que al considerar como delito el hecho de servir á las ideas liberales, se declaraba él propio primer delincuente de sus reinos? ¿Cómo no advirtió que su destino de Monarca estaba cifrado en extinguir pasiones, y conciliar opiniones opuestas, mientras que su conducta solo tenía por resultado embravecer aquellas, y hacer mas irreconciliables estas otras? ¿Cómo no advirtió que un país dividido en categorías está necesariamente llamado á nuevos trastornos, tan luego como se presente una ocasion favorable á los vencidos? ¿Podía creer que con sus desacreditadas purificaciones había de tener comprimida para siempre una opinion, á la que daba los honores del martirio mas cruento?

Lo mismo que de las personas, diremos tambien de los intereses. En los tres años que acababan de pasar habíanse verificado reformas, cuya ejecucion tal vez no fuera siempre acertada, pero que tenian por lo comun un principio en el espíritu de la época, y que se habian ligado con la suerte de multitud de familias de la alta y de la media sociedad. Desatenderlas y condenarlas en globo podia ser la obra de un iluso, pero no debió ser jamás la de un Gobierno. Los intereses que representaban, la opinion que por ellas se habia realizado, exijian otras consideraciones de los que aspirasen á mas que destruir, y no quisiesen dejar por señales de su tránsito esas vandálicas violencias.

Pase aun por las reformas de los regulares y de los diezmos, y demos que se hubiese pensado en derogarlas, no obstante las necesidades del siglo, que habian reclamado la una y la otra. Pase que se reconstituyeran las vinculaciones, y que se declarasen los mayorazgos subsistentes de nuevo, y renaciese el derecho de los sucesores, el cual se aboliera con precipitacion tres años antes. Pero anular los hechos verificados á consecuencia de las reformas, arrebatar sus bienes á los que lejitimamente los adquirieron de los particulares ó del Estado, y arrebatarlos sin indemnizacion, sin misericordia, como se pueden ocupar al facineroso que los robó por fuerza y que no pudo ganarlos con derecho; esto era en sí mismo un acto de expoliacion bárbara y brutal, que hollaba todas las ideas de justicia, que constituia al Gobierno en esa misma clase de públicos bandidos, que daba una idea en fin de la esperanza que mereciese su administracion, y de la moralidad que habia de guiarlo en su carrera. Era menester una muy insolente audacia para dictar semejantes decretos, cuando no solo se habia admitido y mandado jurar la Constitucion de 1812, sino que se habian sancionado aún las leyes sobre mayorazgos y bienes nacionales: ni se sabe si admirar con preferencia la impavidez del Monarca, que asi se cubria de vergüenza y de deshonor, ó la cobardia de los Consejeros, que prestaban su ayuda á tan injustas y tiránicas depredaciones.

El cambio sin embargo habia sido completo en 1823; y si todas las faltas que referimos iban acumulando nuevas razones para perpetuar los ódios y las venganzas, necesario era conocer que no habia de llegar en largo tiempo el instante de otra reaccion, y que el foco de las revoluciones no tenia ahora fuerza para lanzarlas en nuestro suelo. Habia sido muy fuerte la sacudida de 1822 á 1823, para que la nacion se prestase á otra en los años inmediatos. Pesaba tambien sobre nosotros la potencia del gobierno vecino, patrono y fiador, por decirlo asi, de la lejitimidad española; y quebrantado el instinto y el candor de 1820, necesitábase que una diversa jeneracion hubiese olvidado los males que habian seguido á aquella obra, para que osase emprenderla de nuevo, y arrostrase las dificultades inmensas que se oponian por entonces á semejantes propósitos. Ello era cierto que habia de venir la nueva revolucion: pero no era menos cierto que se hallaba distante todavia. La conducta del Gobierno la hacia cada vez mas indispensable: pero tambien la alejaba, tambien la hacia imposible por el pronto.

No diremos si es un bien, ó si es un mal para la Europa, mas tenemos la íntima conviccion de que el sistema parlamentario es su próximo destino. Desde la Inglaterra, donde ha tenido su orijen, cubriendo bajó sus formas una sociedad completamente aristo- crática, va invadiendo y recorriendo los pueblos todos de esta parte del mundo, unido á la tendencia refor- madora y popular, de igualdad política y civil, que es el carácter de nuestros tiempos. Retárdase sin du- da su aparicion donde los gobiernos existentes se ade- lantan á otorgar esas reformas sociales, ó las mas im- portantes de ellas, al mismo tiempo que fortifican la disciplina pública, y los hábitos severos de una jerar- quia racional. Apresúrase por el contrario donde los gobiernos faltan á sus deberes, y ni sostienen con mano firme la organizacion administrativa, ni atienden á sa- tisfacer las necesidades de la época, y á dirijirnos por el camino material y moral á que hoy somos llamados. Apresúrase más aún en los pueblos de viva imajina- cion y de carácter entusiasta y ardiente, ó en aquellos otros que por desgracias especiales se sienten trastor- nados en su antigua situacion, sin una estrella que los guie en su derrota. Pero nuestro convencimiento es en último análisis que la Europa entera se ve lanzada en ese destino, que llaman el gobierno constitucional, como se vió en los siglos de la edad media en el feuda- lismo, y en los siglos posteriores en la Monarquía pu- ra. El réjimen parlamentario será universal como esos otros: y como esos otros pasará tambien, habiendo dejado señales poderosas de su existencia, habiendo legado á la humanidad, como todas las altas instituciones de su historia, grandes inconvenientes y grandes beneficios.

Vano era pues en nuestra creencia el deseo de acabar con él para siempre en 1824. La nacion entraba de lleno en el circulo de la Europa, y no habia de quedarse atras solo bajo el aspecto politico. Sus ideas se habian modificado inmensamente en los últimos veinte años; y la jeneracion nacida en 1808 no podia seguir las doctrinas, ni satisfacerse con los medios de las jeneraciones anteriores. A despecho de la alianza continental y de los voluntarios realistas, la nacion sentia en sus entrañas un impulso, y oia un grito en su imajinacion, que lo clamaba constantemente « marcha, marcha. » Ella no se avergonzaba de sus nuevas doctrinas, mientras que los hombres del gobierno eran los que necesitaban á cada instante hacer la defensa de las suyas. Dasde luego, el porvenir estaba juzgado.

Un Gobierno prudente que se hubiera hallado á la cabeza de la nacion, habria advertido esa marcha, reconocido esa necesidad, y obrado en consecuencia de ellas, para salvar y asegurar su suerte. No consistia esa salvacion en intentar lo imposible, en oponerse decididamente á lo necesario, en contrastar las exijencias de los siglos con pequeñas y mezquinas oposiciones, que solo sirven para irritarlas. Puesto que la reforma politica era la condicion indeclinable del tiempo que venia hacia nosotros, la obra del gobierno del Rey debió haber sido una preparacion justa y racional para que esa reforma se realizase solo en beneficio del pais. Ni contrarestarla con temeridad , ni buscarla inadvertida y directamente. La gloria de un hombre de Estado hubiera consistido en aniquilar el viejo liberalismo, promoviendo el liberalismo de nuestra época en matar la revolucion separándola de la reforma. Nosotros creemos que semejante empresa fue posible en varias ocasiones; y nadie tiene motivo para negárnoslo , pues que nunca se intentó, nunca se pensó ni aun remotamente en intentarla , duránte ellas.

Algunos años despues , cuando estaba moribundo, y cuando ya habia fallecido el Monarca , cuando la situacion era dificilisima, porque la revolucion triunfante nos inundaba otra vez, hubo un Ministro de carácter elevado y rectas intenciones , que se propuso el sistema que vamos indicando. Era ya tarde á la sazon, y el Sr. Zea Bermudez debió naufragar en su obra, comenzada en 1833. La ocasion hubiera sido en 1826, cuando el gobierno del Monarca era poderoso , cuando la Europa estaba tranquila, cuando la revolucion se hallaba impotente y desacreditada , cuando no era hácia ella hácia donde se volvia la juventud.

Pero nos alimentamos de meras ilusiones. Nada se podia intentar en esa marcha, interin viviese y reinase Fernando VII. El era un obstáculo permanente para toda idea noble y jenerosa. El era celoso de su poder, con una suspicacia ridicula , ó impropia de un soberano. El era mas enemigo de los reformistas honrados y sinceros , que de los revolucionarios ardientes. El estaba destinado para ser uno de los mas rudos castigos de esta nacion.

Habia vacilado el ministerio en diferentes personas

à fines de 1823 y en 1824. El Conde de Ofalia, don Francisco Zea Bermudez, el Jeneral D. José de la Cruz, que le ocuparon sucesivamente, habian hecho esfuerzos para que prevaleciera una política moderada y conciliadora, no de cierto liberal, pero sí tolerante y progresiva. Eso solo bastó para que ninguno de ellos continuase al lado de Fernando. Necesitando los talentos de Zea y de Ofalia, envióseles con altos destinos á paises remotos, pero se les arrebató de las manos el poder. Mas infortunado que ellos, expió Cruz en una prision su designio de enfrenar á los voluntarios realistas.

Entretanto, D. Francisco Tadeo Calomarde, absoluta personificacion del otro sistema, era el Ministro favorecido y permanente del Monarca. Desde 1824 hasta los acontecimientos de la Granja en 1832, ninguno dividió con él la intimidad y los favores del Soberano, como ninguno dividió tampoco la aversion y aun el desprecio de los pueblos. Culpa aparecieron de su ignorancia, de sus pasiones, de su indignidad, todos los errores de gobierno y de sistema que sufrió la nacion en esos años, y con los que se encontró preparada para las terribles crisis que la estaban aguardando despues. La España personificó en él todas sus quejas, todos sus males, y echó sobre su cabeza los anatemas de todos sus infortunios.

No se crea, sin embargo, que Calomarde dominaba al Rey, conduciéndole á su placer por un camino que se hubiese trazado, y que dependiera de su voluntad y de su reflexion. Es ciertamente menos importante el papel de ese Ministro, y no hay necesidad de engrandecer su figura, ni aun para cargar sobre ella la reprobacion jeneral. Los años y la experiencia habian amaestrado á Fernando VII, calmado algun tanto su ira reaccionaria, y desarrollado los recursos de su carácter: era falso, suspicaz, disimulado con todos, sin dejarse llevar ni seducir de ninguno. Abandonaba á su Ministro de Gracia y Justicia todos los pormenores de la gobernacion; pero no le hubiera dejado variar un punto de su espíritu y su sistema. Haciale, como Presidente de su Consejo, pero no se lo dejaba dirijir en plena libertad. Oiale como enemigo de todas las innovaciones morales y materiales; pero escuchaba tambien á varios defensores de estas, y aun los conservaba á su lado, no obstante la enemistad del primero. Su Consejo, despues de 1825, se componia de representantes de dos opiniones diferentes, realistas ambas, pero muy diversas en su índole y carácter. No consentia que ninguna de ellas absorviese á la otra, y templando su rivalidad, quedaba él solo últimamente verdadero soberano de la nacion.

Ese espíritu mas franco, mas tolerante, mas audaz para las reformas, ese espíritu que se daba alguna cuenta de las necesidades del siglo, y que procuraba satisfacerlas, á lo menos en su administracion particular, era el del Ministro de Hacienda D. Luis Lopez Ballesteros. La historia debe hacer justicia á sus cualidades, y á su perseverancia, y agradecerle, no solo el órden que consiguió introducir en su departamento, sino el impulso que dió siempre á cuantas obras se dirijian, en la esfera de intereses materiales, al bien y prosperidad de la nacion. Desgraciadamente ese impulso era contrariado en la rejion de las ideas y del gobierno propiamente dicho; alli donde se necesitaba tanto como en cualquiera otra, la palabra y la accion de Calomarde estaban siempre dispuestas á sostener la obra de 1823.

No se infiera de lo que acabamos de decir que nuestra hacienda se hallase floreciente por el periodo que examinamos. Los gastos venian siendo siempre mayores que los ingresos, y todos los años se encontraba un *deficit* de importancia en las cajas de la nacion. Mas el órden y regularidad que se habian establecido eran ya un alto principio de bien, cuyas ventajas tocaban el Gobierno y el pais. Continuando algunos años con un mismo sistema, y atendiendo con la mayor puntualidad al pago de los intereses de la deuda reconocida, habiase afianzado el crédito de la nacion, y érale ya permitido valerse incesantemente de sus recursos. Sabemos que se caminaba sobre un peligro, cual lo es el de contratar empréstitos todos los años para la satisfaccion de las necesidades ordinarias; pero advertimos igualmente que no se habia abusado aún de esa tendencia, cuando nuestro papel se enajenaba á precios mas altos cada dia, no obstante los inmensos inconvenientes con que tenia que luchar en todas las plazas de Europa.

Será éste siempre uno de los ejemplos mas notables de cuánto pueden la habilidad y la constancia. Al ocurrir la restauracion de 1823, y al anular Fernando VII los hechos de las Córtes, comprendió en ellos, y extendió su anatema á los empréstitos contratados desde 1820. Esta determinacion sublevó contra el Go-

bierno de España á todos los banqueros de Europa:
cerraronse para él las bolsas de Lóndres y de Amster-
dan, y la prensa de Inglaterra y la de Francia, como
en una universal coalicion, se declararon contrarias á
todas sus operaciones rentísticas. Mérito debió haber
en el Ministro de Hacienda y en sus ajentes, que luchando en una posicion tan desventajosa, pudieron
trocarla por otra sumamente favorable: que levantaron
nuestros valores hasta 80, y mas, por ciento respecto al
nominal del papel; y que durante algunos años, y
hasta la caida de aquella administracion, encontraron
continuamente recursos para atender á las necesidades
públicas, y, aun á veces, á la prodigalidad de una
córte, cuyos malos hábitos no habia correjido del todo la revolucion sufrida por el pais.

Abora: cuán importante hubiese sido para la tranquilidad comun, y para el sostenimiento de aquel órden, el estado que acabamos de indicar en nuestra hacienda, salta desde luego á los ojos menos perspicaces.
El arreglo en la satisfaccion de las cargas públicas es
uno de los mas poderosos enemigos del espíritu revolucionario. Donde quiera han coincidido las insurrecciones y los trastornos con el desórden rentístico de las
naciones; y si no puede decirse que éste solo sea el orijen de aquellos, no cabe por lo menos duda en que es
su causa ocasional y su próximo antecedente. En una
nacion como la España, desmoralizada hasta el extremo que era forzoso despues de tanto padecer, compuesta tan jeneralmente de clases que perciben haberes
del tesoro, la regularidad en los pagos públicos es todavia mas que en ningun otro pueblo un grande obs-

táculo á las conmociones. Estamos tan acostumbrados al desórden, que cuando vemos un proceder me-
diano en estas materias temblamos ante todo lo que
pueda comprometerle. No debe dudarse que al sistema
y arreglo de nuestra hacienda en aquel periodo se debió gran parte de la fuerza del poder y de la tranquilidad del Estado. ¡Así hubiesen rejido por lo menos
iguales principios en las materias de gobierno y administracion! ¡Así hubiese habido en ellas la tolerancia
con las personas, y la imparcialidad en las cosas, que se
habian hecho lugar en el departamento de que hablamos!

Terminaremos esta lijera ojeada con algunos breves
recuerdos hácia nuestras antiguas posesiones de Ultramar. Concluiase para nosotros en aquella época el
inmenso drama, comenzado trescientos años antes por
Balbóa, por Pizarro y por Cortés. Los descendientes de los conquistadores rompian la union do aquellos paises con la monarquia española, para lanzarse solos, sin brújula y sin estrellas, en un porvenir desconocido: la monarquia española, á su vez,
experimentaba un inmenso cambio para su posicion
internacional, y veia trocado todo su carácter en los
grandes movimientos de la civilizacion futura. Esta revolucion que se consumaba en 1824, era mas árdua,
mas importante, mas inmensa, aunque velada aún en
las oscuridades del porvenir, que las revoluciones políticas del interior, patentes y sensibles á todos los que
hemos sido sus actores, sus espectadores, sus víctimas.
Aquella es una revolucion que aun se elabora en estos
instantes, y que solo comprenderán y juzgarán los siglos venideros.

Hemos indicado los principios de la escision americana, y llegado en su consideracion hasta la época de
1819. Hemos visto que se preparaba un ejército numeroso para la reconquista y seguridad de aquellos paises. Hemos referido que ese ejército, insurreccionado
en 1820, fue el que proclamó la Constitucion, y cam-
bió el órden político de nuestra España. Desde entonces, ya no fue posible pensar en nuevas expediciones,
y quedó la América abandonada á sí misma.

Juzgan algunos que de haberse llevado á cabo la
que debia dirijir el conde del Abisbal, se habria conseguido indudablemente la subversion de aquellas repúblicas, y el cordial restablecimiento de las antiguas relaciones. Dudámoslo muy sinceramente. Podemos per-
suadirnos bien de que el ejército español desbaratase
las fuerzas contrarias, enfrenase donde quiera á los republicanos, restableciese por instantes la autoridad de
la metrópoli en aquellos dilatados dominios. Lo conseguido por el Jeneral Morillo en Costa-firme, tan escaso de medios como se encontró, aquellas colosales campañas de 1818 y 1819, justifican suficientemente esa
creencia. Pero si teniamos medios materiales para ar-
rollar por el pronto á nuestros enemigos, en cambio
era una ilusion la de dominarlos constantemente. Impedialo la marcha de sus ideas, y aun las mismas de
nuestros soldados; impedialo nuestra escasez de recursos; impedialo nuestra absoluta falta de marina; impedialo por fin el interés europeo, representado sobre
todo en la Inglaterra, que aun en los momentos de su
mayor union con el Gobierno de Cádiz, favoreció plenamente la causa americana. ¿Cómo, un año antes, ó

un año despues, habiamos de eximirnos de lo que tantas necesidades nos imponian?

La sola resolucion de este problema debia ser para los hombres de Estado la que referimos en uno de
los capítulos anteriores. Esa creacion de dinastías y de
imperios hispano-americanos, esa emancipacion con-
venida y gradual de aquellos pueblos, era lo único que
permitian las circunstancias, como lo único que aconsejaba la política. Por desgracia, si se habló de esto
alguna vez, nunca se hizo con deliberada y firme intencion de realizarlo.

Buenos-Aires y el Paraguay se habian perdido para siempre desde los primeros tiempos. Chile, Quito,
Santa-Fé, todas las provincias de Costa-firme mante-
nian una guerra horrorosa. Méjico, apaciguado apenas
de su primera sublevacion, comenzaba otra, menos
aparente, pero mas decisiva. Discordias civiles, que
echarán siempre un borron afrentoso sobre los jefes
del ejército, sublevados contra el Virey, ponian ya en
gran peligro la conservacion del Perú. Añádase el empuje de las ideas liberales, triunfantes á la sazon en
España, y se concebirá que tocaba á su último momento la existencia de nuestro imperio trans-atlánti-
co.—Méjico se emancipó, por fin, en 1821; Cartajena
se rindió á Bolivar en 1823; y en 1824 presenció la
llanura de Ayacucho la derrota del último ejército español. Ni el sistema liberal, ni el sistema realista tenian nada de que acusarse respecto á los sucesos de
América.

Desde entonces, todas nuestras colonias de aquella
parte del mundo se vieron reducidas á las islas de Cu-

ba y Puerto-Rico: preciosas posesiones, de que aún cupiera sacar un partido notable, si nos dirijiese otro espíritu, mas activo y emprendedor que el que mostramos por desgracia. Establecidos fuertemente en las Antillas, dominando desde San Juan y la Habana las inmensas costas de las Floridas, del Seno mejicano, y de toda la América central, mientras que poseemos en Europa nuestra admirable situacion entre el Mediterráneo y el Océano, y allá en los mares del Oriente la no menos importante de Filipinas; todavia debiera el imperio español, aceptando francamente sus actuales condiciones, ser la segunda potencia maritima del mundo, y pesar con fuerza en la balanza de los destinos europeos. La obra, empero, que necesitaria constancia, tiempo, actividad; la obra que hoy mismo se nos presenta lejana, aunque posible, veiase aun mas remota por los tiempos en que nos vamos ocupando, á pesar de la calma aparente de que dábamos larga muestra por los años de 1826 y 1828. No era aquella calma la precursora de acciones grandes, la que da fuerza á los pueblos para acometer empresas atrevidas: era la calma de la poquedez y del cansancio, despues de una anarquia desenfrenada y de una violenta reaccion. La pérdida de un mundo entero, lejos de imprimir una fuerte sacudida en el ánimo nacional, escuchábase con indiferencia, con abandono, sin ajitacion ni aun interés. ¡Oh! malas son y fatales las revoluciones; pero hay tambien momentos de descanso, en que los pueblos ni ganan, ni valen mas que en ellas!

CAPÍTULO OCTAVO.

CONTINUACION.

Deciamos en el capítulo anterior que no era inminente una nueva época de revoluciones, despues del triunfo conseguido por el Monarca en 1823 sobre el espíritu liberal de 1820. Deciamos que estaba afectada dolorosamente la nacion con el recuerdo de aquella anarquía de tres años, y que se necesitaba por lo menos el cambio de una buena parte de la jeneracion contemporánea, para que volviese el pais á escuchar con cariño las intenciones de trastorno. Pero no quísimos decir por esa decadencia del espíritu revolucionario, que hubiese éste cesado, y se hubiese extinguido en totalidad: no quisimos decir que los grandes fautores de revolucion, vencidos y emigrados de 1823, no conspirasen frecuentemente para obtener nuevas subversiones, ni que dejase de haber una pequeña parte de la juventud arrastrada por su ejemplo, y perdida tambien en sus mismas vias.

Ya desde los primeros instantes de esa época, cuando bullia el fanatismo de la reaccion, y ocupaba aun la Península el ejército francés, se habian encontrado algunos hombres, bastante dementes ó bastante ilusos, para enarbolar la destrozada bandera, y proclamar nombres populares á un pueblo que los detestaba. La historia debe censurar vivamente unos hechos de imprudencia y de crimen, que no podian tener éxito ninguno para la causa que se decia defender, y que solo producian por el contrario un lujo inaudito de persecuciones, sobre los restos del partido liberal que no abandonára el suelo de la Península. ¿Qué persona sensata habia de imajinarse que un golpe de mano sobre Tarifa pudiese cambiar los destinos de España, cuando no solo conservaba ésta su voluntad de algunos meses ántes, sino que á pocas leguas de aquel punto, en Cádiz, en la Isla de Leon, en el Puerto de Santa María, estaba acuartelada una division francesa, pronta á sofocar el primer grito de sublevacion?—Sucedió pues lo que debia esperarse: que la sangre de algunos infelices, y una recrudescencia de opresion sobre ciudadanos pacíficos, vinieran á coronar los desvarios de cabezas volcánicas y de irritables caractéres.

Lo mismo diremos de la empresa de Almería, verificada en 1825: lo mismo de algun otro intento pequeño y parcial, acometido por aquella época. Todos

ellos eran actos de locura, que sumerjian mas hondamente la causa de la reforma, y que hacian mas pesados los hierros con que el poder sujetaba á sus adictos.
Los inofensivos liberales que sufrian la pena de esa
conducta de los emigrados, comenzaban á temblar,
cuando escuchaban los intentos concebidos en extrañas tierras, y no se calmaban en sus temores hasta
que se desvanecian las noticias de estar armándose ó
preparándose una nueva expedicion.

Gran desgracia es sin duda el emigrar de nuestro
propio pais, y facilmente se explican muchas ilusiones
en los que están condenados á ello, sin término y sin
legal esperanza. Mas por induljentes que queramos ser
con los que se encuentran en tan duro caso, sobre todo cuando es injusta la persecucion que sufren, no
por eso hemos de llegar hasta la indiferencia, ni los
hemos de creer exentos de lo que ordena la moral, y
preceptúa la sensatez. Perdonarse puede al proscrito
por causas políticas que deséé el trastorno de un gobierno, que como enemigo lo trata, y que con leyes de
guerra le ha obligado á expatriarse; pero no se puede
aprobar ni consentir que provoque con ese pretexto
inútiles y ridiculas sublevaciones, incapaces de todo
punto para la obra á que en su pasion aspira, y fecundas en desórdenes pequeños y parciales, llenos
únicamente de mal, aptos tan solo para producir desasosiego. Semejante conducta será siempre en moral
un crimen, como en política una falta; y bastará que
un partido se entregue demasiado á ella, para que no
solo los indiferentes, sino aun sus mismos afectos y
allegados, renieguen de él, y se defiendan de su com-

plicidad. Si el viejo liberalismo español hubiese repetido las jornadas de Tarifa desde 1821 hasta 1830, no
se hubiera necesitado más para desacreditarle y hun-
dirle por sí propio. Por fortuna suya, no sabemos si
por la de la nacion, se abstuvo en fin de semejantes
proyectos, y abandonó el campo de las conspiraciones
á otro partido naciente, destinado tambien por la Providencia para causarnos no menores males.—Hemos
llegado á la primera aparicion del carlismo, verificada
en la época que vamos recorriendo.

A pesar de cuanto hemos dicho sobre el carácter de
Fernando VII, y de la exaltacion que hemos señalado
en su conducta, no satisfacia completamente ya á las
intenciones reaccionarias y de asolacion que se habian
desarrollado en 1823, y que no se templaban ni aun
con el transcurso de los años. O sea que de hecho se
modificara ese carácter, ó fuese consecuencia de su
posicion de Soberano, de que al fin se iba persuadiendo; lo cierto es que no daba al espíritu desolador de
los realistas toda la suelta que apetecian sus corifeos,
ni dejaba llevar las persecuciones hasta el horrible
punto que las venganzas personales, y el fanatismo
exaltado de los conventos pedian de su autoridad. Fernando se habia complacido en la opresion, y habia satisfecho sus rencores con ella; pero queria ya revestir-
se con el parecer de jefe de un Estado, y no podia
entregarse á todas las exijencias de su partido. Él, por
otra parte, no era devoto, no afectaba los hábitos de
religiosidad que el clero reaccionario apetecia, no le
respetaba hasta el extremo que éste creia indispensable,
ni consintió, aun en los primeros momentos de 1823,

que le hablasen del restablecimiento del Santo Oficio.
Cuando, pasado algun tiempo, se le vió que comenzaba á inclinarse hácia medidas lejislativas, cuando se
rodeó de algunos hombres que no hacian profesion de
fanáticos, cuando dictó aquella mezquina cédula de in-
dulto, bien escasa y miserable aún, pero contraria
siempre á los deseos del realismo furioso; éste comenzó á separar su causa y sus intereses de los del Monarca, y á buscarle en el seno de su palacio una personificacion de rivalidad y aun de guerra. Fernando
fue ya un moderado para aquellos realistas purísimos,
Calomarde mismo fue un sospechoso; y los intereses
del trono y del altar exijieron grandes aprestos para
su defensa, y un Principe no profano, que se declara-
ra su custodio y representante. Hubo en fin sociedades secretas en el partido realista, y el Infante Don
Cárlos se colocó á la cabeza de los descontentos, y fue
el jefe la de faccion *ultra* de nuestra patria.

A nada menos llegaban los deseos de esta faccion
que á desposeer á Fernando de la corona, y á elevar
sobre el trono á D. Cárlos, que debia satisfacer todas
sus pasiones. Y bien puede presumirse que tal vez lo
hubiera conseguido, si la resistencia del mismo Don
Cárlos no se hubiese opuesto como un obstáculo insuperable. El ejército era escaso á la sazon; y aunque
poco, algo se habia introducido en sus filas el jérmen
de aquellas maquinaciones. La Milicia realista era por
el contrario sumamente numerosa, sumamente poderosa, y pertenecia casi en su totalidad á ese partido
exaltado. El clero regular, en fin, y una parte de los
cabildos, habian entrado tambien en la liga relijiosa y

monárquica, y hubieran dado mucho peso en el instante del rompimiento á la causa en que estaban unidos.

Solo D. Cárlos, decimos, era obstáculo insuperable para todos los planes de su faccion. El era un fanático de buena fé, capaz de cometer grandes crimenes por motivos de conciencia, pero incapaz de faltar á sus deberes conocidos y confesados. Su espíritu era estrecho, grandes sus preocupaciones, constante é invariable su firmeza. Como hombre privado no merecia sino elojios: su conducta triste y severa hacia inmenso contraste con la disipada y libre de sus hermanos. Como hombre público, hubiera sido una desgracia para la nacion, por la clase de doctrinas que de la mejor fé profesaba. Hombre á quien no podia amarse, á quien debia temerse, pero que en medio de sus extravios reclamaba respeto y consideracion: nunca despreciable, porque no lo es una persona, que se dirije por afectos sinceros y desinteresados.

D. Cárlos, pues, apetecia la corona, para hacer triunfar sus opiniones; pero reconocia los derechos de su hermano, y de ningun modo convenia en destronarle. Jamás consintió en que sus partidarios se sublevasen para ponerlo sobre el trono; y los que lo hicieron por aquel tiempo en Castilla y en Cataluña, obraron contra su voluntad, y quebrantaron sus órdenes expresas. No se preciaban ellos de tener la conciencia do su jefe.

La primera de esas sublevaciones, acometida por el Jeneral Bessieres hácia Guadalajara, se disipó en pocos momentos como una lijera nube. El Gobierno la

combatió con actividad; y aquel Jefe, que habia seguido una carrera singularisima, republicano primero,
realista despues, insurrecto por último contra el Monarca, llevó prontamente al sepulcro el secreto no bien
conocido de sus planes.

Mas importantes fueron, y de mas duracion, los desórdenes de Cataluña. Allí se conmovió verdaderamente el pais, se puso en peligro la autoridad réjia, y fue
necesario que Fernando corriese á Barcelona, á combatir por si propio la insurrecion que se alzaba amenazante. La campaña del Principado, con todas las dificultades que abundantemente ofreció, justifican cuánto
no hubiera sido el apuro del Gobierno, si la bandera
carlista se hubiese enarbolado por toda España. Dividido
entonces el ejército, y sublevadas todas las provincias,
hallaráse que no era aventurado nuestro juicio, cuando hemos atribuido á la sola irresolucion de D. Cárlos
la permanencia en el trono de Fernando VII.

Como quiera que sea, éste triunfó tambien en Cataluña, y por la primera vez no fue solamente duro con
los liberales. Su Capitan Jeneral de aquel Principado,
el famoso Conde de España, pudo dar rienda suelta á
su carácter atrabiliario y feroz. Han pasado despues
algunos años, se han sucedido crímenes, se han amon-
tonado trastornos y revoluciones, y todavía no ha olvidado Barcelona las sangrientas, espantosas escenas,
con que aquel la dotó dentro de sus muros. La insurreccion de 1827 era allí abogada en un lago de
sangre.

Hácia el mismo tiempo en que esto sucedia, asal-
taban tambien nuevos temores á nuestro Gobierno por

la frontera de Portugal. Ese jiron de nuestra España, que habia seguido el mismo movimiento que nosotros en 1820 y 1823, parecia ahora querer tomarnos la delantera, y volver á entrar en los nuevos sistemas populares. La muerte de D. Juan VI, y la abdicacion de D. Pedro del Brasil, hicieron recaer la corona en Doña Maria de la Gloria, hija de este último. Mas al trasmitirla su padre el trono de la dinastía de Braganza, habia querido enlazarle con la reforma liberal, y habia decretado la Carta de 1827, para que sirviera de ley política en aquel Estado. Alarmóse, pues, el Gobierno español, considerando nuevamente al liberalismo dentro de la Peninsula, firmemente apoyado en la voluntad de un Monarca, y garantido al parecer por la Inglaterra, de donde habia traido su orijen. Corrió entonces nuestro pequeño ejército hácia la frontera de Portugal, y tomamos una actitud hostil, semejante á la que Francia habia observado con nosotros en 1822. Pero los acontecimientos de aquel reino se tornaron de allí á poco en favor de los principios absolutistas: la Carta del Emperador y el trono de su hija sucumbieron fácilmente en Lisboa, para dar lugar á la monarquia de D. Miguel: y estos sucesos, á los que no era extraña nuestra política, concedieron nuevos respiros al Gobierno de Fernando, y dejáronle seguir en libertad, por algun tiempo aún, la marcha que se habia propuesto.

No pudo ciertamente durar muchos años aquel reposo, cuando se preparaban y acontecian al otro lado de nuestra frontera hechos tan importantes como la Revolucion de Julio. Llegaba el momento en que se hundiera el trono de la primera rama borbónica, y en que los principios revolucionarios dominasen otra vez à la vertiente setentrional de los Pirineos. Semejante acontecimiento, que habia de tener en toda Europa una influencia muy considerable, parecia deber tenerla mayor que en cualquiera otro punto, en el destino de la monarquia española. Social y politicamente estábamos harto ligados con la Francia, para que no retumbase en todos los ángulos de la Península el estampido del cañon que se escuchára en el Sena. La Revolucion de Julio subvertia los apoyos exteriores del Gobierno de Fernando, ajitaba los espíritus en nuestro pais, soltaba sobre él la emigracion, que, casi resignada ya à fuerza de desengaños, volvia à cobrar alientos, y à alimentar sus esperanzas con un cambio tan repentino y favorable. Todos eran motivos para conmover y para alarmar justisimamente á la córte de España.

Vacilante y dudosa en los primeros momentos acerca de reconocer la dinastia de Luis Felipe, decidióse por fin prudentemente á aceptar un hecho, que no estaba en sus manos el cambiar. Abstúvose de romper las antiguas relaciones, si bien las conservó, cual era forzoso, con flojedad y tibieza; y evitó asi en parte los compromisos con que se lo habia amenazado, y con que hubieran podido causársele males de consideracion. Los emigrados españoles, que habian recibido en los primeros instantes del Gabinete francés estímulos de todo jénero para intentar una reaccion en España, no solo se vieron abandonados, sino contrariados súbitamente en su empresa, engañados en sus esperanzas, abandonados en sus propósitos. Siguiéronlos ellos, es verdad, enlazando sus operaciones con los descontentos del interior, que habian cobrado ánimo por las mismas causas, y comenzaban nuevamente á conspirar. Mas si tales obras eran sumamente temibles cuando se veian apoyadas por el gobierno de las Tullerias, perdieron mucho sin duda de su carácter y de su importancia, cuando éste les retiró su mano, y quedaron reducidas á intentos aislados y particulares.

La repeticion empero con que se sucedian, y la gravedad conocida de algunos de ellos, debieron sin embargo patentizar al Monarca y á su córte, que subsistian en un terreno minado, y sobre la márjen misma de un volcan. No habia sido pues suficiente el sistema de rigor de aquellos siete años para comprimir el movimiento de las ideas. Habiase intentado una obra imposible, y se tocaban ya verdades muy amargas. La censura que hemos hecho en el capitulo anterior encontraba altas comprobaciones en la marcha de los sucesos mismos.

Una cualidad no puede negarse á la administracion del Rey cuando los movimientos de 1830: la decision y la celeridad. Lo mismo en los valles de los Pirineos, que hácia las playas del mar de Cádiz, las autoridades se mostraron activas y resueltas para comprimir la insurreccion. Era esta sin duda una prenda de gobierno, y un elemento de triunfo; pero llegábamos á dias en que no bastaban ya tan efimeras y parciales victorias.

Grande fué sin embargo el servicio que en aquellos momentos prestaban á la autoridad. La invasion de los Pirineos se ofrecia aparentemente como una tentativa de gran importancia. La calidad y el nombre de los emigrados reunidos en Bayona daban un aspecto demasiado sério á sus propósitos. No debia creerse que hombres de aquella celebridad se arrojáran desatentados y sin eficaces auxilios á una perdicion segura : debiase por el contrario suponer que estuviesen provistos de grandes medios, que contasen con inmensas relaciones, que fundasen en algo sus vivas esperanzas. Nadie hubiera imajinado que altos personajes politicos, que Jenerales de insigne nombradia, viniesen á hacer una guerra poco menos que de brigandaje, y á desautorizar asi nuevamente su causa á los ojos de toda la Europa.

La verdad es que vivian torpemente engañados acerca del espiritu español. Figurábanse que la España entera se habia convertido en revolucionaria como ellos, que la juventud correria á unírseles, que el ejército se pondria de su lado. Ignoraban que el ejército, cualesquiera que fuesen sus opiniones, estaba organizado con una severa disciplina : que el liberalismo de la juventud, en su mayor parte, no era de la estofa revolucionaria de 1820 : que la nacion, aunque ajitada por el triunfo de Paris, aunque deseosa de respirar un aire mas libre, aunque principiada á surcar de nuevo por conspiraciones, sentia aún el peso de 1823, y no estaba dispuesta á lanzarse aventuradamente en otro ensayo liberal, para el que no tenia ni simbolo ni nombre. Ignoraban que la opinion realista, fuerte con intereses inmensos, estaba rejimentada con grandes principios de cohesion, y no era empresa fácil la de combatirla frente á frente. Todo esto era sin duda mucho ignorar: todo revelaba infinitas ilusiones; pero tal es la suerte de los emigrados en todas las naciones del mundo, y asi se forman siempre quiméricas ideas sobre la situacion de sus respectivos países. Ellos se creen centro de todo, principio de todo, esperanza de todo. Ellos se creen la verdadera nacion, y juzgan á sus compatricios como séres inferiores, dependientes de sus ideas, instrumento de su voluntad.

No obstaba solo al triunfo de los emigrados en 1830 la constante ilusion en que vivian acerca del estado de su patria: en si mismos llevaban otro jérmen de mal y de destruccion, que ni siquiera habian disimulado. Los partidos antiguos, las sociedades secretas de la época constitucional, trasladaron en su ida al extranjero todos sus rencores recíprocos, y los conservaron permanentes al través de aquellos años de desgracia. Casi tanta division, y casi tanta enemistad existia entre unos y otros emigrados, como entre ellos y los defensores del gobierno absoluto. Vánamente trataban de avenirlos algunos hombres autorizados y prudentes de sus mismas ideas: duraban y permanecian las divisiones, á pesar del propósito comun, y venian á la misma frontera á ostentarnos el escándalo de sus discordias.

¿Qué habia de suceder con tanta ignorancia y tantos elementos de ruina, sino que fracasasen sus intentos? El país á donde asomaron, que jamás habia sido amigo de las ideas revolucionarias, los miró con asombro, y se levantó en su contra: el ejército comenzó á hostilizarlos enérjicamente y sin vacilar. Cayeron en un instante todas las ilusiones; y hubo que recurrir á pasar de nuevo la frontera, para evadirse de una perdicion segura. El Jeneral Mina, fujitivo por los montes de Navarra, sin encontrar una choza donde reclinar su cabeza, perseguido, cazado, por aquellos habitantes, es un ejemplo de grande enseñanza, que no debieran olvidar ni desconocer los héroes populares de ningun pais.—Por fortuna para los invasores, las tropas del Jeneral Llauder se condujeron con una humanidad que las honró en aquellos momentos.

Humana y dignamente se conducia tambien el Jeneral Quesada en el otro extremo de la Peninsula. Habia habido en Cádiz asimismo un principio de sublevacion, comenzado con un asesinato : las tropas de marina acababan de insurreccionarse en la Isla de Leon : los emigrados de Jibraltar amenazaban por instantes encender la serrania de Ronda. Quesada se dirijió con una admirable presteza al lugar del peligro, ahogó los intentos de Cádiz, rindió é hizo prisioneros á los sublevados de la Isla, y desbarató con la celeridad de un rayo todos los proyectos de la insurreccion. Y para completar su gloria de aquella bellísima campaña, y para triunfar políticamente como en lo militar habia triunfado, pedia solo á la córte, como única recompensa de sus servicios, un perdon y una induljencia saludables, para los mismos contrarios á quienes acababa de combatir y vencer. Hecho noble y distinguido, que la revolucion debia olvidar mas adelante, y aun pagar con horrible y sanguinaria ingratitud!

Mas no era en todas partes el espíritu de los que

gobernaban tan humano ni tan jeneroso. El Coronel D. Bernardo Marquez, uno de los oficiales mas bravos del ejército español, era agarrotado en Sevilla, como conspirador contra los derechos del Rey: Doña Mariana Pineda sufria la misma suerte en Granada, por haber bordado un estandarte, que debia servir para otra insurreccion. En Málaga por último atraia el Gobernador Gonzalez Moreno con mentidas promesas á cincuenta emigrados de Jibraltar, á cuya cabeza se hallaba el Jeneral D. José Torrijos, y les hacia expiar, fusilándolos, la sencilla confianza con que habian dado fé á sus traidores ofrecimientos. Actos todos ellos de dureza, de crueldad, de villania, que derramaban largo estupor en nuestras provincias meridionales, y que influian de un modo fatal contra el Gobierno, que tan desacordadamente los usaba. Confundiendo éste la tirania con la firmeza, si lograba por el pronto los resultados de esta última, acumulaba tambien las consecuencias de la otra para un porvenir que no se hallaba muy lejano. Desbarataba las dificultades presentes, pero se las creaba mas grandes para lo venidero.

Alguna vez hemos imajinado lo que habria debido ser de esta nacion, si las conspiraciones de 1830 hubiesen tenido el éxito que sus promovedores apetecian. Pero el cálculo se confunde, y faltan datos para predecir la probabilidad. Ello es que los liberales revolucionarios de dentro y fuera de la Peninsula estaban convencidos de que eran incompatibles el sistema constitucional y el Rey Fernando VII: siendo resultado de estas creencias quitar las flores de lis en el escudo español que usaban en sus comunicaciones. Algunos de ellos, aunque pocos, pensaban ya en república : algunos se habían dirijido tambien á D. Pedro de Portugal, y habian abierto tratos, ofreciéndole el trono español. Pero tenemos aún por cierto que sobre ese punto habrian ocurrido discordias ó incertidumbre, llegado el caso de la victoria. Dudamos que el principio liberal hubiese tenido fuerza por sí solo para vencer las disidencias nacionales; y tememos que las cualidades de D. Pedro, sumamente distinguidas para combatir, no lo hubieran sido igualmente para gobernar.

De todos modos, los proyectos de revolucion se malograron, y extinguida por el gobierno francés la tea con que habia imajinado en su disgusto incendiar nuestro suelo, comenzó éste á calmarse otra vez en su superficie, sin parar por eso el trabajo de lenta elaboracion, que las ideas y las necesidades del siglo promovian en sus entrañas.—Otros sucesos, tambien políticos, pero de diferente carácter, venian á llamar y á ocupar vivamente su atencion. Viudo por tercera vez, y sin descendencia alguna Fernando VII, habia contraido su cuarto matrimonio con Doña Maria Cristina de Borbon, hija de los Reyes de Nápoles.

Este acontecimiento, ocurrido en 1829, en una época de las de mayor calma y mas quietud que hubo en aquel periodo, habia afectado bien sensiblemente á la nacion entera. Cansada de antiguos desastres y de recientes vejaciones, necesitaba crearse un simbolo de esperanza para descansar de los unos y las otras, aguardando momentos de mas ventura, ó por lo menos de mas lejitima tranquilidad. Al considerar á la nueva Reina, jóven, bella, instruida, amable, la nacion la habia mirado con cariño, y la habia saludado con fé, como á la aurora de un porvenir hermoso. La desgracia habia desarrugado su frente, las pasiones de ira habian ensanchado su corazon, la joventud siempre confiada le habia consagrado puros y leales afectos. Oyóse nuevamente la gran voz de las musas españolas, no envilecida con ecos humillantes, sino proclamando á los vientos sus instintos de gloria, su confianza de rejeneracion. Las fiestas con que la celebraron los españoles fueron sinceras y cordiales, porque una voz secreta decia por donde quier que allí principiaba un nuevo reinado.

No sabemos si aquellas esperanzas hubieran tenido pronta realizacion en el caso de no ocurrir la Revolucion de Julio. Este acontecimiento vino á interrumpirlas, y á lanzar á una parte de la nacion española en esas otras de que ya hemos hablado. Pero cuando esas otras se desvanecieron, cuando pasaron á la vez los temores que con ellas habian nacido, la atencion jeneral volvió á fijarse en nuestra Reina, y los votos del pais la siguieron de nuevo mas ardientemente que nunca. Solo no participaba de ese entusiasmo, de esa confianza, el partido de la exaltacion realista y relijiosa, ese partido que hemos señalado antes como afiliado bajo las banderas del Infante D. Cárlos, cuyas doctrinas le alejaban de toda moderacion, y cuyos intereses habian de sufrir en el caso de una sucesion directa á la corona.

• Tienen los partidos un instinto admirable para ele-

jir sus convenientes banderas, y agruparse en derredor de personas determinadas. Nada habia hecho aún
la Reina en favor de las reformas: en nada habia con-
trastado los proyectos de la bandería mas ardiente; y
sin embargo, los hombres reformistas, los hombres
templados, los hombres que querian seguir la marcha
del siglo, se habian agrupado desde el principio en
derredor de ella, mientras que el partido reaccionario
de las pasiones y de las venganzas la miró venir con
aversion, la miró reinar con celos, la miró elevarse
con enemistad y con ódio. Con mas razon la profesaba
ahora esos mismos afectos, al advertir que iba á ser
madre, y que podria hacer escapar el cetro de las
manos de D. Cárlos. Por el contrario, la gran masa
del pais, que cuando menos estaba cansada de furo-
res, encontraba en eso mismo una razon más de esperanza y de júbilo, un motivo más de adhesion á quien
podia proporcionarle tales bienes. Era ya uno, altamente apreciado, altamente sentido, el de no caer bajo la cofradia que capitaneaba el Infante. Los hombres
previsores estremecianse á este pensamiento; y aco-
jian con avidez una esperanza tanto mas preciosa,
cuanto que la robustez del Monarca se habia gastado
con su libre y viciosa conducta, y no podia prometer
una vida de larga duracion.

Así comenzaba en los espiritus la contienda dinástica, que habia de levantar su cabeza ensangrentada y
rujiente tres años despues de aquellos momentos.

CAPITULO NOVENO.

1830.

Habian sido las monarquías españolas de la edad media tan irregulares en el modo de sucesion, como lo fueron en la mayor parte de sus instituciones. Ni eran aquéllos tiempos de teoría, en los cuales se pudiesen escribir y prever todas las reglas de la sociedad, ni las apuradas circunstancias de semejantes Estados consentian siempre que se observasen unas mismas tradiciones, como leyes perpétuas y fundamentales. Tratábase ante todo de la existencia del país, amenazado, hostilizado continuamente, por enemigos extraños y domésticos; y esa consideracion importante, esa ley de la guerra, como situacion normal y necesaria, tenía una influencia poderosísima en la sucesion ó transmision del reino cuando fallecian sus soberanos.

Dicen las crónicas antiguas que todos los Estados del suelo español fueron electivos en su orijen; y la razon enseña que asi debia de suceder, cuando, encerrado nuestro pueblo en las montañas del Norte, no podia vivir sino á fuerza de un continuo combate, de una batalla de todas las horas. Recibir entonces por rey al hijo del antecesor, solo por la razon de su nacimiento, y cualesquiera que fuesen sus cualidades personales, hubiera sido un fatalisimo absurdo. La heredabilidad de la corona es una consecuencia de las ideas y las necesidades politicas: en aquellos tiempos de que hablamos no habia otro recurso que el de la eleccion. Los reyes eran capitanes, y se habia menester buscarlos como se busca á estos.

El sistema hereditario comenzó mas adelante, aunque tambien sin reglas fijas que lo ordenáran de un modo uniforme. A veces se repartieron las provincias por los testamentos de los monarcas, como se reparten los bienes libres de cualquier hacendado. La nacion, á veces, en sus mas ó menos regularizadas asambleas, resolvió tambien las contiendas de los aspirantes, como plugo más á sus doctrinas, ó á sus intereses del momento. Todos estos son hechos de vulgar erudicion, para cuya noticia no se necesita de grandes conocimientos históricos.

Lo propio diremos relativamente á la sucesion de las hembras. Casos hubo en los que fueron descartadas, como lo fueron asimismo los varones; mas el hecho jeneral de nuestra historia, desde que los Estados de Leon, de Castilla, de Navarra, de Portugal, principian á tomar consistencia, y á convertirse en reinos formales; el hecho es, que las hijas de los reyes son llamadas á la sucesion, en sus personas, y en las líneas que proceden de ellas, tan constantemente como sus propios hermanos, los varones de las mismas dinastias. Poco habrá leido tambien nuestros historiadores, el que no pueda formar desde el siglo X al XV una razonable lista de soberanas españolas.

Y no podia ser ciertamente de otro modo bajo la dominacion de las ideas feudales. Era el Reino entonces un Estado, un dominio, una herencia, semejante á las demas de la nacion; ó mas bien dicho, el ejemplo, el modelo de las otras. Condados, marquesados, baronías, señorios, propiedades comunes, todo tenia relaciones de homojeneidad con ese fundo supremo, que era el patrimonio de los monarcas. Si pues en España la propiedad feudal y civil fue siempre transmisible á las hembras, y en esto no ha cabido jamás la menor duda; necesario era á la vez que tambien lo fuese la corona, considerada, segun las ideas de aquellos tiempos, de un modo análogo á las de inferior categoria. No era natural una disidencia, para la que no habria habido ningun fundamento contemporáneo.

Cuando por los mismos siglos vino una teoria extraña, la del derecho de Justiniano, á aposesionarse de la lejislacion de Castilla, y escribió Alfonso X el libro mas insigne de moral y de jurisprudencia que produjera aquella edad, esa propia doctrina que vamos refiriendo se hizo lugar entre sus disposiciones. Una

ley de la Partida segunda escribió el derecho de las
hembras á las coronas de Castilla y Leon., y le escribió, no como cosa nueva, no como introduccion de
doctrinas extrañas, sino como uso lejítimo, constante, tradicional, de la monarquia de San Fernando.—
«..... Et esto usaron siempre en todas las tierras del
» mundo do el señorio hobieron por linaje, et mayor-
» mente en España: ca por escusar muchos males que
» acaescieron et podrien aun seer fechos, posieron
» que el señorio del regno heredasen siempre aquellos
» que veniesen por liña derecha, et por ende estables-
» cieron que si fijo varon hi non hobiese, la fija ma-
» yor heredase el regno, et aun mandaron que si el
» fijo mayor moriese ante que heredase, si dejase fijo
» ó fija, que hobiese de su muger legitima, que aquel
» ó aquella lo hobiese, et non otro ninguno..... » (1)

Mas inciertas é inconstantes que en esos reinos que
hemos citado, son á la verdad la ley y la costumbre
en los de la antigua corona de Aragon. La civilizacion
y el espiritu francés, que habian prevalecido siempre
en aquellos dominios, se hacian sentir en este punto
como en muchos otros de su organizacion politica, dis-
tinguiendo aquel pais de los restantes Estados de nuestra España. Alguna vez suceden alli las hembras, otras
son excluidas, otras en fin, sin suceder, trasmiten el
derecho á sus descendientes. Confusion y anarquia, á
la verdad, mas bien que regla de ninguna clase: enlazadas con tantos otros principios anárquicos, como
lo eran en su mayor parte las célebres libertades, y
los singulares privilejios del antiguo Aragon.

(1) Ley 2.ª, título 15, Partida II.

Viniendo despues á tiempos mas modernos, pasando de los reinos que hemos citado á la grande y universal monarquía española, dejando la época del feudalismo para contraernos á la de la autoridad real, hallaremos jeneralizada la institucion, y reconocido el derecho de las hembras para suceder, y para transmitir la corona. Una hija de los Reyes católicos, la Princesa Doña Juana, no es solamente heredera de su grande imperio, sino que por ella recae en la casa de Austria la soberanía de nuestra nacion. Cuando dos siglos despues expiraba la rama primojénita de esa familia en Cárlos II, todos los pretendientes á su corona, el hijo del Elector de Baviera, el hijo del Emperador, el nieto de Luis XIV, todos sin escepcion alguna derivaban de hembras su derecho. De ellas descendia Felipe V, jurado y defendido como Rey por los españoles.

Habian pues nuestros antepasados corrido de esa suerte durante siglos, sin dificultad, sin oposicion, sin idea alguna que en ello los embarazase. Y asi habia sido posible el agrupamiento de la monarquia, asi habia vuelto á existir con su majestuosa unidad el antiguo pueblo de la Peninsula ibérica. Varones y hembras sucedieron á su vez en estos Estados: el matrimonio acumuló los derechos; y en las familias donde se habia confundido el orijen, confundióse tambien la representacion politica del pais. Para nadie fue un mal esta costumbre; y por el contrario, habia traido á la nacion los bienes de una unidad provechosa, que dificilmente se hubiera conseguido de otro modo.

Mas apenas se habia afirmado Felipe V en el trono

español, en los mismos instantes en que se lo aseguraba la paz de Utrecht, hé aquí que se propuso variar notabilísimamente la sucesion de la monarquía, y que de hecho acometió la empresa de sustituir con costumbres extrañas una costumbre y una ley que eran verdaderamente fundamentales. Procedióse en esto por imitacion de las doctrinas francesas, que sin duda alguna le condujeron en tantas innovaciones de su reinado, ó se dejase llevar por afectos de familia, como han indicado algunos escritores; lo cierto es que preparó un decreto, cambiando la manera ordinaria y regular de suceder, y disponiendo la preferencia de todos los varones de las líneas llamadas, á las hembras que de las mismas viniesen, aunque fueran superiores ó mas próximas, segun el modo de calcular en las sucesiones de esta naturaleza. No quiso excluirlas enteramente, condenándolas á la privacion que sufrian por la ley sálica; pero hizo una manera de ley sálica bastarda y vergonzante, en la que solo se les dejaba un derecho supletorio, remotísimo, del que en muchos siglos era probable que no sucediese ningun caso.

Las memorias de aquellos tiempos nos han conservado preciosamente cuántas dificultades se presentaron á Felipe V, no obstante su absoluto poder, para revestir con el carácter de ley esta obra de su voluntad. A pesar de la humillacion en que habian caido ya por su reinado las instituciones políticas, á pesar del servilismo ordinario de nuestros hombres públicos, todavía hubo una tenaz resistencia á esa innovacion, que pugnaba con todos nuestros hábitos, y que, proponiéndose contradecir en la sucesion política las doctrinas de las sucesiones ordinarias y civiles, era en realidad incomprensible y revolucionaria para el pueblo. Así, el humilde Consejo de Castilla tuvo aun valor de resistencia para rechazar el nuevo decreto, y fue indispensable un proceder de compromiso ó intimidacion, para que pudiese escribirse en el libro de sus Autos acordados.

Véase aqui lo que importa para nosotros de ese curioso monumento, tal como se encuentra en las colecciones de nuestras leyes, y sin que entremos por nuestra parte á investigar si ha habido en él la supresion clandestina de cierta palabra, para facilitar la sucesion de alguno que sin ello no habria podido obtenerla. «.....Mando que de aqui adelante la sucesion de » estos reinos y todos sus agregados, y que á ellos se » agregasen, vaya y se regule en la forma siguiente: »Que por fin de mis dias suceda en esta corona el » Príncipe de Asturias, Luis, mi muy amado hijo, y » por su muerte, su hijo mayor varon lejitimo, y sus » hijos y descendientes varones lejitimos, y por linea » recta lejitima, nacidos todos en constante lejitimo » matrimonio, por el órden de primojenitura y derecho » de representacion, conforme á la ley de Toro: y á » falta del hijo mayor del Príncipe y de todos sus des-» cendientes varones de varones, que han de suceder » por la órden epxresada, suceda el hijo segundo varon » lejitimo del Príncipe, y sus descendientes varones de » varones lejitimos, y por linea recta lejitima, nacidos » todos en constante y lejitimo matrimonio, por la mis-» ma órden de primojenitura y reglas de representa-» cion, sin diferencia alguna; y á falta de todos los

» descendientes varones de varones del hijo segundo
» del Príncipe, suceda el hijo tercero, y cuarto, y los
» demas, que tuviere lejítimos, y sus hijos y descen-
» dientes varones de varones, asimismo lejítimos, y
» por línea recta lejítima, y nacidos todos en constan-
» te lejítimo matrimonio, por la misma órden, hasta
» extinguirse y acabarse las líneas varoniles de cada
» uno de ellos, observándose siempre el rigor de la
» agnacion, y el órden de primojenitura con el derecho
» de representacion, prefiriendo siempre las líneas pri-
» meras y anteriores á las posteriores; y á falta de to-
» da descendencia varonil y líneas rectas de varon en
» varon del Príncipe, suceda en estos reinos y corona
» el Infante Felipe, mi muy amado hijo, y á falta su-
» ya, sus hijos y descendientes varones de varones, le-
» jítimos, y por línea recta lejítima, nacidos en cons-
» tante lejítimo matrimonio; y se observe y guarde en
» todo el mismo órden de suceder que queda expre-
» sado en los descendientes varones del Príncipe, sin
» diferencia alguna: y á falta del Infante, y de sus hi-
» jos y descendientes, varones de varones, sucedan por
» las mismas reglas y órden de mayoria y representa-
» cion, los demas hijos varones que Yo tuviere, de
» grado en grado, prefiriendo el mayor al menor, y
» respectivamente sus hijos y descendientes, varones de
» varones lejítimos, y por línea recta lejítima, nacidos
» todos en constante lejítimo matrimonio, observando
» puntualmente en ellos la rigurosa agnacion, y pre-
» firiendo siempre las líneas masculinas primeras y an-
» teriores á las posteriores, hasta estar en el todo ex-
» tinguidas y evacuadas; y siendo acabadas integra-

» mente todas las líneas masculinas del Príncipe, Infante y demas hijos y descendientes mios lejítimos, varones de varones, y sin haber por consiguiente varon agnado, lejítimo descendiente mio, en quien pueda recaer la corona, segun los llamamientos antecedentes, suceda en dichos reinos la hija ó hijos del último reinante varon, agnado mio, en quien fenecier la varonía, y por cuya muerte sucediere la vacante, nacida en constante lejítimo matrimonio, la una despues de la otra, y prefiriendo la mayor á la menor, y respectivamente sus hijos y descendientes lejítimos, por línea recta y lejítima, nacidos todos en constante lejítimo matrimonio, observándose entre ellos el órden de primojénitura y reglas de representacion, con prelacion de las líneas anteriores á las posteriores, en conformidad de las leyes de estos reinos; siendo mi voluntad que en la hija mayor, ó descendiente suyo, que por su premoriencia entrare en la sucesion de esta monarquía, se vuelva á suscitar como en cabeza de línea la agnacion riguroso entre los hijos varones que tuviere.... etc.b

  Tal fue, pues, la ley española desde 1713; tal fue por lo menos la que apareció escrita en nuestros códigos. Contraria, empero, como llevamos dicho, á todos los hábitos nacionales, puédese ciertamente asegurar que el pueblo español no se habia apercibido de ella, que ella no habia entrado á formar parte de sus creencias, ni de sus costumbres. Parecerá algun dia una cosa extraña lo que vamos á decir; pero no es ménos cierto que la inmensa mayoría de la nacion ignoraba la existencia de esta ley, y continuaba juzgando comp de sucesion regular el mayorazgo de la monarquía española. No inventamos hechos á placer: pueden verse los libros singulares impresos en todo el último siglo, y en los primeros años del presente, y se encontrará la comprobacion de nuestro aserto. ¡Singular, pues, y nacional ley la de Felipe V, que solo era conocida de los hombres de estudio, y permaneció siempre ignorada de la nacion hasta los acontecimientos de 1830! ¡Notable y apreciable circunstancia en una ley de sucesion, que debe ser la mas vulgar, la mas popular de la monarquia!

Como quiera que fuese, la descendencia de nuestros monarcas no habia dado ocasion de acudir á ella en todo el siglo XVIII. A Felipe V siguió en órden su hijo Fernando VI; y no habiendo tenido éste sucesion alguna, ni de hembras ni de varones, vino á ascender al trono por su muerte su hermano Cárlos III, rey de Nápoles hasta allí. Cárlos III le dejó á Cárlos IV; y cuando éste último debió ocuparle en 1788, tenia ya por hijo á Fernando, á quien juró la nacion Príncipe de Asturias.

Sin embargo, en aquellos propios momentos fijó la córte su consideracion en esta materia, y dos consejeros del Monarca creyeron oportuno variar nuevamente el órden de suceder, y volver á entrar por las vias regulares en la antigua costumbre española, que á principios del siglo se habia derogado. La obra de Felipe no parecia ya bien á su nieto; y como aquel cambiaba las antiguas leyes, asi pensó éste cambiar el decreto de aquel, restableciendo de nuevo la de Partida y la tradicion española de que hemos hablado antes.

No nos proponemos investigar los motivos que impulsasen al Monarca para esta determinacion, como no hemos investigado los de Felipe V para la suya de 1713. Cualesquiera que hayan sido las historias secretas en uno y otro caso, bástanos á nosotros con exponer los hechos públicos, que son los interesantes, como preliminares de nuestra obra. Diremos solo que la voluntad de Cárlos IV comparada y contrapuesta con la de su abuelo, llevábale la inmensa ventaja de marchar en armonía con los sentimientos de la nacion, de respetar sus costumbres, y de tener un sólido fundamento en sus tradiciones.

Por lo demas, era un espectáculo poco digno de esa misma nacion el ver trocar asi, á los diez siglos de su existencia, y con una facilidad tan deplorable, la primera ley fundamental de su constitucion monárquica. No discutimos nosotros la preferencia abstracta del sistema regular ó del agnaticio, ni queremos decir cuáles serian nuestras opiniones, si nos viésemos llamados á organizar de planta una nueva monarquia: lo que decimos es que en semejantes puntos no debe ni puede haber variaciones arbitrarias por caprichos de cualquier soberano, ni someterse cada dia la obra de los siglos á la revision de favoritos ó leguleyos. La de Felipe V podia ser en sistema teórico muy superior á las costumbres españolas; y sin embargo era una obra de revolucion, de anarquia, de convulsiones sociales. Ella contenia el jérmen de una lucha dinástica, y encerraba asi el mas doloroso legado que pudo hacer á sus pueblos el jefe de nuestra dinastia de Borbon.

La derogacion, pues, de esa ley era justa, natural, necesaria. Carlos IV, cualesquiera que fuesen sus motivos particulares, marchaba por el buen camino, por el camino nacional, cuando la emprendia. Hubiéranse llenado, ó no, para ella las formalidades de derecho, siempre era indispensable acabar con sus disposiciones. Aunque la nacion entera la hubiese aprobado ó decretado, aun entonces habria sido forzoso derogarla: un instante de vértigo en la nacion no puede anular sus antecedentes de tantos siglos.

Habianse reunido un simulacro de Córtes en 1789 para jurar á Fernando Príncipe de Asturias: y aprovechando este acontecimiento, y queriendo dar á aquella derogacion toda la solemnidad posible, hízose que esas Córtes la pidieran formalmente al Monarca, y se revistió el acuerdo con cuantos caracteres de antigua legalidad conservaba la historia de semejantes asambleas. La cédula de Felipe V quedó anulada de este modo, y restablecidas como leyes fundamentales, la de Partida que antes hemos copiado, y la práctica y tradicion de toda la Península; favorable sin duda al derecho de las hembras.

Pero algo se habia de hacer entonces desacertado y absurdo, alguna grave falta se habia de cometer, para que mas adelante cayeran sobre nosotros los resultados. Si esa ley, que se decretaba en aquellas Córtes, se hubiera publicado inmediatamente, si hubiera tomado lugar en nuestros códigos, si se hubiese aposesionado de la sociedad desde aquel instante; es seguro que se la habria recibido natural y sencillamente, sin prevenciones ni contradicion, sin levantar protestas, ni dar ocasion á partidos. El Monarca tenía

ante si un largo reinado de que disponer, y á los
pies de su trono mostraba dos hijos varones que ase-
gurasen su descendencia. Habríase pues visto en su
obra la prevision del patriotismo, el carácter de la
nacionalidad, y de ninguna suerte un propósito de
destruir derechos, y de acabar con lejítimas esperanzas. La ley habria llenado para el público, como las
llenaba en si, todas las condiciones de su carácter.

Mas un espíritu meticuloso, una estrella de error
y de desgracia, vino á destruir tan favorables proporciones. Temióse herir en aquel momento á algunos de
los interesados; y hecha, como estaba la ley, se acordó diferir su publicacion hasta otros tiempos. Guardó-
se en secreto el expediente: encargóse el silencio á los
Diputados de las Córtes; y quiso envolverse en un
misterio absoluto lo que alli se habia decretado como
Constitucion de la monarquia. Asi se rodeaba con las
formas de la sospecha y del delito el acto mas popular, mas español, mas inocente, del reinado de Cárlos IV: asi se preparaban dificultades inmensas para
lo futuro, manteniendo públicamente una regla dero-
gada, dejando crecer esperanzas que algun dia hubieran de frustrarse, haciendo en fin todo lo que era necesario para que tuviésemos una nueva guerra de sucesion, y se repitiesen las luchas intestinas que ochen-
ta años antes habian desolado el pais. Asi se tiraba á
la tierra la primer semilla de esta larga cosecha de
llantos y de sangre, que cuarenta años despues habia
de recojerse en nuestro suelo. Un poco más de fran-
queza, de prevision, de dignidad, habria evitado se-
guramente esta cuestion dinástica, que nos ha dividido;

y seguro es que, faltando ella, no se hubiera desen-
vuelto la revolucion que nos consume, por lo menos
en la horrible forma, con que ha pesado y pesa sobre
nosotros.

De cualquiera suerte, el secreto se guardó por
los que se habian comprometido á él, y la noticia de
lo hecho por aquellas Córtes quedó reservada á un
escaso número de personas.—El Rey, por su parte,
ó su valido D. Manuel Godoy, no juzgaron oportuna
su publicacion en todo lo restante de aquel siglo, ni
en los principios del presente. Llegó la época de 1808
y encontrónos la revolucion en el falso estado que hemos descrito. Ella tambien habia de dar su voto sobre
la primera de nuestras leyes fundamentales.

Ocupóse desde luego en este punto la Constitucion
de Bayona; y siguiendo el espíritu francés, que en
ella dominaba, estableció el sistema agnaticio en todo
su rigor, como lo habia estado perpetuamente en la
nacion vecina. No fue ya una postergacion de las hembras, como la decretada por Felipe V, la que se establecia en ese código, sino una privacion absoluta, de
que en ningun caso se pudiera prescindir. Solo concluidas todas las lineas de varones, expresamente llamadas, se acudia á las de las hijas del último Rey;
pero aun en ese evento no era para ellas la corona,
sino para llamar otras nuevas lineas de varon, pro-
rogádas asimismo agnaticiamente. La desviacion de
nuestras antiguas leyes y costumbres no podia ser
mas completa ni mas jeneral.

La Junta central, venida algun tiempo despues,
tuvo asimismo que mezclarse en estas materias. La

cautividad de los varones hijos de Cárlos IV, animaba las esperanzas de la Princesa del Brasil, ora para la Rejencia del reino, ora para un caso eventual que se conocia como posible. Con este motivo tomó noticia la Junta del acuerdo de 1789 que queda mencionado, y reconoció su fuerza indisputable; pero aquellas mismas consideraciones de la Infanta Doña Carlota, y el deseo de evitar la aparicion de nuevos pretendientes, cuando el pais se levantaba por Fernando VII, hicieron sin duda que conservasen este punto bajo el mismo secreto en que viniera hasta alli, sin arrojarlo á una publicidad que en los momentos no era necesaria. Extendióse el circulo de los que sabian la derogacion del auto de 1713; mas quedó siempre esa derogacion sin ser promulgada como ley del Estado.

Fijóse, por último, el derecho de suceder en la Constitucion de 1812; y aqui vencieron, como era forzoso, las tradiciones españolas, sin que ni el sistema de la agnacion, ni aun el de Felipe V, contaran con un voto que los apoyase. Nueva é insigne justificacion, si se necesitase aún, de que el principio escrito en la ley no se habia encarnado en el ánimo de los españoles, cuando á los cien años de aquella se veia abandonado de ese modo en una ocasion tan solemne, y en un debate tan fundamental. Todas las ideas que se combatian en las Córtes de Cádiz, lo mismo las reformistas que las conservadoras, lo mismo las opuestas que las favorables al antiguo réjimen, aceptaron la sucesion regular, asi de hembras como de varones, por ley de nuestra monarquia. Ninguna oposicion, ninguna divterjencia sobre este punto.

No se volvió á hablar de él en mucho tiempo, durante los periodos que siguieron al de la Constitucion. Faltaba motivo para ocuparse en esta materia, careciendo de hijos como de hijas el Monarca. Mientras la Reina Maria Amalia compartió con él el trono español, había cesado enteramente toda esperanza de descendencia, y los derechos del Infante D. Cárlos no podian dejar de ser universalmente reconocidos. Pero la venida de Doña Maria Cristina abrió una nueva posibilidad, y á los pocos meses esperábase en toda la nacion un sucesor directo de la corona.

Entonces recordaron los consejeros de Fernando VII la ley de 1789, conservada secretamente en los archivos. Entonces comprendieron que había llegado un caso, en que no se podia dilatar su promulgacion. Entonces pudieron advertir que esa promulgacion hubiera sido mucho mas eficaz con algun tiempo de ventaja, porque habria aparecido mas imparcial, y no se hubieran hallado en su contra los motivos de interés politico que ahora existian.—De cualquiera suerte, ya fue preciso publicar lo decretado cuarenta y un años antes: la cédula de las Córtes de 1789 apareció en fin en 1830. Muchos, el mayor número, supieron entonces por primera vez lo que en 1713 se había establecido: todos oyeron que las Córtes y el Monarca anterior habian restituido su fuerza á la ley de Partida y á las costumbres españolas (V).

El primer resultado de esta novedad no fué desfavorable á los que la publicaban. Satisfecho veia el

(V) Véase la Nota al fin del tomo.

pueblo que se adoptaban para la corona los mismos
principios que para la sucesion de las familias; pues
aunque sean en el fondo materias tan diversas, la ley
civil ha sido, y será siempre, para la muchedumbre el
principio politico mas importante. Entre los hijos y los
hermanos del Rey, las simpatias del pueblo español es-
tarán siempre por los primeros, á cualquier sexo que
pertenezcan. Era pues popular esa declaracion que ahora escuchaba; y concurria con su asentimiento á lo
que, sorprendiéndole por la forma, le era simpático y
conforme en la disposicion.

Sin los accidentes de la cuestion politica que ajitaba los ánimos, hubiera sido mas jeneral la aprobacion
de los pueblos. Pero el interés de partido se apoderó
al instante de la situacion, y las doctrinas realistas
exajeradas la creyeron buscada y lanzada en contra
suya. Hemos visto que las banderias apostólicas consideraban al Infante D. Cárlos como su personificacion
y su jefe: que habian querido elevarle al trono: que
solo esperaban un completo triunfo de su dominacion.
La venida de la Reina Cristina les habia sido ominosa:
su preñez amenazaba destruir todas sus esperanzas:
esa cédula, fulminada en tales momentos, ponia fin á
sus ilusiones. Lanzáronse pues contra ella con toda la
pasion que les sujeria su animosidad; y no pudiendo
invalidarla de otra suerte, supusieron que habia sido
un amaño y una invencion, un documento fraguado á
placer, falsificado por los consejeros del Monarca.

Esta acusacion era absurda, y no podia resistir al
exámen. Ninguna necesidad hubiera tenido Fernando
de acudir á semejantes medios, si por ventura no hu-

biese existido la ley de las Córtes, y hubiese deseado
ó derogar el auto de 1713. Soberano era, como Felipe V, soberano como su padre; y de la misma suerte
que aquel, podia hacer registrar cédulas por su Consejo, y de la misma suerte que el segundo podia convocar
Córtes, á la manera del siglo anterior, y hacerlas adoptar de nuevo la doctrina de la ley de Partida. No era
pues probable, por un lado, que se hubiese hecho la fal-
sificacion, mientras que constaba por otro la certeza del
documento. Aunque secreta y oculta su existencia, no.
lo habia sido tanto que no llegase á noticia de los que
pasaran por la gobernacion del pais; y ya hemos referido particularmente que se habia dado cuenta de ella
en la Junta central. La masa de todas estas personas,
tan considerable en casi medio siglo, las tradiciones de
los asistentes á aquellas Córtes, el testimonio de cien
hombres públicos de diferentes sistemas, dejaban el hecho enteramente fuera de duda. Pudiera sublevarse
contra él la opinion carlista, pero no estaba autorizada para negarlo.

En cuanto al Príncipe su jefe, menos que nadie
podia pretextar esa clase de razones; él, nacido y educado en palacio, y para quien no habia habido secretos
ni en la politica ni en la gobernacion. Así, no dijo,
como decian sus parciales, que fuese falso el cuaderno
de Córtes de 1789; pero tomando otro recurso, y ar-
guyendo tambien de la ley civil para las instituciones
fundamentales, pretendió que ni su padre ni las Córtes habian podido privarle en aquella época de los derechos á la corona, que por su nacimiento tenia ad-
quiridos, y que se derivaban de la cédula de Felipe,

vijente á la esposa en la monarquía. Dos derechos que le había conferido la Providencia, no reconocía en los hombres facultad para arrancárselos; y presto, como estaba, á rendir homenaje á la descendencia del Rey, si por ventura fuese un hijo varon, tambien estaba dispuesto á no verificarlo, y no ceder de sus pretensiones, en el caso de que fuera una Infanta la que hubiese de venir al mundo.

Esta fue la resolucion de D. Cárlos, tomada con la fria severidad de su carácter, anunciada desde luego sin vacilacion ni duda, y consignada en las protestas que por diferentes ocasiones dirijió al Rey y al Consejo Real. Vésele en ellas constantemente como lo hemos retratado ántes de ahora: equivocado y fanático en el fondo, pero buscando una razon de derecho, en su esperanza legal, para resistir los mandatos de su hermano y Monarca. Desde luego pudo presumirse que si no era un Príncipe varon lo que el cielo destinaba á Fernando, venia ya para la España una contienda gravísima, sostenida por la entereza de D. Cárlos y por el fanatismo de los que la política hacia sus secuaces. El horizonte se cargaba de nubes, y dependia de un acaso exento de la humana voluntad, el que esas nubes se desvanecieran, ó el que rompieran en tormenta fatricida.

No fue el Infante D. Cárlos la única persona de dinastías reales que protestó contra la promulgacion de la cédula de 1789. Las otras ramas de la casa de Borbon, enlazadas íntimamente con la española, y poseedoras tambien de derechos mas ó menos inmediatos á esta monarquía, promovieron igualmente jestiones, que

los pusiesen á salvo del nuevo arreglo que se publicaba. El Embajador de Francia, los Ministros de Nápoles y de Cerdeña presentaron algunas reclamaciones
en nombre de sus Príncipes; pero todo esto eran mas
bien convenidas fórmulas, ó podian creerse tales en
verdad, que protestas útiles y verdaderas, encaminadas á hostilizar la descendencia femenina de Fernando
Tenian todos ellos multitud de lineas y de personas
delante de sí, para que diesen tal importancia á sus
derechos sobre el trono español. Solo la de D. Cárlos
era la real, la positiva, la peligrosa; porque solo éste habia de defender los suyos con las armas en la
mano, y solo él estaba á la cabeza de un partido político, opuesto por intereses muy irritados á la línea directa del Monarca.

Tal era el estado de la cuestion en 1830, cuando
vino al mundo la Princesa Doña Isabel. No habia querido la Providencia evitar el conflicto, como tampoco
quiso evitarlo el año siguiente, cuando nació su hermana Doña Luisa. Varones, hubiesen anulado las pretensiones de D. Cárlos: éste no hubiera podido levantar su bandera de insurreccion, y el destino de la España habria marchado indudablemente por otras vias,
para bien ó para mal de los pueblos. Hembras, encontráronse frente á frente con las reclamaciones y los
derechos que sostenia el hermano de su padre; y, como sucede en semejante caso, fue forzoso que decidiera la suerte lo que no podia avenir la intelijencia:
Hubo un pretexto para la revolucion dinástica que se
pretendia, y ese pretexto se aprovechó, y se esplotó
con habilidad.

Hasta aqui habíamos trazado los oríjenes de la convulsión política que estaba reservada á nuestra época: ahora acabamos de trazar los de la lucha de sucesión, que con ella debia mezclarse. Si en una esfera se habían acumulado mil elementos de disolucion y de mal, atesorados sucesivamente por tantas calamidades cómo hemos visto, las unas en pos de las otras; en el espacio de treinta años; en otra, no menos importante, se acumulaban tambien los errores de 1713, el secreto tan mal calculado de 1789, y las preocupaciones políticas en favor de una persona, que muy equivocada, pero muy sinceramente, se creia heredero de las Españas, y se habia de creer su Rey, en cuanto falleciese él que se hallaba sobre el trono. Unanse estos jérmenes de las dos naturalezas: fecúndense el uno al otro en su combinacion, y podrá ya presajiarse, aunque de lejos, la suerte que se iba preparando para la nacion española.

CAPITULO DECIMO

1832.

Todavia era posible aguardar sucesion directa y masculina del Monarca, despues del nacimiento de las dos hijas, que llenaron los dos primeros años de su matrimonio: la edad de Fernando VII no era aún para poner término á sus esperanzas de descendencia. Verdad es, empero, que su salud vacilaba, y que su robustez aparente encubria bajo de si largos jérmenes de disolucion. Desde muchos años antes habia padecido récios ataques de gota, que se iban aumentando progresivamente, hasta tomar alguna vez un verdadero carácter de alarma. No se presumia, con todo, que pudiera hallarse tan cerca de su fin, como se encontró repentinamente en setiembre de 1832., durante la jornada de San Ildefonso.

Aquel ataque fue tan súbito como terrible. En un momento se le vió á las puertas del sepulcro; desauciado de los facultativos, rodeado de una confusión y un aturdimiento inexplicables. Nadie habia pensado en tan próximo peligro, que sorprendia á la córte y á la nacion con su inesperada presencia.

La Reina, con sus hijas y servidumbre, el Infante D. Cárlos con su familia, el Ministerio todo, se hallaban en la Granja al lado del Rey. El Infante D. Francisco y su esposa habian marchado aquel verano á Andalucia, para tomar baños de mar; y esta circunstancia era interesante en los negocios públicos, porque la Infanta Doña Luisa, mujer de carácter enérjico, y antigua ya en residir y conocer la España, era entonces un firme sostén, dentro de palacio, del partido y de los intereses de la Reina. Rival constante de la bandería de D. Cárlos, ella habia sido la consejera, la instigadora, la directora de su hermana Cristina, durante los tiempos en que, recien llegada de Nápoles, no conocia entre nosotros ni los hombres ni las cosas.

El peligro del Rey ajitó, como acabamos de decir, aquella réjia morada; y todo fue allí dislocacion y desórden. Levantó audaz su cabeza la faccion de D. Cárlos, empezó á contarse, dilató su vista al rededor, y se creyó dueña de la victoria. Nada en efecto se habia preparado para impedirsela, y ella contaba con poderosos recursos para arrebatarla. El Ministerio era débil, como dividido: las autoridades de las provincias estaban en gran parte comprometidas á favor del Infante: en la Guardia Real y en la guarnicion de Madrid contaba éste con audaces prosélitos: la Milicia realista casi exclusivamente era suya. Como cosa facil se miraba el intimidar á la Reina Cristina, y hacerla consentir de buen grado en lo que por fuerza no podia evitar.

No fueron estos meros propósitos, sino que se adelantó en ello con decision y con osadía, Rodeóse á los Ministros, de los cuales el de Estado, conde de Alcudia, correspondia al partido conspirador; y ellos aturdidos los unos, ignorantes otros, dominados por los acontecimientos, sin resolucion para dirijirlos, no vieron la salvacion del pais sino en que D. Cárlos obtuviese la corona. Rodeóse á la Reina: intimidósela sobre la suerte de sus hijas: hizosele ver el desamparo en que se hallaba, y se la exijió que abandonase unas pretensiones al trono, que no le era posible sostener. Ofreciósela misericordia y proteccion por un lado, mientras que por el otro se le amagaba con la mas atroz perspectiva: el temor y el amor de madre debieron triunfar en esta lucha.

Todo parecia concluido en favor del bando apostólico, porque ni dentro ni fuera de palacio se aguardaba que se le hiciese resistencia. Quisose sin embargo dar aún el aspecto de la legalidad á aquella sucesion que iba á verificarse; y para ello se deseó que Fernando mismo derogase su cédula de 1830, y privase á sus hijas del trono. No podia ser esto muy difícil en el estado en que se encontraban las cosas, luchando aquel con las agonias de la muerte, y rodeado de personas que le mostraban como un deber supremo semejante exijencia. Audaces extremadamente los carlistas, y débiles y desconcertados los leales, todos los hombres públicos, todos los palaciegos que allí se encontraban, habían convenido ó resignádose á esa necesidad. La misma Reina no veía otro recurso para salvar la existencia de sus hijas. Fernando cedió en fin, y por un nuevo decreto, que autorizó el Ministro de Gracia y Justicia Calomarde, llamó para sucederle á su hermano D. Cárlos, y derogó la ley de 1830, en' la que últimamente fundaban aquellas su derecho.

No seremos nosotros los que, despues de haber estado severos con tantos actos de flaqueza como hemos tenido que señalar en el curso de este libro, nos convirtamos ahora en induljentes con los que seguian un camino idéntico en setiembre de 1832. Igual censura nos merecen esos actos de debilidad, que los de Bayona de 1808, que los de Cádiz de 1823. Prescindiendo de la falta que se cometió en no tenerlos previstos, en haber dejado de esa suerte el destino de la monarquía en poder del bando exajerado, quédanos aún que vituperar las debilidades del momento, vergonzosas siempre en hombres públicos, y mas vergonzosas todavia mientras es mas alto el destino que comprometen. Los que cedian en aquella ocasion por sus peligros personales, los que cedian por el temor de males públicos, ningunos eran merecedores de hallarse al frente del Estado: mas vituperables sin duda los primeros, pero no dignos de absolucion los segundos. El deber de los hombres leales, cuando no puedan rechazar los crímenes, es separarse al menos de su carrera; y no hacerles cortejo ni prestarles ayuda ni sancion. Eso es lo que manda la moral, eso es lo que preceptúa el honor, eso es lo que aconseja la política.

Si algunas personas eran excusables en aquel momento, no lo son otras que Fernando VII y María Cristina. Abandonados de todo el mundo, amenazados en sus hijas con la mas horrible crueldad, forzoso fue compadecerlos, aún mas que censurarlos, de que se doblasen á un torrente que parecia irresistible. O por temor ó por patriotismo, podian ellos ceder, puesto que al fin se trataba de los derechos y utilidad de su descendencia, sin embargo de que hubiera sido mas grande y mas honroso contrastar con decision á los conjurados. Pero no queramos exijir heroicidades de un hombre en el lecho de muerte, rodeado de prestijios que le arrastran, ni de una pobre mujer sumida en aquella desolacion, y abandonada y sola en medio de tan ruda tormenta.

Mas en este punto llegaba el término de las prosperidades de D. Cárlos; pareciendo que, cuando casi tocaba á la corona, habia de principiar un movimiento de reaccion, que fuese el fin de sus esperanzas. Saludado ya, puede decirse, como Rey, estaba escrito que viera escapársele de las manos lo que era objeto de su ambicion, y de las ansias y los afanes de su partido. El decreto del Monarca moribundo encontró dificultades en Madrid para ser recibido por el Consejo Real: hombres llenos de recursos y de enerjia corrieron á la Granja á ofrecer á la Reina sus haberes y sus personas; y una mejoria extraordinaria, que nadie esperaba en aquella situacion, vino á dilatar por el pronto todos los planes combinados, y á frustrarlos seguidamente, con las resoluciones que pudieron adoptarse. Escapado el Rey al duro trance de aquellos momentos, animada la Reina por los que la ofrecian levantar provincias enteras en su favor, y armaban ya á centenares los habitantes de Madrid, confundidos y aturdidos á su vez los realistas débiles y los carlistas osados, autores del decreto en contra de la sucesion directa, llegados de Andalucia el Infante D. Francisco de Paula y su esposa; verificábase un cambio, una completa revolucion en el Sitio de San Ildefonso, y un cambio tambien, no menos jeneral y absoluto, en los temores y en las esperanzas de toda la Peninsula. Como en un tránsito de muerte á vida respiraron los realistas sinceros, y vieron una ráfaga de salud todos los hombres de opiniones templadas, mientras que el bando apostólico lanzaba un ahullido de dolor, al mirar escapársele una presa, que pensaba tener ya sujeta para siempre.

El primer resultado de tan inmenso trastorno fue la completa destitucion del Ministerio: el segundo la variacion de las altas autoridades: el tercero, la rejencia de la Reina Cristina, durante la enfermedad del Monarca. Débiles unos, y otros traidores, los Secretarios del Despacho, era forzoso sustituirlos con personas que se hubiesen comprometido en aquellos instantes como partidarios de la Princesa Doña Isabel. Descubierto el peligro que se acababa de correr por las autoridades de las provincias, era necesario tambien apresurarse á cambiar cuando menos las mas importantes de ellas. Postrado el Rey por último para largos dias, y acosado el go-

bierno de un impulso fuerte, á vista de la conspiracion inmensa, universal, que acababa de descubrirse,
indispensable fue que la Reina, representante ya del
partido dinástico, madre de la que en todo evento
deberia ocupar el trono, se encargase de la gobernacion, y tratase de conjurar las tempestades que aun ru-
jian.—La leccion habia sido dura: los Monarcas habian
visto ya lo que el pueblo viera desde mucho antes: la
avidez del bando carlista por apoderarse del mando
le habia puesto completamente á la luz, y habia disipado de un golpe sus protestas pasadas y sus excu-
sas venideras.

Formóse sin embargo, el nuevo Ministerio, con toda la incuria y falta de sistema que parecian ya con-
naturalizados en nuestro pais. De las cinco personas en
quienes se pensó para que conjurasen la terrible situacion de aquellos instantes, solo una en realidad
merecia la calificacion de hombre político, y esa se hallaba en Lóndres, representando á nuestro Gobierno. El designado para Ministro de la Guerra se encontraba en el campo de Gibraltar: el llamado á la
Marina estaba mandando nuestra escuadra de la Isla
de Cuba. En cuanto á los de Hacienda y Gracia y Justicia, que se hallaban presentes, y al que suplió por
el pronto la Marina y la Guerra, y entró despues de
propietario en la primera de estas dos, eran sin duda
españoles leales, que habian manifestado su decision
en aquellos momentos de conflicto, pero tambien
hombres comunes, que no hubieran podido arrostrar
por si solos la situacion, y hombres nuevos, sin autoridad moral, á quienes no habria sido dado obtener

grandes esfuerzos, ni dar y dirijir un impulso vigoro-
so, si por acaso lo hubieran exijido acontecimientos
muy posibles en tales circunstancias.

Reuniéronse para su fortuna y la del partido dinástico, el completo aturdimiento del bando carlista,
y el continuado progreso en la convalecencia del Rey.
Como la enfermedad habia sido tan súbita, no se habia
preparado aquel para aprovechar la ocasion: sus hechos de San Ildefonso fueron apresurados, y sin con-
certar con sus numerosos parciales; y el contratiempo
que les sobrevino, desbarató de golpe lo que para su
ejecucion era obra del momento.—El Ministerio, por
su porte, no solo afectó impavidez y enerjia, sino que
se lanzó en una carrera, que, por lo inesperada, debia
contribuir á la sorpresa de la faccion.

Vióse en aquellos momentos un cambio de politica, que parecia el preludio de inmensas innovaciones.
Al despedir el Ministerio de 1824, debió ya creerse que
se despedirian con él los sistemas que habia puesto en
obra, y que, como hemos dicho, estaban personifica-
dos en D. Francisco Tadeo Calomarde; mas no fue
eso único lo que se advirtió, sino que, pasándose mas
allá, indicáronse ó se dejaron entrever mas altas y
trascendentales medidas. No solo lo que se mandaba,
sino cierto espiritu que se descubria pugnando por so-
breponerse á su letra, sino ciertas personas de las que
se echaba mano en aquellos instantes, todo daba un
aspecto liberal al movimiento de los primeros dias de
octubre. La reaccion contra el carlismo traspasaba el
punto de la antigua monarquia pura. Y esto no pareció estraño de ninguna suerte, atendidos los sucesos

de la Granja : porque muchos de los que habian corrido en aquellos instantes á ofrecer á la Reina el sostenimiento de sus derechos, correspondian de antemano al bando liberal; los que se presentaron á tomar
las armas para lidiar en su favor, eran tambien perseguidos ó señalados como liberales; el espíritu que
abrazó y defendió ardientemente su causa, en los dias
de vacilacion y de duda, fue tambien el espíritu de la
reforma. Aquel partido tódo se levantaba bajo la bandera de la lejitimidad y con el nombre de *cristino*:
natural fue que al recibir la Reina la rejencia, y al encargarse de luchar con los que habian querido la expulsion de sus hijas, se viese rodeada, influida, arrastrada por tendencias liberales, que no eran de ningun
modo revolucionarias en aquellos momentos, sino que
se agrupaban en derredor de una estrella de tolerancia y salvacion.

Ese espíritu que vamos señalando se manifestó altamente en el decreto por el que se mandaron abrir
las universidades. Calomarde las habia cerrado en 1830,
á la noticia de la revolucion de Francia, y les habia
dado asi mas carácter liberal del que hasta entonces
habian tenido. El primer mandato de Cristina fue que
se procediese á su apertura. Pero no limitó á eso solo
la influencia política de su decreto, sino que por un
preámbulo contra la ignorancia y sus males, hizo la
censura mas acerba del sistema que acababa de pasar,
y se colocó, para el ánimo de todos, en las filas que habian sufrido hasta entonces el rigor y las desgracias
de los nueve años.

Mas lo que acabó de variar la situacion política

del pais, lo que estableció un órden de cosas diferente, borrando la categoria de los vencidos, y preparando una traslacion de poder, y hasta un cambio en las instituciones, fue el célebre decreto de Amnistía, publicado en la Gaceta del 16 de octubre. Alli terminaba el sistema que habia adoptado Fernando VII en su restauracion de 1823: alli se inauguraba otro, diferente, contrario, destructor y reparador de todos sus efectos, otro que debia lanzar el país por muy diversos caminos, poniendo delante de nosotros una nueva época, fecunda en muy desemejantes resultados. Abriéndose las puertas de las prisiones, allanándose los montes de la frontera, borrándose la condicion que habian grabado los acontecimientos sobre la frente del partido liberal, igualado éste al realista en el concepto de la ley, superior á él por las circunstancias; no sabian de seguro hasta dónde llegaba su obra, ni cuál era el alcance de lo que acometian, los que aconsejaron á la Reina que dictase aquel célebre decreto, y enlazase para siempre con él la gloria de su nombre y la carrera de sus destinos.

Era la Amnistia, en su primera y vulgar expresion, un gran acto, una réjia prenda de piedad y de misericordia. Poníase fin por ella á la inhumana, injusta, impolítica persecucion, que sufriera el partido liberal en los nueve años que acababan de correr, al diluvio de infortunios y de dolores, que habian ahogado á un mismo tiempo el crimen de algunos, las faltas y errores de otros, las debilidades de más, y la pureza, y la inocencia, y el patriotismo de un número inmenso de españoles honrados. Poníase fin al espíritu de re-

volucion retrógrada, de fanatismo, de estúpida crueldad, que se habia paseado tanto tiempo por la Peninsula, hollando todos los jérmenes de bien, agostando y
desvaneciendo todas las esperanzas. Ella levantaba la
atmósfera de bronce que nos habia cobijado, enjuga-
ba las lágrimas que corrian de nuestros ojos, restaña-
ba la sangre que se veia brotar de nuestro corazon.
El amor y la dulzura sustituian por ella á la desolacion y al exterminio.

Asi, es inexplicable, con nuestros medios escasos y
limitados, el extraordinario y portentoso efecto que
causó su publicacion. Aquello fue una embriaguez, una
locura de alegria, uno de esos momentos que se escapan á todo análisis, y que dejan descoloridas las mas
fuertes descripciones. Todo salió de su aplomo, todo
se conmovió, todo se entregó al irreflexivo placer de
tan gran movimiento. El partido liberal, las masas
concienzudas y exentas de compromisos politicos, la
juventud libre de las anteriores faltas, todos aplau-
dieron con entusiasmo, todos celebraron con lágrimas
de ternura, el acto que parecia terminar los antiguos
desórdenes y los horrores de la reaccion. Aquel olvido que se proclamaba, miróse como el eterno sepulcro
en donde se iban á enterrar las discordias, como el
velo espesisimo que habia de cubrir lo pasado, para
no volver á traerlo sobre la escena, para no volver á
invocarlo ni á darle vida, nunca, jamás.—Solamente
los carlistas callaban con un silencio amenazador; pero ¿quién recelaba ni se atemorizaba por el silencio
de los carlistas, en aquellos momentos de purisima é
inefable complacencia?

Tal era el resultado, tal el carácter de la Amnistía, para nosotros, pueblo, para nosotros, hombres vulgares, jóvenes sencillos y confiados, ignorantes de los misterios del mal, inexpertos aún en la historia y en las variaciones de las necesidades y los afectos políticos. La apariencia del bien, la rectitud de los propósitos nos llevaban incautamente, sin que nos asaltase el menor recelo acerca de lo futuro. Bastábanos la humanidad y la justicia, para cautivar nuestros corazones; y alejar de nuestra idea aun el menor jérmen de temor. Acostumbrados á tanto mal, respirábamos cuando de él se salia, y queriendo gozar de lo presente, ni veíamos, ni deseábamos ver en lo venidero.—Los hombres políticos, dignos en verdad de ese dictado, á quienes hubiese instruido la experiencia en las miserias de la humanidad, no debian de seguro participar de nuestras ilusiones.

Para ellos no podia ser únicamente la Amnistía ese acto sencillo y sin consecuencia de piedad y de misericordia. Las circunstancias en que se había verificado le daban un carácter, y la hacian preludio de una série de hechos, que no debian considerarse con indiferencia.

Desde mucho tiempo antes hubiera debido Fernando VII, por el interés propio de su causa, dictar un decreto semejante al de 1832. Si se hubiera él considerado como verdadero jefe de todos los españoles; si no hubiera olvidado con repetición esa investidura, para limitarse y gozarse con la de cabeza de un partido; si hubiera tratado de hacer el bien, de extinguir los ódios, de asentar sobre seguras bases la tranquilidad de la monarquía; ninguna duda tiene que se le presentaron muy propicias ocasiones para poner fin al sistema de persecucion ejercido contra los liberales, para hacer de una sola categoría á todos sus súbditos, para abrir las puertas de la patria, con cordura y sucesivamente, á los que habia arrastrado la revolucion, y que emigráran de su pais en 1823. Sin ostentaciones de ningun jénero, que pusiesen en peligro el principio monárquico, sin aparentar que cedia á exijencias poderosas por imposibilidad de resistir su influjo, conservando siempre el papel predominante, aunque sin hacer alarde de contrastes que irritáran; él tuvo en sus manos la facultad de desarmar al bando de la revolucion por medio de justicias y aun de gracias, y el de aniquilarle y anularle por último, no habiendo dejado en el extranjero sino á los que estuviesen cargados con grandes crimenes, los cuales eran bien pocos, ó á los que repeliesen sus actos de bondad, los cuales tampoco habrian sido muchos. Asi, hubiera terminado la emigracion, vencida en jenerosidad como por las armas: asi, el espiritu revolucionario hubiera recibido profundas heridas, á las que no habria podido resistir, como se uniesen sobre todo á los pensamientos de reforma que exijia la marcha de nuestro siglo.

Aun la concesion de una amnistía jeneral pudiera haber sido útil al sistema y al gobierno de Fernando, escojido con oportunidad el instante de otorgarla. Momentos hubo, y muchos, durante su vida, en los cuales aparecia fuerte su poder, segura su dominacion, firmemente asentada contra los embates de todo jénero. Entonces habria sido aquélla una medida completamente saludable para el Estado, sin ser amenazadora ni desastrosa para el Gobierno establecido. Este habria conservado sus relaciones de superioridad, puesto que podia vivir sin el auxilio de los amnistiados, y aun contra sus mismos esfuerzos. La soberania, la direccion, hubieran seguido correspondiéndole.

No era tal la situacion en el tiempo en que se dió la Amnistia. La fuerza del poder real se habia desvanecido con los sucesos de la Granja. Su parte moral yacia en el lecho de Fernando: su parte material habia pasado á las órdenes del bando carlista. El realismo puro y dinástico acababa de aparecer impotente en medio de aquellos dos grandes partidos. Si se habia sobrepuesto al apostólico, si D. Cárlos no reinaba ya en la Peninsula española, debiase al casi milagro de la mejoria del Rey, y á las ofertas, y á los esfuerzos, y á la audacia del bando liberal. Amnistiar á los emigrados, á los encausados, á los proscritos y perseguidos de éste, en aquel instante, no era ciertamente otra cosa que llamarle en ayuda de la monarquia, y contratar con él una muy descubierta alianza. Desde ese punto, no entraban los liberales como perdonados, no se olvidaba el liberalismo; entraban como auxiliares manifiestos, y habia de dárseles parte en el poder, y habia de tenerse consideracion con sus ideas. La Amnistia era su convocacion contra el partido de D. Cárlos: era levantar su estandarte, proclamando tal á la Princesa Isabel.

No se piense que por este juicio condenamos la Amnistia, ni desconocemos la obra de bondad en la au-

gusta Rejente que la decretó. Pudo ésta haber luchado aún, no obstante de que sin éxito en nuestro juicio,
contra los dos bandos activos y fuertes que en aquella
situacion se presentaban : pudo no haber llamado al
espiritu reformista : pudo haber dilatado su convocacion, y haber dejado lejos de la patria á los que
emigraron, y haber hecho sufrir su suerte á los que
jemian en prisiones, aguardando tal vez duras y capitales penas. Desde su aparicion en España se habia recibido á Cristina como al ánjel de la conciliacion, y
ese hermoso renombre no se puede dudar que quiso
ganarlo ella con su decreto del 15 de octubre: las circunstancias hicieron que fuese un acto de alianza, y
no un beneficio puro, lo que se realizó en aquel grande acontecimiento. Pero errarian altamente los liberales que negasen ó no agradeciesen el bien que se les
dispensó, rebuscando hostilmente sus motivos: no los
buscaban entonces los salvados del patibulo, ni los so-
corridos en la miseria. El politico y el historiador se-
ñalarán el carácter de la obra: los que por ella volvian
á su patria, los que por ella obtuvieron su libertad,
serian unos ingratos, si olvidasen alguna vez todo lo
que le debieron.

Dedúcese de cuanto va dicho que si la Amnistia no
era en realidad una revolucion, era por lo menos su
preludio, y echaba los fundamentos de la que habia
de venir. Llamado en masa el partido liberal, y acudiendo sin otro contrapeso que el de una autoridad li-
tijiosa, cual era ya la de la monarquia lejitima, haciase
imposible que dentro de poco no pugnara por establecer el imperio de sus ideas, y que, contento con la tole-

rancia, no aspirase á la dominacion. Ya hemos expues-
to en los capitulos anteriores cómo se habia perdido el
tiempo oportuno de excluir al espiritu revolucionario,
promoviendo el de la reforma, y enlazando indiso-
lublemente con ésta á la juventud que entraba en los
negocios. Llegado el caso de 1833 era imposible enmendar aquella falta, y el liberalismo y el carlismo,
cada uno por su lado, habian de pisotear al espirante
partido de Fernando VII.

De inferir es sin embargo, que los Ministros de la
Rejente que la aconsejaban la Amnistia, ni habian querido ni previsto sus mas necesarias consecuencias. Creyeron indudablemente que satisfecho con aquel acto de
justicia el partido de la reforma, cederia de reclamar
por sus principios liberales, y se prestaria sin otra
condicion á la defensa de una Reina, de quien se encontraba tan obligado. Error grosero, pues se supo-
nia para él que los partidos tienen los mismos afectos
y virtudes que los hombres, y se olvidaba que ni los
ha distinguido nunca la gratitud, ni ha podido conte-
nérseles ganando el interés de las personas que los dirijen. Ellos son ingratos á todo beneficio, como son
lójicos á toda consecuencia: los que quieren hacerles
seguir otro camino, desconociendo sus tendencias naturales, pronto se miran postergados, abandonados,
conculcados tal vez en el progreso que sin medios bastantes quisieron atajar.

El movimiento público, la conciencia jeneral, veian
mas claro que los Ministros en el sendero por donde se
habia entrado. Ellos advertian bien que por alli se caminaba al liberalismo, si por ventura no estábamos ya

en él desde aquel instante. Ellos advirtieron que se
habia trocado la marcha del poder, que eran ya contrarios los que fueran antes amigos, que los perseguidos hasta aquella época pasaban á rodear y á sostener
el trono. Casi todos los que eran realistas de corazon,
los que habian detestado y detestaban el sistema liberal, se agruparon bajo las banderas carlistas: todos los
afectos á novedades, todos los que tenian un principio
reformista en su corazon, se dieron á sí el nombro
de *cristinos*. Comenzaron ya en algunos pueblos lijeras
colisiones, y aun hubo por diversas partes chispazos
de insurreccion hasta contra el mismo nombre del
Rey.

Y todo ello fue instantáneo, y sin conceder al Gobierno ni aun el mas corto respiro. Fuélo tanto, que á
los muy pocos dias del decreto de 15 de octubre, temblaban ya los Ministros delante de su obra, y se veian
obligados á publicar en nombre de la Reina un manifiesto con que se calmase la ajitacion. Pero vanamente
decian en él que jamás se esperaran cambios politicos:
vanamente apellidaban crimenes y amenazaban con se-
veras penas cualquier deseo de reforma: el grande impulso estaba dado, la gran variacion estaba hecha, los
ánimos habian entrado ya en el nuevo camino, los emigrados iban á atravesar el Pirineo, y á tomar posesion
del pais; en tanto que los carlistas se apercibian para
la guerra, y se tenian por seguros de la victoria en la
nueva crisis que para muy pronto amenazaba. No era el
Ministerio de D. José Cafranga, ni la Rejencia accidental de Cristina, los que habian de dominar, de enfrenar, de dirijir la situacion.

Los emigrados iban á entrar, hemos dicho; y esto sólo significaba peligros inmensos, atendido su número, y considerados sus antecedentes. No quiera
Dios que cierren nunca nuestros votos las puertas de
su patria á cualesquiera desgraciados, á quienes puedan lanzar de ella las convulsiones políticas: en estos
tiempos de trastorno y convulsion, todos nos vemos
amenazados de ese infeliz destino. Pero esto no debe
cubrirnos los ojos, para que no advirtamos lo que está patente como la luz. La fatalidad de la emigracion
no solo consiste en los sufrimientos que durante ella
se padecen, sino en la disposicion en que queda el
ánimo despues de esa desgracia. Nada es tan peligroso
para un pais como la vuelta de semejante masa de
hombres, despues de algunos años de forzada ausencia.

No hablamos de todos los emigrados españoles,
porque reconocemos en ellos escepciones honrosas; pero hablamos, sí, de su mayor número, de los que
constituian el núcleo y la jeneralidad de la clase. Al ver
de qué modo habian transcurrido aquellos nueve años de
su vida, no podia menos de temblarse pensando en la
posibilidad de su vuelta. Como en los paises donde se
habian hallado, no cabia que esperasen auxilio alguno
de los gobiernos para los deseos de su imajinacion,
seguiase como cosa natural que sus relaciones se diri-
jiesen á aquella parte del público que ansiaba por las
revoluciones, y que soñaba con la propaganda universal. Ligados en amistad con los radicales ingleses y
los republicanos franceses; conspirando ellos de continuo entre sí para derribar el gobierno español; hó

aqui el aprendizaje y los hábitos que debian distinguir
á los emigrados de la Península, cuando el decreto de
la Reina los llamaba á ser hombres políticos en su
patria. Sin haber aprendido una idea de gobernacion, y
habiendo tomado muchas de trastorno: sin haber olvidado una sola de sus pasiones, antes bien, irritados
con la desgracia y con la pobreza: sin conocer la nueva jeneracion, que en diez años se levantaba lozana y
vigorosa: sin conocer las nuevas necesidades: creyendo que habian llevado los lares y el Estado consigo, y
que consigo, encarnados en si propios, los traian; tales iban á entrar, y aun adornados con el prestijio de
la persecucion, con la diadema del martirio, esas millaradas de personas, que la errónea política del Rey
habia dejado envejecer en el destierro, para su daño
propio, y daño mucho mas inmenso de la nacion.
Repetimos que habia escepciones muy honrosas en la
categoria de que estamos hablando: hombres prudentes, que habian estudiado la indole de los gobiernos;
aplicados jóvenes que traian á su pais la inoculacion
de ajenas literaturas; personas dadas al cultivo de las
ciencias y de las artes, de cuyos trabajos nos podiamos prometer ámplia cosecha de utilidad. Pero todas
estas se reducian á singularidades bien contadas. La
masa de nuestros emigrados era como la de todos los
emigrados del mundo. Todos han sido fatales para los
paises que los vieron nacer; y no teniamos nosotros
motivo ni privilejio para libertarnos de esa ley.

Es necesario decir en alta voz estas verdades, para
que aprendan los pueblos, y entiendan alguna vez los
que los dirijen. La emigracion es siempre fecunda en

infinitos males, del mismo modo mientras subsiste, que despues que se le pone término. La razon lo dice, la experiencia de todos los pueblos lo ha demostrado, la historia que vamos á trazar lo confirmará indestructiblemente. ¿Qué remedio pues contra semejante fatalidad? ¡Oh! uno, no mas que uno; la extincion de las emigraciones, la tolerancia con los desgraciados, la humanidad con los que cayeron, la libertad para todos. No haya pues esas proscripciones jenerales, no se persiga á los partidos enteros, no se obligue nunca á emigrar á centenares de personas. Limítense esas medidas de rigor que lanzan á los ciudadanos de su patria, á lo que fuere estrictamente preciso, y solo por el tiempo en que fuere preciso. Falte la emigracion, en fin, como oficio, como recurso, como necesidad; porque de otra suerte no será posible impedirla que tenga sus naturales resultados. ¡Cuántos y cuán duros no han sido estos en España!

Véase pues, por todo, si era trascendental medida la de la Amnistía, y si daba motivo para pensar á cualesquiera hombres de gobierno.—¡Desgracia de nuestra suerte, consecuencia de haber largo tiempo errado por vias de perdicion: que hasta el bien mismo era fecundo en mal en aquellos instantes, y la obra de la clemencia habia de volverse en contra del Soberano, y en largo perjuicio del reposo público!

Ademas de los hechos que hemos referido, y del cambio jeneral de autoridades, que se continuaba sin intermision, hay otros dos actos de mucho interés que llenan y caracterizan la duracion de aquella breve rejencia. Es el primero la declaracion de nulidad

hecha por el Rey del decreto en que despojaba á sus
hijas de la corona; el segundo, la creacion del Ministerio de Fomento, ordenada por la Reina Cristina.

Aquella declaracion era natural é indispensable.
Pública habia sido la obra de San Ildefonso, arranca-
da al Monarca en los instantes de su agonia. Semejante nulidad, ni podia por un lado ponerse en duda, ni
dejar por otro de ser protestada á la faz de la nacion y
de la Europa entera. Fernando la protestó con el apa-
rato mas solemne que alcanzaron á concebir sus consejeros, en una especie de asamblea de los mas altos
personajes del Estado, y dando al acto cuanta publicidad y aun popularidad cabia en aquellos instantes. La
cédula de 1830 se vió revalidada, si es que necesitaba
de revalidacion: el decreto que la abolia se vió casado
y anulado á su vez, si es que por ventura necesitaba
que se le anulase. A los planes misteriosos de la usurpacion, oponianse las solemnidades de la legalidad; á
las tinieblas del crimen, la luz y la ostentacion y la
protesta del derecho.

La creacion de ese otro Ministerio que acabamos
de indicar era un acto de mas trascendencia, no solo por lo que comprendia en si, sino por el espíritu
que demostraba.

Desde muy antiguo, todo el sistema de la administracion española venir enlazado con el órden judicial.
Su cabeza y su centro se hallaban en el Consejo de
Castilla, institucion anómala que habian creado los siglos, pero que compuesta de majistrados, y dominada
por el espíritu forense, era un tribunal antes que todo, y daba un carácter judiciario á todas sus atribu-

ciones. Su capitalidad provincial estaba tambien casi exclusivamente en los Acuerdos de las Audiencias y Chancillerias, ó bien en los Capitanes Jenerales como Presidentes de aquellas, siguiendo por lo mismo igual espíritu que en la córte. En los pueblos, por último, era jefe de la administracion el Correjidor, Alcalde mayor, ó Alcalde ordinario, persona siempre que tambien reunia el carácter de juez del distrito, y que como juez entendia de ella, y la dirijia y ordenaba. Vése pues que toda la administracion española estaba fundada sobre una base jurídica, esceptuándose solo algunas atribuciones concedidas á los Intendentes, y dominadas por tanto del carácter fiscal, como todas las restantes del litijioso y de la curia.

Cuán opuesta fuese esta organizacion á los buenos principios, y á la satisfaccion de las necesidades sociales, es punto que no compete á la historia demostrarlo. La ciencia de la administracion nos dice que siempre será esta mezquina, insuficiente, contraria á su verdadero objeto, mientras esté dominada por un espíritu tan ajeno de su índole propia y natural.

Esto se habia ya conocido por los autores de la Constitucion de Cádiz, no obstante el atraso que es fuerza reconocerles en materias administrativas. El carácter jurídico no pudo encontrar aprobacion en aquella asamblea; y para caminar abiertamente en la obra, crearon Ministerios especiales, que llamaron de la Gobernacion, y que hicieron entrar, como todos, en el cuadro de su ley política.

Duraron estos Ministerios aún algun tiempo despues de la venida del Rey, porque no fueron de lo anulado por el decreto de Valencia. Pero se habia restablecido el Consejo de Castilla, para ser guarda y archivo de todas las tradiciones, de todos los abusos de nuestros antiguos tiempos; y el Consejo quiso recobrar la administracion, y dirijiria en sus salas, como primitivamente se hiciera; y Fernando VII se la dió, como ellos la pedian, y desbarató los sanos principios que habian sentado las Córtes, al establecer aquellas Secretarias del Despacho.

Nuevamente se restablecieron éstas cuando la revolucion fue victoriosa, y nuevamente volvieron á caer cuando dominó Fernando absoluto. No parecia sino que el Ministerio de la Gobernacion y todas sus dependencias provinciales tenian una índole revolucionaria, incompatible con el gobierno monárquico. La verdad era que se le miraba como principio de una gran reforma; y que el Consejo de Castilla, cuerpo conservador, si jamás lo hubo, de todas las antiguallas de estos reinos, se creia amenazado en su existencia politica, cada vez que se trataba de que el poder ejecutivo administrara la nacion directamente y de por sí.

Grande pues era la obra de 1832, cuando se restablecia ese Ministerio, si bien llamándole con otro nombre. Fomento ó Gobernacion, todo era igual, pues que se procedia de un mismo principio, y se marchaba á un propio resultado. El hecho era que se creaba ese centro de la administracion pública, que se deslindaba ésta, que se la arrancaba al Consejo de Castilla, el cual la tenia convertida en su patrimonio.

El proyecto era digno de una época de reforma y construccion: la nacion entera lo comprendia así, y en ese sentido nacieron los temores y las esperanzas. Claro se veia el espíritu que inspiraba esa creacion, y las consecuencias que necesariamente habian de seguirla. La administracion, que era lo mas descuidado en España, iba á tener un nuevo centro, y á adquirir un nuevo carácter. Forzoso se hacia que pronto tuviese en las provincias sus especiales ajentes: forzoso parecia tambien que pronto comenzase á producir los grandes frutos que produce en otros paises.

Esta esperanza lisonjeó á todos los amantes del bien; pero necesario es confesar que hasta ahora se ha desvanecido en ilusiones. Quizá si se hubiese pensado en ello con vigor y enerjia seis años antes, se habria realizado lo que ha sido imposible despues. Quizá nos hubiera aborrado grandes males ese principio fundamental de todo gobierno. Quizá fue una de las mayores culpas de Fernando, el no haber intentado oportunamente lo que su esposa intentaba respecto á él en 1832.

Mejorado, y aliviado el Rey en su grave, dolencia, aunque sin conseguir un completo restablecimiento, volvió á encargarse, por fin, de la gobernacion de la monarquia. Su venida á Madrid, rodeado de la Reina, de sus hijas, de los nuevos Consejeros que autorizáran su cambio politico, habia sido verdaderamente un triunfo. Era necesrio remontarse hasta 1814 para traer á la memoria escenas de semejante entusiasmo. El partido reformista, aumentado considerablemente desde 1823, y las masas de la poblacion, afectadas y conmovidas por el decreto de Amnistia, se lanzaban á su encuentro con una avidez de gozo y de júbilo, que difícilmente se retrata en la frialdad de las historias. Bello debió de ser aquel dia para Fernando, despues de las angustias de setiembre, al ver trocado en amor el temeroso alejamiento que antes inspiraba, y al poder aguardar que se sentaria al cabo su hija sobre un trono que ya habia visto tan vacilante.

Primero aún de que volviese á tomar las riendas del gobierno, habia llegado tambien el nuevo Presidente del Consejo de Ministros; y de sus resultas se habia organizado el poder, con notables variaciones en los nombramientos de San Ildefonso. Ocupaba ahora el Ministerio de Gracia y Justicia D. Francisco Fernandez del Pino, majistrado de buen concepto, y cuya conducta habia sido enérjica y valiente en aquellos dias de azarosa desolacion. El Jeneral D. José de la Cruz, á quien se habia destituido y perseguido por moderado en 1834, era llamado para el de la Guerra. Por último, el Conde de Ofalia, de quien hemos tenido asimismo ocasion de hablar, y que en la embajada de Paris se habia conducido honrosamente, y prestado servicios importantes á la nacion, entraba á desempeñar el nuevamente creado del Fomento. Siempre habia un abismo profundo entre el nuevo Gabinete y el de Alcudia y Calomarde, que dos meses hacia nos estaban gobernando; apareciendo ademas aquel no tan improvisado como el de la Granja, mas conocedor de los negocios de gobierno, y mas capaz de llevar sobre sus hombros el peso de la administracion pública.

Peso, que se sentia en aquellos instantes gravísimo sobre toda ponderacion. Hemos dicho ya cual era el estado del pais, y con qué cúmulo de dificultades habia de

tropezar cualquier realista honrado que se dedicara á
dirijirla. Los recelos de todos los dias sobre la salud
de Fernando, la firme posicion en que se hallaba asegurado el carlismo, la ajitacion de la Milicia realista,
y el espiritu liberal, bullente con los sucesos de Oporto,
y con los hechos y esperanzas de la Granja, formaban
un conjunto y una situacion, que en nuestra conciencia entendemos muy dificil de haber dominado. El Ministro Zea comprendia todas estas dificultades, y tem-
blaba de ellas, como debe temblar un hombre prudente. Decidido empero á contrastarlas, las unas y las
otras, apoyándose en la réjia autoridad, viósele simul-
táncamente combatir contra los dos espiritus que se
levantaban por ambos lados, y rechazar al uno y al
otro en nombre de la lejitimidad y la moderacion.

Aqui se trató de dar principio al sistema que nosotros hemos propuesto en uno de los capitulos anterio-
y res, como el único digno de seguirse por el Gobierno
del Rey, para haber fundado el bienestar de la nacion,
preparándola á recibir las reformas politicas, que al cabo habian de invadirla y dominarla. Pero este sistema re-
queria, como todos los de templanza, algun espacio de
tiempo en que poder asentarlo, y algunas circunstancias
favorables que ayudasen á su desarrollo. En 1826, en
1828 aún, hubiera hecho nuestro bien: en 1830 habria
sido ya muy dificil: mucho más en 1833, cuando no imposible de todo punto. La fuerza en que se debia fundar
estaba rebajada hasta lo infinito; mientras que aquellas otras que habian de combatirle se levantaban más
en cada momento. No cabia el justo medio intentado,
no cabia la reforma administrativa y el *statu quo* po-

lítico, con un Rey moribundo, y en la espectativa inminente de una lucha dinástica como la que habia de estallar. Las ideas no bastan solas para la gobernacion del mundo, cuando están despojadas de la fuerza; y mucho menos las ideas de calma y moderacion, las que no suscitan las pasiones, las que no conmueven á la muchedumbre.

El ensayo pues era arriesgadísimo, y difícilmente prometia los resultados que se buscaban en él. Podia dilatarse sin duda en tanto que viviese Fernando VII, lo que no seria de seguro mucho dilatar; pero pasado ese término, la razon decia, y la observacion de los hechos confirmaba, que habia de llegar muy pronto el momento de que fracasase. No bastaba para impedirlo el enérjico caráter del Sr. Zea, que llevado de su celo, y poco conocedor de la situacion contemporánea del pais, haciase largas ilusiones, lo mismo acerca de las cosas que acerca de las personas que le rodeaban. Los hechos debian venir muy luego á desengañarle con su irrecusable autoridad.

Pero no anticipemos estos mismos hechos. Nos hallamos aún á fines de 1832, inaugurándose el sistema de la reforma administrativa, conteniendo el liberalismo que ya se veia amenazante, reprimiéndose la faccion carlista, que por todas las provincias brotaba. Un hombre de conciencia y de ilustracion dirijia los negocios públicos; y empeñado en aquella doble lucha, trabajaba por resolver el imposible problema que se habia propuesto. Hagamos justicia á su intencion, aun prediciendo que no se habia de cumplir.

Para hacerla entera, sin embargo, tenemos que

censurar duramente un descuido de su administracion, cuyas consecuencias han sido incalculables, y que jamás hemos podido concebir cómo escapase á su buen juicio. Hablamos de no haber aumentado considerablemente el ejército, desde los primeros dias de 1833.

El ejército español no venia siendo por entonces numeroso. La inutilidad de grandes fuerzas, conocida en nuestro estado normal, la amistad de la Francia, los apuros perenes del erario, y quizá tambien el recuerdo de 1820, todo habia contribuido á mantener escaso el número de tropas regulares. Teníamos una fuerte Guardia real; pero todas las demas clases del ejército se hallaban sumamente reducidas en proporcion.—En cambio, veianse las provincias inundadas de numerosos batallones de Voluntarios realistas, bien armados en su mayor número, organizados por brigadas, y con centros especiales de direccion en las provincias mismas y en la capital del reino. Asi lo habia querido la reaccion de 1823; y lo habia mantenido la política del Monarca y de su Gabinete de los ocho años.

No menos diferentes que en la relacion del número, lo eran tambien, en el espíritu y carácter, el ejército y la Milicia. Háse dicho ya que ésta última se hallaba ocupada por el carlismo, y que era el sosten principal de la faccion apostólica, declarada contra las hijas de Fernando VII. Copia en su naturaleza de la Milicia nacional que creó el poder revolucionario, formada voluntariamente con las pasiones de 1823, mantenida y conservada en ese sistema por todo el periodo que concluia, su fuerza, que era grande, estaba completamente al servicio del bando retrógrado, y solo aguardaba una ocasion oportuna para levantar por él sus banderas, y asentarle en el trono de las Españas. Ese espíritu era público, universal: nadie podia desconocerlo ni aun dudarlo. Se habia manifestado antes de los últimos sucesos, y en esta ocasion acababa de justificarse hasta la evidencia.

El ejército, por el contrario, si bien encerraba algunos carlistas en todas sus clases, no podia decirse animado de semejante espíritu. Pasados los momentos de la reaccion, se le habia organizado bajo una disciplina severa, y se le mantenia con un rigor saludable. Las ideas propias del siglo deslizábanse algun tanto en él; mas era en lo jeneral pasivo y obediente, como conviene que lo sea la fuerza armada. No solo no se habria sublevado por D. Cárlos, sino que con fuerza y con vigor habria combatido sus pretensiones.

á los depositarios de la autoridad del Monarca una doble medida, que no se podia dilatar ni aun siquiera por instantes. Ya que se quisiesen evitar repentinos y grandes trastornos, ya que no se osase desarmar la Milicia realista, era forzoso por lo menos proceder á su espurgo y reorganizacion, limpiándola de los elementos reaccionarios que comprendia, y disponiéndola de suerte que pudiese servir de apoyo al órden público, y á un gobierno moderado y racional. Y al mismo tiempo era forzoso tambien rellenar los cuadros del ejército, levantar su número, fortificar su influencia, amenazar con él á los planes de trastorno, que en uno y otro sentido se preparaban en aquella ocasion. Pues lo que visiblemente nos hallábamos en vísperas de un rompimiento, sumidos ya en una contienda inevitable, necesario se hacia aumentar los medios de que nos pudiéramos valer, ó inutilizar en cuanto cupiese aquellos otros de que se podia valer el enemigo. Estas son ideas tan obvias como naturales, que no cabia dejasen de ocurrir á los que nos gobernaban.

Ignoramos, pues, diremos nuevamente, cómo no se marchó por ese camino con mas resolucion y mas presteza. Ignoramos cómo la reforma de los Realistas, intentada á la verdad por aquel Ministerio, no adelantaba mas apresuradamente en toda la extension del pais; y cómo, mucho mas aún, nò se llamó á las armas una quinta considerable, para doblar por lo menos el efectivo de nuestro ejército de linca. Cuando se contrariaban las ideas que apasionan y mueven á la multitud, cuando se iba á pugnar por un lado con los proclamadores de la libertad, por otro con los de la relijion y de la monarquía Pura, no cabia mas recurso que el de acrecer la fuerza militar, los elementos disciplinados y materiales, que podian sostener la idea del Gobierno, y comprimir ó sus enemigos. ¿Cómo, pues, se descuidó este remedio? ¿Cómo se abandonó la única probabilidad de triunfo, ó siquiera de combate, que se presentaba?

Hé aqui, sin duda alguna, la culpa mas grave que debe echarse en cara á aquel Ministerio. Las discusiones de sistema pueden siempre sostenerse con buena fé, mientras se permanece en un terreno de moderacion, y no cabe condenar por ellas á los hombres públicos, que no han hollado los sentimientos de la jus-

ticia. Pero aqui no censuramos al Sr. Zea en su propósito, por mas que le creyésemos errado ó dificil:
censuramos que no se hubiese valido de los medios que
tenia á su alcance, para obtener su propósito mismo.
Si nuestro ejército hubiera constado de cien mil hombres, si el Jeneral Sarsfield hubiese podido disponer de
treinta mil cuando entró en las provincias vascongadas,
parécenos seguro que la guerra dinástica no se hubiera embravecido, ni se habria prolongado, lo que se
embraveció y prolongó.

Tal vez las ideas personales de Fernando VII impidieron á sus Ministros el seguir una conducta tan sencilla: tal vez se envolvia aquel en ilusiones acerca de
la lealtad de unos, de la suficiencia de otros, del poder de su nombre, de su memoria, de su lejitimidad.
Habia sido tantos años centro, jefe, dominador del
bando realista, que no acababa de figurarse se hubiera de declarar contra él ni contra su descendencia. Si
llevado de esa idea repugnó el desarme de los Voluntarios y el aumento del ejército permanente, caras hubieron de resultar para él y para sus hijas, sus creencias, y mas caras aún para la nacion, que tanto ha sufrido en la horrible lucha de siete años, no bien acabada en estos mismos momentos.—De cualquier modo,
la conducta de sus Ministros es para nosotros censu-
rable, como que infrinjia los mas vulgares preceptos
del sentido comun; y cediesen á él, ú obrasen de propia voluntad, siempre responderán á la historia de su
descuido ó de su aquiescencia. El Ministro que no puede hacer lo necesario, lo mismo bajo los gobiernos
absolutos que bajo los sistemas representativos, de-

bo dejar su puesto, y retirarse de los negocios.

Como quiera que sea, lejos de obtenerse poco á poco la calma que el Ministerio apetecia, lejos de extinguirse sucesivamente la extraordinaria ajitacion que los decretos de octubre habian causado, aumentábase por el contrario cada dia más, y echábase de ver en todo momento cómo se precipitaba la explosion. En casi todas las provincias se encendian fuertes llamaradas, precursoras de un incendio comun. Aqui eran los liberales, ó los agraviados, que perseguian al Conde de España; alli eran los carlistas, que invocaban á Dios y al Infante, y gritaban « muerte » contra Fernando y los negros. Sucedianse por do quier las conspiraciones, y su temor ajitaba casi continuamente á Madrid. Los Coroneles Zumalacarregui y Guergué, el brigadier D. Santos Ladron, el Jeneral Romagosa, y otros muchos de mil categorias, daban que hacer á las autoridades en Galicia, en Castilla, en Valencia, en Andalucia, en Cataluña. Reunianse los Voluntarios realistas en Burgos, en Toledo, en mil partes, y costaba grandes trabajos el impedir que abiertamente se subleváran. El Obispo de Leon, por último, insurreccionaba á los de aquella capital, y era forzoso destinar una division entera para poner término á tales desórdenes, y para obligar al prelado á que se salvase en pais extranjero.

Don Cárlos tambien partia por aquel mismo tiempo hácia Portugal, acompañado de su familia, y de la Duquesa de Beira, madre del Infante D. Sebastian, que mas adelante habia de ser su esposa. La gravedad de los hechos que ocurrian, obligaban ya al Gobierno á

arrostrar este paso, y á tratar al jefe de sus enemigos con alguna dureza. El Rey le habia mirado siempre con deferencia y cariño, y debió sufrir sin duda
en sus hábitos y en su corazon al mandarle salir del
reino; pero la situacion de éste reclamaba ya una medida enérjica. No podia acusarse á D. Cárlos de que
conspirase contra su hermano y Monarca, pues, como
ya hemos dicho, no atentó nunca contra él; pero conspiraba para despues de su muerte, conspiraba contra
su descendencia, ó por mejor decir, no conspiraba,
pues altamente decia no reconocer en ella ningun derecho. El medio adoptado con él era, sin duda, el que
aconsejaba la razon, si bien debieran haberle acompañado algunos otros, mas decididos y eficaces. No bastaba lanzar del pais al jefe de los contrarios: era menester prevenirse para combatir á éstos, y vencerlos.

Otro inconveniente tuvo el destierro de D. Cárlos
á Portugal, nacido de la accidental situacion de aquel
pais. Habia ya algunos meses que D. Pedro el Emperador habia desembarcado en Oporto, para reconquistar el reino de su hija Doña María de la Gloria. Don
Miguel, pacífico señor del Estado, habia corrido á en-
contrarle, y le habia sitiado en aquella ciudad. Sin
fuerzas para salir de ella el primero, sin fuerzas el segundo para conquistarla, permanecian así en una
guerra de nueva especie, en la que solo parecian em-
peñados en vencerse por paciencia los unos á los otros.
La córte de España, única potencia de Europa que
habia reconocido á D. Miguel, afectaba mantenerse
neutral en la lucha de los dos hermanos, si bien era
cierto que dispensaba á ese último todo el peso de sus

simpatías. Pero él, conociendo por instinto lo que conocía todo el mundo, advirtiendo cómo se enlazaba con el liberalismo la causa de nuestra Princesa, viendo en D. Cárlos su compañero de posicion, el representante en España de los principios que él sostenia en Portugal; él, decimos, debia prestarle naturalmente una eficaz ayuda, y favorecerle y confortarle en sus propósitos y en sus trabajos.—Asi, desterrar á nuestro Infante á aquel pais, ó permitirle que por él saliera, venia á ser muy escasa ventaja, para alejarle de la esfera del peligro. Confinante Portugal con muchas de nuestras provincias, abierta nuestra frontera respecto á aquel Estado, lo mismo podia continuar su obra desde aquella linea, que si hubiese seguido en el palacio de Madrid. Aún habia la desventaja de tenerle alli seguro y exento de la autoridad española.

No vieron esta posibilidad los que le enviaban por aquella parte. Creyeron sin duda que D. Miguel se prestaria á cuanto le exijiese la España, cuyo Gobierno le habia antes tan poderosamente sostenido, y le favorecia aún tanto en aquellos momentos. Olvidaron que el poder de España era ya escaso y vacilante, por el hecho de estar en cuestion, mientras que por otro lado debia estar persuadido D. Miguel de que Fernando VII no le abandonaria nunca para abrazar la causa de su sobrina.—Como quiera, D. Cárlos pudo permanecer en Portugal, hostilizando desde alli á nuestro gobierno, hasta que adoptada por éste una nueva politica, invadieron aquel territorio las armas castellanas, y contribuyeron á decidir su suerte en el sentido reformista y liberal.

Entre tanto, el Ministerio español vacilaba dentro de si propio, y pugnaba consigo mismo. Las dificultades de la situacion producian diversidad de pareceres. Opinaba uno por entrar mas de lleno en las reformas: inclinábase otro á contrarestarlas mas enérjicamente: un tercero aparecia partidario de la contemporizacion. Faltaba, en fin, la unidad y el sistema, porque en aquellos momentos era natural la duda, aun profesando idénticos principios: en semejantes casos el carácter particular de las personas las impele por caminos diversos. Al cabo fue forzosa una disolucion, y hubieron de dejar el Ministerio los Sres. Fernandez del Pino, Encima y Piedra, y Ulfóa, que tenian la opinion de mas favorables al liberalismo. Triunfaba el partido enérjico representado por el Sr. Zea Bermudez, y se hacia una lijera reaccion contra el espíritu de concesiones que habia dominado por octubre.

Llegado este caso, y empeñado cada dia más el poder en el sistema que vamos exponiendo, acudióse, como á un nuevo é importante recurso, al juramento de la Infanta Doña Isabel, por Princesa de Asturias, heredera de la Corona. No habia sido comun en nuestros antiguos fastos un hecho semejante; pero no dejaba de tener tampoco algun ejemplo que lo autorizara, ni faltaba razon en este caso para acudir á imitarlo y á seguirlo. Era evidente ya que Fernando no habia de tener mas descendencia, y convenia sin duda que su hija primojénita fuese reconocida y jurada por sucesora de sus reinos. Esa tradicion de nuestras antiguas costumbres, esa magnífica y relijiosa solemnidad, valia ciertamente aún para los altos funcionarios que

iban á concurrir á ella, para los pueblos que iban á
presenciarla, para la Europa que iba á ser su testigo.
La relijion y la politica acumulaban así nuevas sanciones al derecho lejitimo de Doña Isabel, y se estrecha-
ban los lazos que unian la persona de ésta al trono del
imperio español.

No nos compete á nosotros el ser los historiadores
de esta jura, ni el detallar minuciosamente su fastuosa
crónica. Bástenos decir, que el Gobierno y la nacion
compitieron á hacerla ostentosa y solemne. Queriase
herir las imajinaciones en la multitud, y comprometer
á todas las personas influyentes del Estado para el apoyo de la dinastia. Aun quizá, por lo mismo que asalta-
ban el ánimo dudas terribles sobre el porvenir que ya
venia acercándose, se trataba de buscar una fascinacion,
que cubriese aquellos peligros, y que ilusionase con risueñas esperanzas. Al menos, por entonces, se veia á los
diputados del pais reconocer y jurar por su Soberana
futura á la hija del Soberano presente. Tomaba ya en
cierto modo posesion del imperio, y el que de allí adelante osara disputárselo, presentariase mas á las claras
como faccioso ó como traidor.

Faltaban sin embargo el acto y condicion mas importantes para llenar aquel designio. La jura de los
individuos, la de las ciudades, la de los miembros de
la familia real, no tenian tanto valor de circunstancias
como la de un solo Príncipe de ésta. Tal era el reconocimiento y juramento de D. Cárlos. Si él, pretendiente declarado á la corona, jefe del partido apostólico, hubiera doblado su rodilla, y prestado su homenaje á la Princesa Doña Isabel, entonces hubieran que-

dado cumplidos los deseos de la córte, y se habria tenido por segura la sucesion directa en las hijas del
Rey Fernando. Mas esto no podia esperarse de una
persona, escasa en su razon, pero severa en sus principios y en su conducta. No era D. Cárlos hombre, ni
para ceder, en tanto que no le convenciesen, ni para
afectar vasallaje, mientras su razon no hubiese cedido.
Forzoso era hacerle la justicia de que no se conduci-
ria ni con perfidia ni con debilidad.

Mandóle, sin embargo, Fernando VII que recono-
ciese y jurase á su hija por heredera del trono; y
hubo con este motivo una correspondencia oficial que
debe conservar la historia (VI). Con alto y nuble decoro procedió en ella el gobierno español, sosteniendo
enérjicamente las leyes del pais; pero tambien es necesario confesar que D. Cárlos procedia de un modo
igualmente digno, apoyándose en las que él juzgaba
como tales. Adoptado el principio del derecho divino,
negada la intervencion de los pueblos en la transmision de la soberanía, admitida la ley civil como regla
de tales negocios, fuerza es conceder á D. Cárlos, si no
el fondo de la razon, por lo menos largas apariencias.
Y aun combatiendo sus errores, y deplorando su ceguedad, vésele siempre comedido en su debate, y parece constantemente guiado por una rectitud de conciencia que sin duda alguna le honra. Todo hombre
que se conduce desinteresadamente por principios respetables, es tambien él mismo digno de respeto.

No obraba de la misma suerte su partido, ó cuando menos la mayor parte de él. Hombres de interés,

(VI) Véase la nota al fin del tomo.

antes que todo, dispuestos á prestar palabras y á faltar á ellas, segun les conviniera en el instante, viose-les jurar á la Princesa de Asturias, al mismo tiempo que estaban conspirando en su contra. Casi todos los que despues levantaron y acaudillaron el ejército carlista, habian ofrecido su fé y su lealtad á la hija de Fernando VII: algunos de ellos empeñaron á ésto su palabra, por promesas especiales, individuales. Y en el mismo momento en que concurrian á la jura, ó en que volvian de palacio de comprometer su ayuda á la Princesa, estebao conspirando ya para ascatar sobre el trono á su competidor, y se preparaban á ostentar públicamente su versatilidad y su rebeldia.

Por esos momentos se vió el desacuerdo con que se habia procedido, y que hemos indicado nosotros, dejando que el Infante partiese por la via de Portugal. Ya principiaba la guerra abierta con él, y ya establecia él su córte en un pais tan inmediato á nuestras provincias de Occidente, y con el cual mediaban tan intimas y fáciles relaciones. Vanamente se le mandó entonces que acabára de salir de la Peninsula: él lo dilató, lo eludió con mil pretextos, no lo hizo, por mas que so le pedia y se le mandaba. Todo el talento, todos los recursos del Jeneral D. Luis Fernandez de Córdova, ministro de Fernando en Portugal, todos se estrellaron en la voluntad del Infante, que se resolvió desde luego á no partir.

La cuestion, en efecto, era gravisima para él. De continuar en la Peninsula, al lado de los suyos, centro de todos los planes, dispuesto á obrar en cada caso como le conviniese, animando, dirijiendo, condu-

ciendo á sus partidarios; á salir de ella, y morar en
países remotos, tal vez enemigos de su causa, y mal
dispuestos siempre para la realizacion de sus proyectos; de una circunstancia á otra, decimos, íbale quizá
su triunfo, y la dominacion de la monarquía. Francia
ó Portugal eran únicamente buenas situaciones para
él en semejante caso, pero la de Francia no le hubiera
sido permitida, al paso que la de Portugal le estaba
asegurada con una simpatía de corazon. Era ya tarde
para hacerle salir, cuando los Ministros de Fernando
pensaron en ello seriamente. El veia que se aproximaba el momento de obrar, y no habia de ir á separarse de su presa.

Y en efecto, no cabia ya duda en que ese terrible
instante se acercaba. La salud de Fernando era lán-
guida y desfalleciente, sus fuerzas caian, su vida se
escapaba poco á poco. Cumpliase el aniversario de su
ataque anterior, y si le repetia este año, como era de
temer, parecia seguro que ya no pudiese resistirlo.
Iba á llegar la hora suprema para aquel Monarca, que
habia sido ejemplo de tantas vicisitudes, que habia al-
canzado tan diversas fortunas, que habia visto pasar
tantos acontecimientos. Tambien para él se llenaban
los destinos, y tocado el límite de la vida, debia abrir-
se el de la eternidad.—La enfermedad, de hecho, apareció; los momentos corrieron, sin ilesiones, sin esperanza; y el 30 de setiembre de 1833, al año justo de
su acceso, á los diez años justos de su restauracion
como absoluto Monarca, bajó, por fin, á la paz de la
tumba, dejando la herencia de sus reinos á su hija la
Princesa Doña Isabel.

CAPITULO DUODECIMO.

CONCLUSION.

Hemos llegado, en fin, á la historia de Doña Isabel II; y debemos continuar nuestra obra, abandonando ya el sistema de cuadros jenerales, y contando los hechos de este período, cuya narracion ha sido nuestro objeto. Permítasenos, sin embargo, echar aún una postrer ojeada sobre los treinta años que acababan de transcurrir, y terminar nuestras reflexiones acerca del estado de la nacion al advenimiento de la Reina niña. Cuando se ha corrido un espacio extenso y dificultoso, cuando se vá á entrar en una rejion desconocida y llena de peligros, reclama naturalmente el ánimo algunos momentos de detencion, para reconocer el nuevo horizonte, para informarse bien de lo que queda atrás, y para descubrir, si es posible, lo que en aquellos instantes nos amenaza.

Desde nuestro punto de partida, á principios del siglo XIX, hemos visto precipitarse los sucesos y las instituciones con una rapidez semejante á la de un torbellino. Invasiones extranjeras, revoluciones nacionales, trastornos políticos de la mayor importancia, todo ha pasado como un panorama moviente delante de nuestros asombrados ojos. Corriendo más que las generaciones, han atropellado los hechos el juicio y la previsión comun. ¿Cuál era ya el estado de España en 1833? ¿Qué mantenia aún, y en qué se diferenciaba del que hemos trazado al principio de esta obra? ¿Cuál era el destino que predecia, para los que quisiesen observarlo con imparcialidad, juzgarlo filosóficamente, comprenderlo, en fin, con exactitud? ¿Qué era ya el pueblo, qué eran ya los partidos, qué eran el poder y las instituciones sociales, al principio de esta nueva era en que íbamos á lanzarnos?

El pueblo era ignorante y desmoralizado á la vez; los antiguos partidos se movian llenos de irritacion y de facciosas esperanzas; el poder y las instituciones eran frágiles hasta el extremo, sin apoyo moral que los sustentase, sin fuerza material que asegurase su predominio. La sociedad civil estaba relajada en todos sus vínculos: la sociedad política descansaba enteramente en los aires, expuesta á ser llevada por el huracan, que se iba desatando á su alrededor.

Esta mar corriente de acontecimientos humanos, que llamamos la historia del mundo, no procede siem-

pre con una ley fija é invariable. Encuéntranse á las
veces en ella largos momentos de calma, cuando ni
el mas lijero pliegue ajita su superficie: los hay tambien de movimiento conocido y regular, marchándose
apaciblemente por una direccion y á un solo término;
y hállanse, por último, de vértigo y desórden espanto-
sos, animados de una turbulenta ajitacion, en que se
corre por extrañas y desconocidas vias, sin comprender la fuerza que nos arrastra, ni poder acertar el
punto á donde somos llevados. El secreto de tales destinos, el regulador de una marcha tan desigual y tan
diversa, no se han entregado á nuestra pobre razon,
para que los conozca ni los calcule. Un poder mas alto
los guarda en sus misterios, no dejándonos á nosotros,
á pesar de todo nuestro orgullo, mas lote que el de la
admiracion y la resignacion ante sus obras.

Pues abismados en uno de esos torbellinos nos en-
contrábamos desde largo tiempo los españoles. Parecia
que una suerte de maldicion nos sujetaba en él, recha-
zándonos de todos los puntos, donde pudiéramos encontrar calma y reposo. Por dos ó tres veces habiamos creido asirnos á una esperanza de salvacion, y
otras tantas se nos habia lanzado de nuevo entre las
ajitadas olas. El realismo ardoroso de 1814, el constitucionalismo confiado de 1820, habian sido iludidos
de un modo horrible por el gobierno de Lozano de
Torres, y por la libertad de 1822. La tranquilidad material del último decenio, que tan provechosa hubiera
podido ser, para fundar algo con miras de porvenir,
habiase desperdiciado locamente, no extinguiendo ninguno de los antiguos volcanes, y aumentando por el

contrario su número con la formacion del bando apos-
tólipo y carlista, que tan duras pruebas nos reservaba
para muy próximos momentos.

Ominoso y fatal nos habia sido Fernando, desde su
aparicion en la escena política: ominoso y fatal, durante toda su existencia; ominoso y fatal, en el instante
de su muerte. En él se personificaban de un modo
completo la destruccion del antiguo órden y el aborto
de las nuevas doctrinas: el sepulcro de las tradiciones
monárquicas, y el desvanecimiento de las esperanzas
de libertad. Su figura parecia la de un mal Jénio, co-
bijando nuestra atmósfera, agostando nuestra riqueza,
esterilizando nuestro porvenir.

No conocemos en nuestra historia, tan turbulenta,
tan desgraciada, tan llena de azares de toda especie,
como es, un reinado mas hondamente deplorable. Desde Rodrigo, el que perdió á nuestros antepasados en
la batalla del Guadalete; no se encuentran un nombre
ni una época que puedan compararse con su época ni
con su nombre. Asciende al trono, conspirador contra
su padre, en medio de una asonada que huella el poder real; y de seguida entrega la nacion á un soberano estranjero, que amenaza borrarla de la lista de los
Estados. Sublévase el pais por recobrarle y volverle su
corona; y arrostrando una sangrienta lucha, que no
habia tenido ejemplo en los anales del mundo, vé sem-
brarse é inocularse en su seno inmensos jérmenes de
una espantosa disolucion. La vuelta del Monarca es
señalada con un cúmulo de ingratitudes y de ceguedad, que no alcanza apenas á concebir el ánimo. Entre tanto, desgárrase la monarquia hasta en las porce-

siones allende del Océano; y las conquistas de Cortés y de Pizarro se escapan á nuestra dominacion, mientras nos ajitamos en la Peninsula con las mas espantosas convulsiones. A 1814 sucede 1820: á 1822, 1824. El liberalismo y el realismo, que pugnan, son impotentes para todo, escepto para el mal. Ni los unos hombres, á pesar del auxilio del Rey, bastan á hacer gobierno; ni los otros, contrariados por él, pueden asegurar la mas liviana de las libertades. La perversion pasa de los hechos á las ideas: la inmoralidad cunde por todas partes: la crueldad sucede al delirio; y un egoismo desolador se mezcla con las mas desaforadas pasiones. Todos los hábitos antiguos se hallan trastornados, y no se levantan hábitos nuevos que los reemplacen. Todos los excesos, todos los extremos coexisten á la vez, haciéndolo todo posible é imposible. Necesaria y tristisima consecuencia de aquel período: digna y brillante corona del que, si no habia sido el primer culpable, era sin duda el mas alto, el mas constante, el mas influyente, de cuantos habian contribuido á nuestra perdicion.

Puede lamentarse sin duda, pero no cabe estrañar el estado de la nacion española en 1833. ¿Cómo habiamos de encontrarnos despues de tan infelices sucesos? ¿Qué costumbres eran posibles, despues de tanta inmoralidad? ¿Qué templanza, despues de tanto desenfreno en todas las pasiones? ¿Qué ilustracion, despues de tantos años de barbarie? ¿Qué confianza, despues de tantos desengaños? ¿Qué poder reconocido y respetado, despues de tanta revolucion?—¡Oh! Si la perspectiva era horrible, no debemos olvidar cómo y por quiénes se había hecho. El que aborde la historia en aquel punto, sin consultar sus antecedentes, el que salte para llegar á ella los treinta años que acababan de transcurrir, seguro es que no podrá comprenderla: mas el que, por el contrario, hubiese fijado su atencion en esa larga série de grandes conmociones, el que hubiese considerado su carácter, y pesado su influencia, lejos de admirar sus resultados, tendria solo que admirar si no hubiesen sido tales y tan desastrosos como los hémos visto. No diremos nosotros que el mal fuera absolutamente necesario, ni que el bien fuera absolutamente imposible; pero tampoco podemos estrañar que sucediese el primero, ni tampoco que errásemos largamente, sin conocer, sin apercibir, sin aposesionarnos del segundo.

Pediamos en el principio de esta obra, refiriéndonos á los primeros años del siglo XIX, un Ministro siquiera, que decidido enérjicamente por el bien, se hubiese propuesto levantar de su postracion á la monarquia, y afirmar las doctrinas sociales que ya vacilaban. En 1833 no hubiera sido, y no era de hecho, suficiente. La situacion aparecia mas poderosa que los esfuerzos de cualquier hombre, y la situacion estaba enteramente inclinada hácia el mal. Viviamos en un momento de delirante irritacion, que habian hecho tal las condiciones jenerales de Europa, y los sucesos particulares de nuestra patria. El trono lejitimo no tenia fuerza para contener y enfrenar á las facciones, que se levantaban por ambos lados: los partidos eran pujantes: la nacion no se declaraba contra ellos; antes bien los dejaba obrar, con una ignorancia, con una inercia, con una indiferencia desconsoladora. En los últimos momentos tranquilos del reinado de Fernando se había escapado la postrera posibilidad de alguna institucion estable: ya se tocaba á un nuevo dia de lucha, en que el liberalismo, por una parte, y la antigua y caduca monarquia, por otra, habian de continuar su duelo de muerte. Solo despues do récios combates y de una recíproca destruccion, deberia nacer un nuevo órden, propio de nuestro siglo y dotado de alguna vitalidad.

Hemos visto en los capitulos anteriores cómo era el liberalismo poderoso á la muerte del Monarca. El de la emigracion habia sido convocado por la Amnistia; y su mayor audacia, y sus méritos de padecimiento, le ponian desgraciadamente á la cabeza del nacional. Si este segundo se presentaba mas templado, mas desconfiado, menos encendido de pasiones; por eso mismo, á pesar de su número y do su ciencia, habia de verse arrastrado por el otro. Porque pueden á la verdad los hombres prudentes libertarse de la influencia de los exajerados, mas es tan solo separándose de ellos: como se mezclen, y concurran juntos á un fin, como peleen resueltamente por una misma causa, ley es de su naturaleza que los exajerados los arrastren. Esto sucedia ahora con nuestros partidos liberales, cuyas doctrinas distaban largamente en realidad las unas de las otras, y constituian grados muy positivamente diversos. Los emigrados y los conspiradores, que eran los mas ardientes, llevaban en pos de si al antiguo resto del partido, y á la nueva jeneracion, juventud de los diez años, que casi toda, en la clase media de la sociedad, se agregaba á la opinion reformista. Los emigrados y los conspiradores habian de extraviarlos nuevamente, llevándolos á donde ellos no hubieran ido por su propia voluntad.

También hemos indicado con repeticion el poder y la fuerza de las filas contrarias. Los antiguos principios de la monarquia, aunque decadentes como acabamos de decir, gozaban sin embargo de bastante vigor en las clases inferiores. Habiasèles apasionado con empeño en aquel periodo, habiasèles dado fuerza material que desplegasen; y de hecho, la desplegaban en estos instantes de conflicto. Los conventos, las oficinas públicas, la Milicia realista, eran otros tantos focos de accion, otras tantas esferas de enérjica actividad, que debian poner en combustion el Estado. Cuanto se habia hecho contra ellos en el año último bastaba para irritar su cólera, pero no bastaba para hacerlos impotentes. Ellos mordian con impaciencia el freno del Monarca moribundo, y se preparaban á arrojar la máscara, y á proclamar su verdadero deseo en el momento de una favorable ocasion. Y tambien entre ellos debia seguirse la misma regla que en sus adversarios, de que los mas ardientes comprometieran y arrastraran á los mas recelosos; porque la ley de la lucha es igual entre los hombres de todos los partidos, y no la excusan por cierto ni los mas numerosos ni los mas populares.

Quedaban los hombres de un medio entre ambas facciones, los que eran realistas y reformistas á la vez, los que no amaban el absolutismo y detestaban la revolucion, los que hubieran deseado conservar la monarquia y marchar por el camino de las mejoras. Esos bombres, que temblaban igualmente de los excesos, de las doctrinas, de las tendencias de los puros realistas y de los puros liberales, ocupaban, es verdad, la gobernacion del Estado, pero la ocupaban sin fuerza de ningun jénero, en que apoyar y sustentar su obra. Su número era escaso, porque son raros los escépticos en las épocas de pasion y de lucha, cuando van á principiar las borrascas: su decision era por lo jeneral fria y vacilante, porque no es esa doctrina razonadora la que arrastra á los hombres en momentos de peligro: su prestijio y su influencia eran mas escasos aún, porque siempre lo son los de fórmulas complicadas, los de consideraciones que no pueden encerrarse en una de esas palabras eléctricas, que arrebatan los espiritus, y llevan las masas en pos de sí. Faltábales el poder del Rey, con el que hubieran podido conseguir grandes cosas: faltábales, cuando menos por escaso, el poder militar, con cuyo auxilio hubieran sostenido la lucha: era ya tarde para ganar en su apoyo á la juventud, que quizá, conquistada de antemano, les hubiera sido un útil elemento, pero que se afiliaba cada dia más en las ideas liberales, y que pugnaba por apresurar la realizacion de unas reformas no preparadas aún convenientemente.

Tal era la situacion de los partidos á la época que examinamos. De los dos que merecian este nombre, el uno queria perpetuar lo imposible, mientras que el otro corria á una obra necesaria aunque prematura: ¡irritados ambos, enconados ambos, poseídos de desolacion y de venganza, preñados de guerra y exterminio. El tercero parecia abstractamente superior, por-

que ostentaba las condiciones de la prudencia , y po-
seía en aquellos instantes el gobierno; pero ni merecia en verdad ese nombre de partido , compuesto solo
de algunas personas desengañadas , sin influjo ni poder individual, ni contaba por otra parte con ninguna
de las condiciones precisas para sostenerse en un pais
ajitado , ni para imprimirle el movimiento que hacia sus ilusiones. Esto era de seguro el sistema mas ir-
realizable de todos; este era el que no podia durar ni
un solo momento, careciendo hasta de las personas
mas indispensables para ponerle en práctica. Verdadera utopia á la sazon , condenada desgraciadamente á
presentarse como tal, y á sucumbir bajo los golpes ó
bajo las exijencias del realismo y del liberalismo puros.

Pues si tal era la situacion de los elementos políticos, considerados en sí propios, y no atendiendo aún
á las desventajas del sexo ni de la menoria, que iban
á acrecentar sus inconvenientes; no la encontraremos
mas satisfactoria por lo tocante á los principios relijiosos, que tambien quedan señalados como uno de los
fundamentos seculares de nuestra España , y que tan
hondamente habiamos visto conmoverla algunos años
antes, cuando se le exaltó y se le hizo tronar contra
la invasion napoleónica. Las creencias, las tradiciones,
los hábitos de ese principio capital en nuestro suelo,
habian sufrido largas modificaciones en estos últimos
veinte y cinco años. Sobrepuestas las ideas extrañas á
las propias de nuestro pais, arraigadas en las altas y
medias clases de la sociedad, pugnando y extendién-
dose mas cada dia, merced al abandono ó á la ignorancia de los que debieran impedir su progreso; no

eramos ya de seguro los españoles lo que en esa linea habian sido nuestros padres, ni podia contar ningun gobierno con el antiguo lazo de este poder, para enfrenar en sus deberes á los que hacia olvidarlos la ajitacion politica. La escuela enciclopédica por un lado, con su ódio y su furor contra la Iglesia romana, y el nuevo escepticismo de la indiferencia por otro, ejercian en donde quiera un triste y desastroso influjo. El cristianismo se conservaba sin duda en las entrañas de la sociedad; pero habiase extinguido el celo y el ardor de otras épocas, y lánguido, y desfalleciente, no podia ni obrar los prodijios, ni remediar los males, que en diferentes ocasiones habia ejecutado y remediado.

Una parte de culpa tenian en esta situacion los propios ministros de nuestra Iglesia. No habian sabido ellos, jeneralmente, conservarla en la esfera alta y purisima que la corresponde. Por lo comun eran ignorantes para defender su razon contra las razones del mundo; y ademas habian querido hacerla servir en beneficio de malas pasiones y de bastardos intereses. Consecuencia de ello no podia menos de ser el descrédito de instituciones santas y respetables. Asi, lo mas alto que hay en la tierra, porque tiene su base y su principio en el cielo, era traido como un arma vulgar á las luchas de unos y otros bandos; y perdida la adoracion, haciase litijioso hasta ese lejitimo poder, donde tiene su cimiento todo lo que es invariable y necesario en la sociedad.

Véase pues el estado politico de la España á la muerte de Fernando VII. El derecho de la corona duduso: la antigua monarquia y la revolucion en pre-

sencia : mas que verdadera relijion, una lucha activa
de indiferencia y de fanatismo; y en medio de todo un
Gobierno débil, que queria no inclinarse ni al uno
ni al otro lado, al frente de los negocios públicos. Por
heredero del Monarca una niña acabada de nacer; y
á la cabeza del partido realista, el pretendiente Don
Cárlos, asentando su córte y sus reales en la frontera
de Portugal. Una guerra de sucesion y una lucha
política abocadas de un momento á otro: en litijio la
dinastia, y en litijio la Constitucion del pais.—Eche-
mos ahora una ojeada, para apreciar conpletamente
la situacion, sobre las potencias de Europa, que podian tener relaciones con nuestro destino.

1 No era tampoco idéntico el estado de éstas al que
habian tenido en 1823, cuando nuestra precedente revolucion. La ocurrida en Francia en 1830 habia notablemente alterado el órden político de esta parte del
mundo. Deshízose á su golpe la alianza jeneral de
1815: las ideas revolucionarias volvieron á ocupar un
alto puesto; y el movimiento, que habia sido universal de reaccion contra ellas, volvió á serlas otra vez
propicio y favorable. La primera rama de la dinastia
borbónica expiaba en un destierro sus errores; y el
golpe de su caida se habia hecho sentir largamente
por donde quiera en las entrañas de los pueblos. Todo
el mundo se habia conmovido, todos los tronos habian
bian vacilado, todos los paises habian sufrido con
aquella eléctrica ajitacion.

Ya hemos apuntado en alguno de los capitulos anteriores, como experimentára tambien nuestra patria
un rechazo de aquella gran sacudida. Malogrado ma-

l rialmente, segun queda visto, no dejaba sin embargo de influir en el órden moral, para la situacion á que veniamos ahora. El ejemplo es contajioso aun más de lo que vulgarmente se cree en las materias politicas; y cuando corona el éxito los esfuerzos de un partido que se levanta, bien pueden recelar y temblar los que se ocupan en comprimir á otros partidos semejantes al victorioso.

La desgracia de nuestros emigrados no alcanzó en aquellos momentos á los que invadieron el Portugal. Hemos dicho tambien los principios de esta guerra; hemos dejado á D. Pedro en Oporto, y á D. Miguel hostilizándole delante de sus muros. Unos y otros agotaban allí sus fuerzas en una contienda estéril. La amistad de la España era el verdadero sosten del bando miguelista, y contrarestaba los jérmenes revolucionarios que hacian valer sus rivales; pero esa amistad debia terminarse dentro de poco, y el momento en que ella le abandonára, debia ser sin duda el último para el jóven inconsiderado y feroz, que habia escandalizado con sus escesos á todas las naciones de Europa.

Tambien se habia conmovido la Italia al terrible golpe de la revolucion francesa: las Legaciones romanas habian sacudido el poder de la Santa Sede, y las orillas del Pò repitieron los clamores que triunfaban mas allá de los Alpes. Pero el Austria habia echado resueltamente su poder en la balanza de esta lucha, y no obstante el pabellon tricolor que ondeaba en Áncona, sujetaba y comprimia el liberalismo de aquella peninsula, resuelta á no concederle tregua ni descanso. Asentada fuertemente en Venecia y en Milan, concortada con Turin, con Florencia, con Nápoles, con Roma, permitía bien que se tratase de mejoras materiales en toda aquella órbita de que era centro, pero de ningun modo dejaba esperanza para el menor cambio político al espíritu italiano y liberal, tan extendido ciertamente desde Ginebra hasta la mar de Messina. El Austria no habia querido hostilizar á la revolucion francesa, la habia respetado, habia tratado con ella, desde que advirtió en el gobierno de julio un verdadero abandono de la propaganda democrática; pero organizada y armada para la lucha, colocada en inexpugnables posiciones, resuelta á mantener la conservacion jeneral, presentábase como núcleo y fundamento de una gran pirámide absolutista y católica, cuya base estaba en el Danubio, y su cúspide en el centro del Mediterráneo. No se extenderia la política austriaca á otras mas distantes rejiones, sino con sus simpatias y sus consejos; mas ella dominaba en las dos vertientes de los Alpes, que son casi siempre los campos de batalla en las cuestiones europeas, y los guardaba decididamente contra el espíritu invasor del Occidente y del Mediodía. Ella podia tambien guardarlos con mas ventaja que ninguna otra potencia, moderada por lo jeneral, prudente en sus propósitos, y compensando con una una administracion suave, paternal, tradicional, la falta de progreso en las ideas, que es una de las condiciones que distinguen y arrastran nuestro siglo.

Al norte de esa esfera del poder austriaco, en las órbitas de accion de los gobiernos de Rusia y de Prusia, habia sido la conmocion mas violenta, y las re-

sukados ò mas sangrientos ó de mayor interés. El pueblo polaco acababa de hacer un esfuerzo do jigante
para reconquistar su independencia: el pueblo belga
habia recobrado la suya. Las màrjenes del Vistula y
las orillas del Escalda resonaban aún con el grito popular y con el cañon de Bruselas y de Varsovia: la revolucion habia luchado en ellas á brazo partido, si
con diferente fortuna, contra los sistemas politicos que
venian en posesion del poder. Desigual la suerte, acababa de coronar el intento de los belgas, al mismo
tiempo que condenaba el de los polacos; pero seguia
aún el estremecimiento en uno y otro punto, y duraban los grandes latidos de una sociedad, que salida de
su centro, y conmovida extraordinariamente, no podia volver á su gravedad y aplomo sino despues de
largas oscilaciones.

Hasta los mares habia pasado el impulso de la revolucion de 1830, y hasta en el antiguo gobierno de
la Gran-Bretaña se habia hecho sentir la influencia do
su accion. Habiase apresurado á saludarla el Ministerio tory de Lord Wellington, proporcionándole así
la estabilidad y mesura que traen consigo una situacion reconocida; mas la ajitacion de los ánimos que
fue su necesaria consecuencia, produjo de allí á poco
la caida de aquel Gabinete, y levantando al poder el
de Lord Grey, puso principio y fundamento á la reforma parlamentaria. Asi se llenaba un círculo, previsto de antemano por los hombres observadores del
movimiento social: la teoria representativa deducida
de Inglaterra, sacada de sus hábitos, de sus costumbres, volvia á su mismo orijen convertida en doctrina

filosófica, para modificar á su vez los propios hechos que la habian dado ocasion y principio. Nacida de un pais y de un sistema aristocrático, venia al cabo de medio siglo de correr la Europa, á modificar esa misma aristocracia, y á dar un triunfo casi inesperado a las ideas populares. La reforma inglesa, que ponia las bases de un gobierno distinto á el que se habia tenido hasta alli en los tres reinos, era la hija lejitima de esa Revolucion francesa, vencedora en julio, que inundaba la Europa con sus ideas, ya que no la invadiese con sus armas.

En cuanto á la Francia misma, habiase vacilado largamente en ella sobre el sistema que se deberia seguir, y habiase estado sin duda á punto de romper con los gobiernos extraños, y de comenzar una série de guerras semejantes á las de 1793. Los primeros hombres que se pusieron al frente de la Revolucion victoriosa, ni obraban con acuerdo entre si, ni sabian que querer en punto á politica extrangera, en la dudosa situacion en que se encontraron. Mientras les duró la incertidumbre de ser reconocidos por las potencias de Europa, fomentaron, ó dejaron fomentar las esperanzas de los revolucionarios de todos los paises, y les prometieron, ó les dejaron prometer los auxilios que necesitasen, para trastornar por todas partes las monarquias. Ellos contribuyeron mas ó menos directamente, ó con sus obras ó con su complicidad, á la invasion de España en 1830, á la sublevacion de las Legaciones del Estado romano, á las insurrecciones de Varsovia y de Bruselas. O querian rodearse de paises gobernados revolucionariamente; ó querian imponer y embarazar á los Soberanos de esos paises; ó, lo que es mas probable de todo, habia quienes quisiesen lo primero, llevados por sus principios, y quienes quisiesen lo segundo, conducidos por su interés.

Reconocida la Revolucion por todos los Estados, faltó ya uno de esos motivos al alimento de la propaganda que se promovia, y el gobierno francés se declaró contra ella. Entonces, ya se invocó solamente el principio de no intervenir las unas potencias en los negocios de las otras; y ese principio fue el proclamado como regla absoluta, y como universal fundamento político del nuevo derecho internacional de los Estados europeos.

La paz, sin embargo, entre los antiguos gobiernos y la Revolucion francesa continuaba insegura y vacilante: comprometiala la política interior de este pais, y hallábase expuesta á cada momento, bajo el Ministerio presidido por Mr. Lafitte. El advenimiento de Casimiro Perier, y su triunfo definitivo en la Cámara, fueron los que fundamentalmente la aseguraron. La Francia manifestó que no hostilizaria á los Reyes; y los Reyes á su vez comenzaron á mirar con menos enemistad y menos odio, aunque no sin prevenciones ni desconfianza, á la nacion francesa. Creyóse en la paz, no obstante de que todas las potencias permaneciesen armadas todavia, y aunque aquella hubiese hecho ocupar á Ancona, y acometido y conquistado la ciudadela de Amberes. Creyóse en la paz, que era verdaderamente una tregua, por lo mismo que se habian transijido grandes dificultades, y no se habia humillado á ninguna de las altas potencias comprometidas en su éxito,

Pero esta situacion no excluia ni encontrados ni apasionados afectos, en cada una de las dos hermandades europeas. Al cabo, las doctrinas del poder absoluto dominaban en Viena, en San Petersburgo, y en Berlin; mientras que las del poder revolucionario reinaban en Paris, y las del nuevo poder parlamentario reinaban en Lóndres. Unas y otras se hallaban en estado de viva irritacion, necesaria consecuencia de los sucesos que acababan de pasar. Unas y otras conocian, como conocen aún, que nos hallamos en momentos de lucha, que se desenvuelve una crisis universal política, que toda la voluntad de los gobernantes no puede impedir el que éstas marchen á la conquista y al dominio del mundo, y el que aquellas pierdan la posesion, y queden solo relegadas como memoria de lo que fueron. Las primeras revolvian su vista por todas partes con recelo y con desconfianza: las segundas unian á ese mismo recelo el ímpetu propio de su novedad y de su triunfo. Las primeras se azoraban á la menor idea de cambio, aun el mas inocente; las segundas se congratulaban de toda variacion, creyendo ver en ella un espíritu semejante á su espíritu. Si esos grandes Estados no se guerreaban entre sí, guerreábanse en la influencia de los demas pueblos europeos, y pugnaban por extender ó asegurar en las demas naciones el sistema político que les era propio. La España, por su importancia, que siempre es grande, aun á pesar de esa decadencia que la consumo, por su posicion en este y en el Nuevo-Mundo, que es ciertamente de privilejio, por su vecindad á la nacion francesa, vulnerable en su Mediodia únicamente por nosotros; la España era codiciada del uno y del otro partido, del uno y del otro sistema, de la una y de la otra hermandad.

Hé aquí cómo era importante ese estado de la Europa para nuestros negocios domésticos, cuando llegó la muerte de Fernando. Había seguido éste sin vacilar en su último periodo la política austro-rusa, y aún había llevado en ella la delantera á las demas naciones, reconociendo, único en Europa, el gobierno de D. Miguel. Ahora que él expiraba, ahora que la Península iba á encontrarse sumida en tanta division, ahora que los sistemas de la revolucion y de la monarquía iban á pugnar duramente; ahora se reunia tambien á todo ello, esa lucha declarada de espíritu y de influencias, que ardia entre los principales Gabinetes de Europa. Ahora existia esa separacion fundamental, esa diverjencia profunda, esa enemistad latente, pero verdadera, que habia de arrojarse sobre nuestros negocios, para encrudecerlos más, é inflamar aún por ambos lados lo que por sí propio era tan inflamable.

Con tal situacion del país, con tal situacion de la Europa, ascendió al trono de su padre Doña Isabel II: con tales auspicios de todo jénero se inauguró el gobierno de María Cristina. Fernando se lo habia legado por su testamento, acompañándola de un Consejo extraordinario, con el que debia consultar en los puntos árduos de su administracion. El país, que por lo jeneral habia mirado satisfecho su primer rejencia, la que ejerciera durante la enfermedad de su esposo, auguró bien de esta segunda, de esta mas larga é importante, en que iba á desempeñar la autoridad de su hija. Los partidos la prejuzgaron como convenia á sus ideas. La verdad es que entrábamos en aquel instante en un periodo azaroso, en el que se podían esperar los acontecimientos mas graves é impensados. La verdad es que la prudencia humana tenia delante de si inmensos motivos para recelar de nuestra futura suerte. La verdad es que se llegaba á uno de esos momentos, en que se rompe el lazo que tiene sujetas á las naciones en una situacion, en un punto, ya insostenibles; y en que ruedan como sin ley en medio de los huracanes, hasta que vuelven á encontrar su centro, y se enlazan nuevamente en el órden regular, y en la marcha comun de los acontecimientos humanos.

NOTAS DEL LIBRO PRIMERO.

I.

(Pájina 31.)

La causa que se formó en 1807 por órden del Rey Cárlos IV con motivo de los sucesos del Escorial, debia contener singulares documentos. Recojida, y destruida despues, por órden de Fernando, no ha quedado de estos sino alguna incompleta recordacion, ya en la Historia del Sr. Conde de Toreno, ya en las Memorias del Príncipe de la Paz, ya en algunos otros escritos, que han recojido particularidades de aquella época. Nosotros vamos á copiar solamente parte de uno, que justifica á nuestro entender todo lo que decimos en el texto, y que creemos no será conocido de la mayor parte de nuestros lectores.

Este es una carta que se encontró en poder de Fernando, escrita toda de su letra, cerrada ya, pero sin sobrescrito ni direccion. En ella decia el Príncipe á alguno de sus parciales: «que se habia empapado bien en la gloriosa «vida de San Hermenejildo, y que llegado el caso sabria «tomar el mismo esfuerzo de aquel Santo para combatir «la justicia; pero que *no teniendo vocacion de mártir,* *queria de nuevo asegurarse,* y exijia se le dijese si es- «taba todo bien dispuesto y concertado para el caso en «que surtiendo mal efecto el escrito que iba á dirijir al

« Rey, se tratase de oprimirle: que si tal cosa sucediese, se
« hallaba decidido á rechazar la fuerza con la fuerza, y se
« sentia animado de un impulso mas que humano, que no
« podia venir sino del Santo mártir, á quien habia tomado por
« patrono: que se mirase bien si los que se ofrecian á sos-
« tener su causa estaban firmes: que se tuviesen prontas
« las proclamas, y que se hallase todo listo á prevencion,
« para el momento en que avisase que la exposicion se ha-
« bia entregado..... Encomendaba mucho que si llegaba el
« caso de que fuese necesario un movimiento, se dirijiese
« de tal modo que la tormenta amenazase solamente á Sis-
« berto y á Gosuinda: que á Leovijildo la ganasen con ví-
« tores y aplausos, y que una vez las cosas puestas de es-
« te modo, se prosiguiese obrando con firmeza, hasta lo-
« grar el triunfo entero, y afirmarlo para siempre.»

Esto no necesita comentarios.

II.

(Pájina 77.)

He aquí el decreto del 4 de mayo en Valencia.

«Desde que la divina Providencia , por medio de la renuncia espontánea y solemne de mi augusto padre , me puso en el trono de mis mayores, del cual me tenia ya jurado sucesor el reino por sus Procuradores juntos en Córtes, segun fuero y costumbre de la nacion Española usados desde largo tiempo ; y desde aquel fausto dia que entré en la capital, en medio de las mas sinceras demostraciones de amor y lealtad, con que el pueblo de Madrid salió á recibirme , imponiendo esta manifestacion de su amor á mi real persona á las huestes francesas, que con achaque de amistad se habian adelantado apresuradamente hasta ella, siendo un presajio de lo que un dia ejecutaria este heróico pueblo por su Rey , y por su honra , y dando el ejemplo que noblemente siguieron todos los demas del reino ; desde aquel dia , pues , puse en mi real ánimo, para responder á tan leales sentimientos, y satisfacer á las grandes obligaciones en que está un Rey para con sus pueblos, dedicar todo mi tiempo al desempeño de tan augustas funciones, y á reparar los males á que pudo dar ocasion la perniciosa influencia de un valido, durante el reinado anterior. Mis pri-

nuevas manifestaciones se dirijieron á la restitucion de varios
Majistrados, y de otras personas á quienes arbitrariamente
se habia separado de sus destinos; pues la dura situacion
de las cosas, y la perfidia de Bonaparte, de cuyos crueles
efectos quise, pasando á Bayona, preservar á mis pueblos, apenas dieron lugar á más. Reunida allí la real familia, se
cometió en toda ella, y señaladamente en mi persona, un
tan atroz atentado, que la historia de las naciones cultas
no presenta otro igual, asi por sus circunstancias, como
por la série de sucesos que allí pasaron; y violado en lo
mas alto el sagrado derecho de jentes, fui privado de mi
libertad, y de hecho del gobierno de mis reinos, y trasladado á un palacio con mis muy amados hermano y tio,
sirviéndonos de decorosa prision casi por seis años aquella estancia. En medio de esta afliccion siempre estuvo presente á mi memoria el amor y lealtad de mis pueblos, y
era gran parte de ella la consideracion de los infinitos males á que quedaban expuestos, rodeados de enemigos, casi
desprovistos de todo para poder resistirles, sin Rey, y sin
un gobierno de antemano establecido, que pudiese poner
en movimiento, y reunir á su voz las fuerzas de la nacion, y dirijir su impulso, y aprovechar los recursos del
Estado, para combatir las considerables fuerzas, que simultáneamente invadieron la Península, y estaban pérfidamen-
te apoderadas de sus principales plazas. En tan lastimoso
estado, expedí, en la forma que, rodeado de la fuerza lo
pude hacer, como el único remedio que quedaba, el decreto de 5 de mayo de 1808, dirijido al Consejo de Castilla, y en su defecto á cualquier Chancillería ó Audiencia
que se hallase en libertad, para que se convocasen las Córtes, las cuales únicamente se habrian de ocupar por el
pronto en proporcionar los arbitrios y subsidios necesarios
para atender á la defensa del reino, quedando permanentes para lo demas que pudiese ocurrir; pero este mi real

decreto por desgracia no fue conocido entonces, y aunque
lo fue despues, las provincias proveyeron, luego que llegó
á todas la noticia de la cruel escena en Madrid por el Jefe
de las tropas francesas, en el memorable dia Dos de Mayo, á un Gobierno, por medio de las Juntas que crearon.
Acaeció en esto la gloriosa batalla de Bailen; los franceses
huyeron hasta Vitoria, y todas las provincias y la capital-
me aclamaron de nuevo Rey de Castilla y Leon, en la for
ma que lo han sido los Reyes mis augustos predecesores.
Hecho reciente, de que las medallas acuñadas por todas partes dan verdadero testimonio, y que han confirmado los
pueblos por donde pasé á mi vuelta de Francia, con la
efusion de sus vivas, que conmovieron la sensibilidad de
mi corazon, adonde se graberon para no borrarse jamás.
De los diputados que nombraron las Juntas se formó la
Central, quien ejerció en mi real nombre todo el poder de
la Soberanía, desde setiembre de 1808 hasta enero de 1810,
en cuyo mes se estableció el primer Consejo de Rejencia,
donde se continuó el ejercicio de aquel poder hasta el dia
24 de setiembre del mismo año; en el cual fueron instaladas en la Isla de Leon las Córtes llamadas jenerales y extraordinarias, concurriendo al acto del juramento, en que
prometieron conservarme todos mis dominios, como á su
Soberano, ciento cuatro diputados, á saber, cincuenta y
siete propietarios, y cuarenta y siete suplentes, como consta del acta que certificó el Secretario de Estado y del Despacho de Gracia y Justicia, D. Nicolás Maria de Sier-
ra. Pero á estas Córtes, convocadas de un modo jamás
usado en España, aun en los casos mas árduos, y en los
tiempos turbulentos de minoridades de Reyes, en que
ha solido ser mas numeroso el concurso de Procuradores
que en las Córtes comunes y ordinarias, no fueron llamadas los Estados de Nobleza y Clero, aunque la Junta Central lo habia mandado, habiéndose ocultado con ar-

te al Consejo de Rejencia este decreto, y tambien que la
Junta se habia asignado la presidencia de las Córtes, prerogativa de la Soberanía, que no habria dejado la Rejencia
al arbitrio del Congreso, si de él hubiese tenido noticia.
Con esto quedó todo á disposicion de las Córtes, las cuales, en el mismo dia de su instalacion, y por principio
de sus actas, me despojaron de la Soberanía, poco antes
reconocida por los mismos diputados, atribuyéndola nomi-
nalmente á la nacion, para apropiársela á sí ellos mismos,
y dar á esta despues, sobre tal usurpacion, las leyes que
quisieron, imponiéndola el yugo de que forzosamente las
recibiese en una Constitucion, que sin poder de provincia,
pueblo ni Junta, y sin noticia de las que se decian ser
representadas por los suplentes de España ó Indias, esta-
blecieron los diputados, y ellos mismos sancionaron y publicaron en 1812. Este primer atentado contra las prerogativas del trono, abusando del nombre de la nacion, fue como la base de los muchos que á este siguieron; y á pesar
de la repugnancia de muchos diputados, tal vez del mayor
número, fueron adoptados y elevados á leyes que llamaron
fundamentales, por medio de la gritería, amenazas y violencias de los que asistian á las galerías de las Córtes, con
que se imponia y aterraba, y á lo que era verdaderamente
obra de una faccion, se le revestia del especioso colorido
de voluntad jeneral, y por tal se hizo pasar la de unos
pocos sediciosos, que en Cádiz, y despues en Madrid, oca-
sionaron á los buenos cuidados y pesadumbres. Estos hechos son tan notorios, que apenas hay uno que los igno-
re, y los mismos diarios de las Córtes dan harto testimonio de todos ellos. Un modo de hacer leyes tan ajeno de
la nacion española dió lugar á la alteracion de las buenas
leyes, con que en otro tiempo fue respetada y feliz. A la
verdad, casi toda la forma de la antigua Constitucion de
la monarqola se innovó, y copiando los principios re-

volucionarios y democráticos de la Constitucion francesa
de 1791, y faltando á lo mismo que se anuncia al principio de la que se formó en Cádiz, se sancionaron, no leyes
fundamentales de una monarquía moderada, sino las de un
gobierno popular con un Jefe ó Majistrado, mero ejecu-
tor delegado, que no Rey, aunque allí se le dé este nombre, para alucinar y seducir á los incautos y á la nacion.
Con la misma falta de libertad se firmó y juró esta nueva
Constitucion, y es conocido de todos, no solo lo que pasó con el respetable obispo de Orense, pero tambien la pena con que á los que no la jurasen y firmasen se amena-
zó. Para preparar los ánimos á recibir tamañas novedades,
especialmente las respectivas á mi real persona y prerogativas
del trono, se circuló por medio de los papeles públicos, en
algunos de los cuales se ocupaban diputados de Córtes, y abusando de la libertad de imprenta establecida por estas, hacer odioso el poder real, dando á todos los derechos de la
Majestad el nombre de despotismo, haciéndose sinónimos
los de Rey y déspota, y llamando tiranos á los Reyes, habiendo tiempo en que se perseguia á cualquiera que tuviese firmeza para contradecir, ó siquiera disentir de este
modo de pensar revolucionario y sedicioso; y en todo se
aceptó el democratismo, quitando del ejército y armada, y
de todos los establecimientos que de largo tiempo habian
llevado el título de reales, este nombre, y sustituyendo el
de nacionales, con que se lisonjeaba al pueblo: quien á
pesar de tan perversas artes conservó con su natural lealtad, los buenos sentimientos que siempre formaron su carácter. De todo esto, luego que entré dichosamente en el
reino, fuí adquiriendo fiel noticia y conocimiento, parte
por mis propias observaciones, parte por los papeles públicos, donde hasta estos dias con imprudencia se derra-
maron especies tan groseras é infames acerca de mi venida
y de mi carácter, que aun respecto de cualquier otro serian

muy graves ofensas, dignas de severa demostracion y castigo. Tan inesperados hechos llenaron de amargura mi corazon, y solo fueron parte para templarla las demostraciones de amor de todos los que esperaban mi venida, para que con mi presencia pusiese fin á estos males, y á la opresion en que estaban los que conservaron en su ánimo la memoria de mi persona, y suspiraban por la verdadera felicidad de la patria. Yo os juro y prometo á vosotros, verdaderos y leales españoles, al mismo tiempo que me compadezco de los males que habeis sufrido, no quedareis defraudados en vuestras nobles esperanzas. Vuestro Soberano quiere serlo para vosotros, y en esto coloca su gloria, en serlo de una nacion heróica, que con hechos inmortales se ha granjeado la admiracion de todas, y conservado su libertad y su honra. Aborrezco y detesto el despotismo, ni las luces y cultura de las naciones de Europa lo sufren ya; ni en España fueron déspotas jamás sus Reyes, ni sus buenas leyes y Constitucion lo han autorizado, aunque por desgracia de tiempo en tiempo se hayan visto, como por todas partes, y en todo lo que es humano, abusos de poder, que ninguna·Constitucion posible podrá precaver del todo; ni fueron vicios de la que tenia la nacion, sino de personas, y efectos de tristes pero muy rara vez vistas circunstancias, que dieron lugar ·y ocasion á ellos. Todavía para precaverlos cuanto sea dado á la prevision humana, á saber, conservando el decoro de la dignidad real y sus derechos, pues los tiene de suyo, y los que pertenecen á los pueblos, que son igualmente inviolables, yo trataré con sus procuradores de España y de las Indias, y en Córtes lejítimamente congregadas, compuestas de unos y otros, lo mas pronto que, restablecido ·el órden, y los buenos usos en que ha vivido la nacion, y con su acuerdo han establecido los Reyes mis augustos predecesores, las pudiese juntar: se establecerá sólida y lejítimamente cuanto convenga al bien de mis reinos, para que mis vasallos vivan prósperos y felices en una relijion y un imperio, estrechamente unidos en indisoluble lazo: en lo cual, y en solo esto, consiste la felicidad temporal de un Rey y un reino, que tienen por excelencia el título de católicos, y desde luego se pondrá mano en preparar y arreglar lo que parezca mejor para la reunion de estas Córtes, donde espero queden afianzadas las bases de la prosperidad de mis súbditos, que habitan en uno y otro hemisferio. La libertad y seguridad individual y real quedarán firmemente aseguradas por medio de leyes, que afianzando la pública tranquilidad y el órden, dejen á todos la saludable libertad, en cuyo goce imperturbable, que distingue á un gobierno moderado de un gobierno arbitrario y despótico, deben vivir los ciudadanos que estén sujetos á él. De esta justa libertad gozarán tambien todos para comunicar por medio de la imprenta sus ideas y pensamientos, dentro, á saber, de aquellos límites que la sana razon soberana é independientemente prescribe á todos, para que no dejenere en licencia, pues el respeto que se debe á la relijion y al Gobierno, y el que los hombres mútuamente deben guardar entre sí, en ningun gobierno culto se puede razonablemente permitir que impunemente se atropelle y quebrante. Cesará tambien toda sospecha de dilapidacion de las rentas del Estado, separando la tesoreria de lo que se asignare para los gastos que exijan el decoro de mi real persona y familia, y el de la nacion, á quien tengo la gloria de mandar, de la de las rentas que con acuerdo del reino se impongan y asignen para la conservacion del Estado en todos los ramos de su administracion; y las leyes que en lo sucesivo hayan de servir de norma para las acciones de mis súbditos, serán establecidas con acuerdo de las Córtes. Por manera, que estas bases pueden servir de seguro anuncio de mis reales intenciones en el gobierno de que me voy á encargar, y harán conocer á todos, no un déspota

ni un tirano, sino un Rey y un padre de sus vasallos. Por
tanto, habiendo oido lo que unánimemente me han infor-
mado personas respetables por su celo y conocimientos, y
lo que acerca de cuanto aquí se contiene se me ha expues-
to en representaciones que de varias partes del reino se me
han dirijido, en las cuales se expresa la repugnancia y disgusto, con que asi la Constitucion formada en las Córtes
jenerales y extraordinarias, como los demas establecimientos políticos de nuevo introducidos, son mirados en las
provincias, los perjuicios y males que han venido de ellos,
y que se aumentarian si yo autorizase con mi consentimiento, y jurase aquella Constitucion : conformándome con
tan jenerales y decididas demostraciones de la voluntad de
mis pueblos, y por ser ellas justas y fundadas; declaro que
mi real ánimo es, no solamente no jurar ni acceder á dicha Constitucion, ni á decreto alguno de las Córtes jenerales
y extraordinarias, y de las ordinarias actualmente abiertas,
á saber, los que sean depresivos de los derechos y prerogativas
de mi Soberanía, establecidos por la Constitucion y las leyes,
en que de largo tiempo la nacion ha vivido, sino el de declarar
aquella Constitucion y decretos nulos y de ningun valor ni
efecto, ahora ni en tiempo alguno, como si no hubiesen pasado jamás tales actos, y se quitasen de en medio del tiempo, y sin obligaciou en mis pueblos y súbditos de cualquiera
clase y condicion á cumplirlos ni guardarlos. Y como el
que quisiere sostenerlos, y contradijese esta mi real declaracion, tomada con dicho acuerdo·y voluntad, atentaria
contra las prerogativas de mi Soberanía, y la felicidad de
la nacion, y causaria turbacion y desasosiego en estos mis
reinos, declaro reo de lesa-Majestad á quien tal osare ó
intentare, y que como á tal se le imponga pena de la vida, ora lo ejecute de noche, ora por escrito ó de palabra,
moviendo ó incitando, ó de cualquier modo exortando y
persuadiendo á que se guarden y observen dicha Constitu-

cion y decretos. Y para que entre tanto que se restablece el órden; y lo que antes de las novedades introducidas se observaba en el reino, acerca de lo cual sin pérdida de tiempo se irá proveyendo lo que convenga, no se interrumpa la administracion de justicia, es mi voluntad que entre tanto continúen las Justicias ordinarias de los pueblos que se hallen establecidas, los Jueces de letras á donde los hubiere y las Audiencias, Intendentes y demas tribunales, en la administracion de ella, y en lo político y gubernativo los ayuntamientos de los pueblos segun de presente están, y entre tanto se establece lo que convenga guardarse, hasta que oidas las Córtes que llamaré se asiente el órden estable de esta parte del gobierno del reino. Y desde el dia que este mi real decreto se publique, y fuere comunicado al Presidente que á la sazon lo sea de las Córtes, que actualmente se hallan abiertas, cesarán estas en sus sesiones; y sus actas, y las de las anteriores, y cuantos expedientes hubiere en su archivo y secretaría, ó en poder de cualquier individuo, se recojerán por las personas encargadas de la ejecucion de este mi real decreto, y se depositarán por ahora en la casa del Ayuntamiento de la villa de Madrid, cerrando y sellando la pieza donde se coloquen. Los libros de su biblioteca pasarán á la real; y á cualquiera que trate de impedir la ejecucion de esta parte de mi real decreto, de cualquier modo que lo haga, igualmente le declaro reo de lesa-Majestad, y que como á tal se le imponga pena de la vida. Y desde aquel dia cesará en todos los juzgados del reino el procedimiento en cualquiera causa que se halle pendiente por infraccion de Constitucion, y los que por tales causas se hallaren presos ó de cualquier modo arrestados, no habiendo otro motivo justo segun las leyes, sean inmediatamente puestos en libertad. Que asi es mi voluntad, por exijirlo todo asi el bien y felicidad de la nacion.—Dado en Valencia á 4 de mayo de

1814.—YO EL REY.—Como secretario del Rey con ejercicio de decretos, y habilitado especialmente para este.—Pedro de Macanaz.»

III.

(Pájina 131.)

Manifiesto de Fernando VII del 30 de setiembre de 1823, extendido por D. José Maria Calatrava, Ministro de la Gobernacion de la Península.

«Siendo el primer cuidado de un Rey el procurar la felicidad de sus súbditos, incompatible con la incertidumbre sobre la suerte futura de la nacion, me apresuro á calmar los recelos é inquietud que pudiera producir el temor de que se entronice el despotismo, ó de que domine el encono de un partido.

«Unido con la nacion, he corrido con ella hasta el último trance de la guerra, pero la imperiosa ley de la necesidad obliga á ponerle un término. En el apuro de estas circunstancias solo mi poderosa voz puede ahuyentar del reino las venganzas y las persecuciones: solo un gobierno sábio y justo puede reunir todas las voluntades; y solo mi presencia en el campo enemigo puede disipar los horrores que amenazan á esta Isla Gaditana, á sus leales y beneméritos habitantes, y á tantos insignes españoles refujiados en ella.

«Decidido, pues, á hacer cesar los desastres de la guerra, he resuelto salir de aquí el dia de mañana; pero antes de verificarlo quiero publicar los sentimientos de mi corazon, haciendo las manifestaciones siguientes:

• 1.º Declaro de mi libre y espontánea voluntad, y prometo, bajo la fé y seguridad de mi real palabra, que si la necesidad exijiere la alteracion de las actuales instituciones políticas de la monarquía, adoptaré un gobierno que haga la felicidad completa de la nacion, afianzando la seguridad personal, la propiedad y la libertad civil de los españoles.

• 2.º De la misma manera prometo libre y espontáneamente, y he resuelto llevar y hacer llevar á efecto, un olvido jeneral, completo y absoluto de todo lo pasado, sin escepcion alguna; para que de este modo se restablezcan entre todos los españoles la tranquilidad, la confianza y la union, tan necesarias para el bien comun, y que tanto anhela mi paternal corazon.

• 3.º En la misma forma prometo que cualesquiera que sean las variaciones que se hagan, serán siempre reconocidas, como reconozco, las deudas y obligaciones contraidas por la nacion, y por mi gobierno bajo el actual sistema.

• 4.º Tambien prometo y aseguro que todos los Jenerales, jefes, oficiales, sarjentos y cabos del ejército y armada que hasta ahora se han mantenido en el actual sistema de gobierno en cualquiera punto de la Península, conservarán sus grados, empleos, sueldos y honores. Del mismo modo conservarán los suyos los demas empleados militares, y los civiles y eclesiásticos que han seguido al Gobierno y á las Córtes, ó que depeuden del sistema actual; y los que por razon de las reformas que se hagan no pudieren conservar sus destinos, disfrutarán á lo menos la mitad del sueldo que en la actualidad tuvieren.

• 5.º Declaro y aseguro igualmente que asi los Milicianos voluntarios de Madrid, de Sevilla, ó de otros puntos

que se hallan en esta Isla, como cualesquiera otros españoles refujiados en su recinto, que no tengan obligacion
de permanecer por razon de su destino, podrán desde luego regresar libremente á sus casas, ó trasladarse al punto
que les acomode en el reino, con entera seguridad de no
ser molestados en tiempo alguno por su conducta política
ni opiniones anteriores; y los Milicianos que los necesita-
ren obtendrán en su tránsito los mismos auxilios que los
individuos del ejército permanente.

Los españoles de la clase expresada, y los extranjeros que quieran salir del reino, podrán hacerlo con igual
libertad, y obtendrán los pasaportes correspondientes para
el pais que les acomode.

Cádiz 30 de setiembre de 1823.

FERNANDO.

IV.

(Pájina 138.)

Decreto de 1.º de octubre de 1823 en el Puerto de Santa María.

«Bien públicos y notorios fueron á todos mis vasallos los escandalosos sucesos que precedieron, acompañaron y siguieron al establecimiento de la democrática Constitucion de Cádiz en el mes de marzo de 1820: la mas criminal traicion, la mas vergonzosa cobardía, el desacato mas horrendo á mi Real persona, y la violencia mas inevitable, fueron los elementos empleados para variar esencialmente el gobierno paternal de mis Reinos en un Código democrático, oríjen fecundo de desastres y de desgracias. Mis vasallos, acostumbrados á vivir bajo leyes sabias, moderadas, y adoptadas á sus usos y costumbres, y que por tantos siglos habian hecho felices á sus antepasados, dieron bien pronto pruebas públicas y universales del desprecio, desafecto y desaprobacion del nuevo réjimen constitucional. Todas las clases del Estado se resintieron á la par de unas instituciones, en que preveian señaladas su miseria y desventura.

«Gobernados tiranicamente, en virtud y á nombre de la Constitucion, y espiados traidoramente hasta en sus

mismos aposentos, ni les era posible reclamar el órden ni
la justicia, ni podian tampoco conformarse con leyes establecidas por la cobardía y la traicion, sostenidas por la
violencia, y productoras del desórden mas espantoso, de la
anarquía mas desoladora, y de la indijencia universal.

« El voto jeneral clamó por todas partes contra la tirá-
nica Constitucion; clamó por la casacion de un Código
nulo en su orijen, ilegal en su formacion, injusto en su
contenido; clamó finalmente por el sostenimiento de la
Santa Relijion de sus mayores, por la restitucion de sus
leyes fundamentales, y por la conservacion de mis lejítimos derechos, que heredé de mis antepasados, que con la
prevenida solemnidad habian jurado mis vasallos.

« No fue estéril el grito jeneral de la nacion: por todas las provincias se formaban cuerpos armados que lidiaron
contra los soldados de la Constitucion: vencedores unas
veces, y vencidos otras, siempre permanecieron constantes
en la causa de la relijion y de la monarquía: el entusiasmo en defensa de tan sagrados objetos nunca decayó en
los reveses de la guerra; y prefiriendo mis vasallos la
muerte á la pérdida de tan importantes bienes, hicieron
presente á la Europa con su fidelidad y su constancia
que, si la España habia dado el ser, y abrigado en su seno á algunos desnaturalizados hijos de la rebelion universal, la nacion entera era relijiosa, monárquica, y amante de su lejítimo Soberano.

« La Europa entera conociendo profundamente mi cautiverio y el de toda mi Real familia, la mísera situacion
de mis vasallos fieles y leales, y las máximas perniciosas
que profusamente esparcian, á toda costa, los ajentes españoles por todas partes, determinaron poner fin á un estado de cosas que era el escándalo universal, que caminaba á trastornar todos los tronos y todas las instituciones
antiguas, cambiándolas en la irrelijion y en la inmoralidad.

• Encargada la Francia de tan santa empresa, en pocos meses ha triunfado de los esfuerzos de todos los rebeldes del mundo, reunidos por desgracia de la España en el suelo clásico de la fidelidad y la lealtad. Mi augusto y amado primo el Duque de Angulema, al frente de un ejército valiente, vencedor en todos mis dominios, me ha sacado de la esclavitud en que jemía, restituyéndome á mis amados vasallos fieles y constantes.

• Sentado ya otra vez en el trono de San Fernando por la mano sábia y justa del Omnipotente, por las jenerosas resoluciones de mis poderosos aliados, y por los denodados esfuerzos de mi amado primo el Duque de Angulema y su valiente ejército; deseando proveer de remedio á las mas urjentes necesidades de mis pueblos, y manifestar á todo el mundo mi verdadera voluntad en el primer momento que he recobrado mi libertad, he venido en decretar lo siguiente:

• 1.º Son nulos y de ningun valor todos los actos del gobierno llamado constitucional (de cualquiera clase y condicion que sean) que ha dominado á mis pueblos desde el dia 7 de marzo de 1820, hasta hoy dia 1.º de octubre de 1823, declarando, como declaro, que en toda esta época he carecido de libertad, obligado á sancionar las leyes y á expedir las órdenes, decretos y reglamentos que contra mi voluntad se meditaban y expedian por el mismo gobierno.

• 2.º Apruebo todo cuanto se ha decretado y ordenado por la Junta provisional de gobierno, y por la Rejencia del Reino, creadas, aquella en Oyarzun el dia 9 de abril, y esta en Madrid el dia 20 de mayo del presente año, entendiéndose interinamente, hasta tanto que, instruido competentemente de las necesidades de mis pueblos, pueda dar las leyes y dictar las providencias mas oportunas para causar su verdadera prosperidad y felicidad, objeto constante de todos mis deseos. Tendreislo entendido y lo comunicareis á todos los Ministerios.

 • Puerto de Santa María 1.º de octubre de 1823.—Rubricado de la real mano.—A D. Victor Saez.»

V.

(Pájina 184)

Nos ha parecido necesario insertar las actas de las Cór-
de 1789, como noticia importantísima para sucesion de la
Monarquía española. Habiendo comprendido en el texto la
ley de Partida y el auto de Felipe V, era necesario completar la instruccion de un punto tan interesante, acompañando este documento, por el que quedó derogado el segundo, y se velvió á la primera la fuerza que por tantos
siglos habia tenido. La historia debe rejistrar minuciosamente todos estos hechos, como principio y oríjen de la
guerra dinástica que ha incendiado nuestra nacion.—Las
referidas actas se publicaron en 1833, á virtud de Real
órden, y por la certificacion siguiente:

D. FRANCISCO FERNANDEZ DEL PINO , *Caballero
Gran Cruz de la órden Americana de Isabel la Católica, de la Real y distinguida órden española de
Cárlos III, Comendador de la Lejion de honor de
Francia, Caballero Maestrante de la Real de Granada, Rejidor perpétuo de la Ciudad de Antequera,
del Consejo de Estado, Secretario de Estado, y del*

Despacho Universal de Gracia y Justicia , y Notario Mayor de los Reinos:

CERTIFICO : Que entre los papeles que en calidad de reservados se custodian en la Secretaría de Estado y del Despacho de Gracia y Justicia de mi cargo, se han encontrado juntos un libro y varios legajos y documentos orijinales, de los que se hará por su órden espresa mencion, pertenecientes á la convocacion de las Córtes de 1789, á su legal y solemne apertura, y á las sesiones y asuntos que en ellas se trataron. Dicho libro es un volúmen en fólio, encuadernado en media pasta, con un rótulo por fuera que dice: *Córtes de Madrid del año de* 1789; y en el interior una portada en que se expresa que es el libro de dicho año, y que en él estan las dilijencias de reconocimiento de poderes y apertura de las Córtes, y las actas y acuerdos de estas, celebrados en el Salon de los Reinos del Palacio del Buen Retiro para los asuntos que S. M. el Sr. D. Cárlos IV se sirvió encargarles. Contiene dicho libro, sin la portada y el índice, cuatrocientas sesenta y dos fojas foliadas, de las cuales todas relativas á la convocacion de las Córtes y á las actas sobre exámen de los poderes y sobre la apertura y sesiones de las mismas, estan escritas en papel sellado del año de 1789, y autorizadas en la forma de costumbre por los Escribanos Mayores de Córtes D. Agustin Bravo de Velasco y Aguilera, y D. Pedro Escolano de Arrieta.

Al fólio 1.° de dicho libro, bajo la autorizacion de D. Manuel de Aizpun y Redin, Secretario del Consejo de la Cámara de Estado de Castilla y de Gracia y Justicia, y con el real sello del Sr. D. Carlos IV, se halla una certificacion, cuyo contexto á la letra es el siguiente:

«D. Manuel de Aizpun y Redin, Caballero de la real y distinguida Orden Española de Carlos III, del Consejo de S. M. y su Secretario en el de la Cámara de Estado de

Castilla y de Gracia y Justicia:—Certifico: Que en conformidad del real Decreto dirijido por S. M. á la Cámara en
22 de Mayo de este año, para que á efecto de que sus Reinos y vasallos juren al Serenísimo Príncipe D. Fernando,
Nuestro Señor, su muy caro y amado Hijo, se escribiese
en la forma que en iguales casos se ha acostumbrado á
todas las Ciudades y Villa de voto en Córtes, para que
enviasen diputados con poderes ámplios y bastantes para el
explicado efecto, y otros negocios si se propusiesen; con
fecha del 31 del mismo mes de Mayo, se las comunicó la
Carta circular del tenor siguiente:—El Rey.—Concejo, Justicia, Rejidores, Caballeros, Escuderos, Oficiales y Hom-
bres-buenos de la M. N. y M. mas L. Ciudad de Búrgos,
cabeza de Castilla, mi Cámara: Sabed: Que habiendo señalado el dia 23 de Setiembre de este año, para que mis
Reinos y vasallos juren al Príncipe D. Fernando, mi muy
Caro y muy Amado Hijo, en la Iglesia del Convento Real
de S. Gerónimo de la Villa de Madrid, conforme á Leyes,
Fueros y antiguas costumbres de estos mis Reinos segun
y por la forma y manera que los Príncipes primojénitos y
herederos de ellos se suelen y acostumbran jurar; He resuelto ordenaros, como lo hago, nombreis, en la forma
que en semejantes casos habeis acostumbrado hacerlo, Diputados que en vuestro nombre, y de toda esa provincia,
presten el juramento que sois obligados hacer al Príncipe D. Fernando, mi muy Caro y muy Amado Hijo, y que
les otorgueis y traigan dichos Diputados poderes vuestros
ámplios y bastantes para dicho efecto, y para tratar, entender, practicar, conferir, otorgar y concluir por Córtes
otros negocios; si se propusieren, y pareciere conveniente
resolver, acordar y convenir para los fines referidos: en
intelijencia de que para el dia 1.º de Agosto próximo venidero, deberán hallarse presentes precisamente en la no-
minada Villa de Madrid los expresados Diputados, con los

citados poderes ámplios, y bastantes, con todas aquellas cláusulas y circunstancias que se requieren en semejantes casos para su mayor formalidad, y evitar toda duda, contingencia y dilaciones: bajo del apercibimiento que os hago desde ahora, de que si para el citado dia no se hallasen presentes, ó hallándose no tuvieren los nominados vuestros poderes ámplios y bastantes, mandaré formar y concluir todo lo que se hubiere y debiere hacer, de la misma forma y manera como si todos los Diputados de estos mis Reinos se hallasen presentes con los poderes que se requieren; asegurándoos que en todas ocasiones experimentareis mi Real gratitud. De Aranjuez á 31 de Mayo de 1789.—YO EL REY.—Por mandado del Rey Nuestro Señor, D. Manuel de Aizpun y Redin.—Y para que conste y se tenga presente, por D. Agustin Bravo de Velasco y Aguilera, escribano Mayor de los Reinos, al tiempo del reconocimiento de los poderes con que han venido los insinuados Diputados, y que en oficio de este dia le encargo, doy la presente en Madrid á 2 de Setiembre de 1789.— Manuel de Aizpun y Redin.»

Síguen en el mismo libro, desde el fólio 3, dos certificaciones extendidas en debida forma, y en papel sellado de aquel año, de los títulos de Notarios de los Reinos, á favor de D. Agustin Bravo de Velasco y Aguilera y Don Pedro Escolano de Arrieta, para que pudiesen ejercer los oficios de Escribanos Mayores de Córtes, y para los demas efectos consiguientes á la validez de los instrumentos y acuerdos que se autorizasen.

A continuacion, desde el fólio 12, sigue el acta original, autorizada por los dichos Escribanos Mayores, de la junta de Sres. Asistentes de Córtes, celebrada en 14 de Setiembre de dicho año, por señalamiento anterior de dia y hora, en la posada del Sr. Conde de Campomanes, Gobernador del Consejo, á fin de reconocer los poderes de los Caballeros Procuradores de las treinta y siete ciudades y Villa de voto en Córtes, y de recibir su juramento. A esta junta concurrieron como Asistentes los Señores Don Rodrigo de la Torre Marin, D. Pedro José Perez Valiente, D. Juan Acedo Rico y D. Santiago Ignacio de Espinosa, Ministros del Consejo y Cámara, el Sr. Secretario de la Cámara D. Manuel Aizpun y Redin, y los dos Escribanos Mayores de Córtes. Al mismo tiempo se juntaron en otra sala los Caballeros Procuradores nombrados por las treinta y siete Ciudades y Villa que tienen voto, á saber: por Burgos, Leon, Zaragoza, Granada, Valencia, Palma de Mallorca, Sevilla, Córdoba, Murcia, Jaen, Barcelona, Avila, Zamora, Toro, Guadalajara, Fraga, Calatayud, Cervera, Madrid, Extremadura, representada por la Villa de Alcántara y por la Ciudad de Plasencia, Sória, Tortosa, Peñiscola, Tarazona, Palencia, Salamanca, Lérida, Segovia, Galicia, Valladolid, Gerona, Jaca, Teruel, Tarragona, Borja, Cuenca y Toledo.

Reunidos todos, y oida misa en el oratorio del Señor Gobernador del Consejo, y teniendo presente el Ceremonial de las Córtes de 1760, y varias resoluciones del Señor D. Felipe V sobre la precedencia de las Ciudades, se procedió al sorteo de las que no son Capitales de Reino; y despues de las once primeras, cuyo lugar está señalado por resoluciones particulares, cupo la suerte á las restantes por el órden que van enumeradas, escepto Toledo, á quien se reservó el derecho que pretende al primer lugar. En seguida fueron llamados, y entraron sucesivamente en la Sala de Junta de los Sres. Asistentes, presidida por el Sr. Gobernador, los dos Procuradores de cada una de las Ciudades por el órden con que se han nombrado, y presentaron sus poderes, que fueron leidos por uno de los Escribanos Mayores; y reconocidos y declarados por bastantes para los fines de estas Córtes, prestaron el juramento acostumbrado en manos de los mismos Escribanos Mayores de los Reinos.

Despues de la junta precedente, y siguiendo el órden numérico de los fólios, existe al 47 del mismo libro una certificacion orijinal, firmada por D. Manuel Aizpun y Redin, Secretario del Consejo de Cámara, y autorizada con el sello real, de la que aparece que la junta de tres Asistentes de las Córtes dió cuenta á S. M. en consulta de 14 de setiembre del mismo año, del reconocimiento de poderes de los Diputados de las ciudades y villa de voto en Córtes, y de que fueron estimados por bastantes para cualquiera negocios que el Rey mandase proponerles; á fin de que S. M. se sirviese señalar el dia y hora que fuese de su real agrado para la apertura de dichas Córtes, como lo hizo, designando el sábado, 19 de dicho mes, á las once de la mañana.

En virtud del señalamiento hecho por el Sr. D. Cárlos IV, para tan augusta ceremonia, y en comprobacion de que exacta y solemnemente se cumplió lo mandado por S. M. aparece al fólio 50 del mismo libro otra certificacion orijinal, con igual autorizacion que las anteriores, de la que resulta que en dicho dia, sábado 19 de setiembre, salieron en coches de la posada del Sr. Gobernador todos los que habían concurrido á la junta celebrada en ella el 14; y dirigiéndose á Palacio, fueron admitidos á la real aprobacion de S. M., quien hizo una alocucion á los Reinos, que se halla al fólio 54 vuelto, sobre el objeto de su convocacion para hacer el juramento y pleito homenaje al Serenísimo Sr. Príncipe de Asturias, y para tratar y concluir por Córtes otros negocios, que se les haria entender por el Gobernador del Consejo. Respondieron en nombre de todas los Procuradores de Burgos; y habiéndose retirado el Rey, dijo el Sr. Gobernador: «Caballeros, el Rey quiere que las Córtes queden abiertas, para que en ellas se trate

de una pragmática sobre la ley de sucesiones y otros puntos, juntándose con el Sr. Presidente y Asistentes en el Salon de los Reinos del Palacio del Buen Retiro todas las
veces que fuere menester; para lo cual dá licencia S. M. y
encarga la brevedad, servicio de Dios, y bien de los Reinos.» Concluidas estas palabras, se volvieron todos en la
forma y por el órden con que vinieron. Llegados á la posada de dicho Sr. Gobernador, y entrados en la sala donde estuvieron el dia del reconocimiento de poderes, dijo el
Marqués de Villacampo, Procurador de Burgos, que tenia
que representar á la Junta; y ocupando todos sus asientos,
propuso y suplicó dicho Procurador, que cesase la Comision de Millones, en cumplimiento de la instruccion que
dejó el Reino en las Córtes de 1712; á lo que ofreció la
Junta examinar el asunto y proponer á S. M. lo conveniente.
Propuso ademas otros puntos de etiqueta, á que el Sr. Presidente contestó en términos satisfactorios.

, En testificacion de haberse verificado el solemne acto
de la jura del Rey Nuestro Señor Don Fernando VII,
como Príncipe de Asturias y heredero del Trono, existe
tambien al fólio 62 otra certificacion de los Escribanos Mayores de Córtes, de la que circunstanciada y muy menuda-
mente resulta, que en el dia 23 de dicho mes y año, señalado para el efecto por S. M., se hizo en el Monasterio
de S. Gerónimo de esta corte el juramento del Serenísimo
Príncipe de Asturias Don Fernando, Nuestro Señor, á
presencia de los Reyes, y con asistencia de las clases y personas, á quienes toca, con todas las solemnidades y formas acostumbradas en tales actos.

, Abiertas las Córtes por S. M. desde el 19 de setiembre,
habiendo precedido el solemne reconocimiento del Serenísimo Señor Príncipe de Asturias, principiaron sus sesiones
en el dia 30 de dicho mes, segun lo comprueba la orijinal certificacion del fólio 94, autorizada por los mencio-

nados, Escribanos Mayores de Córtes con todas las formas requeridas por la ley ó costumbre. Esta certificacion, que principia en dicho libro al indicado fólio 94, y acaba en el 111, es del tenor literal siguiente:

«En la villa de Madrid, á 30 de setiembre de 1789, en consecuencia del señalamiento de dia y hora, hecho por S. I. el Sr. Gobernador del Consejo, Presidente de las Córtes, para continuar las que S. M. se ha servido convocar, cuya apertura se hizo á su real presencia el dia 19 de este mes en el real Palacio de Madrid, concurrieron á las ocho de la mañana de este dia, al de Buen Retiro y Salon de los Reinos los Caballeros Procuradores de las treinta y siete ciudades y villa que tienen voto en Córte, y por el órden de antigüedad de sus ciudades, segun los sorteos ejecutados en el dia 14 del corriente mes, son los siguientes:

« Por Burgos.—El Marques de Villacampo.—D. Manuel Francisco Gil Delgado.

« Por Leon.—D. Joaquin de Cea y Valdés.—El Marques de Villadangos.

« Por Zaragoza.—El Marques de Villafranca.—D. Joaquin Cistué.

« Por Granada.—D. Diego Antonio Viana.—D. Manuel Villafranca y Sanabria.

« Por Valencia.—D. Ignacio Llopiz Ferriz y Salt.—D. Bernardo Inza y Loren.

« Por Palma, en Mallorca.—D. Antonio Montis.—D. Ignacio Ferrandell.

« Por Sevilla.—D. Rui Diaz de Rojas.—D. Manuel Maria de Mendivil.

« Por Córdoba.—D. Rodrigo Fernandez de Mesa y Argote.—D. José Valenzuela Fajardo.

« Por Murcia.—D. Joaquin de Figuela y Mesas.— D. Francisco Tomas de Jumilla y Vera

• *Por Jaen.*—D. Feliciano Maria del Rio.—D. Manuel de Uribe y Buenache

• *Por Barcelona.*—D. Manuel de Antich y de Mora.— D. Juan Antonio de Miralles.

• *Por Avila.*—El Conde de Ibangrande.—D. Francisco Coelo.

• *Por Zamora.*—D. Gerónimo Manrique de Lara.—D. Juan Garcia del Pozo.

• *Por Toro.*—D. Bernardo Miguel Samaniego.—D. Santiago Zambranos.

• *Por Guadalajara.*—D. Diego Pedrocbe y Astaburuaga.—El Vizconde de Palazuelos.

• *Por Fraga.*—D. Senen Corbaton y Garces.—D. Medardo Cabrera.

• *Por Calatayud.*—D. Joaquin de Ciria.—D. Tomás Casanova.

• *Por Cervera.*—Lic. D. Juan Francisco Ramon.—D. Mariano Salat y Mora.

• *Por Madrid.*—El Excmo. Sr. Marques de Astorga, Conde de Altamira.—El Excmo. Señor Marques de Bélgida.

• *Por la Villa de Alcántara* (EXTREMADURA).—D. Miguel Sanchez de Badajoz.—D. Gabriel Maria Blanco de Valdés.

• *Por la Ciudad de Plasencia.*—D. Francisco Garcia Pascual Ambrona.—El Marques de Santa Cruz de Aguirre.

• *Por Soria.* — D. Joaquin Herrao. — El Marques de Zafra.

• *Por Tortosa.*—D. Juan Fábregues y Boyxar.—D. Antonio Oriol.

• *Por Peñiscola.*—D. Baltasar Martí.—D. Francisco Javier Morales.

• *Por Tarasona.*—Dr. D. Juan Gil y Rada —D. Lucas la Peña.

• *Por Palencia.*—D. Miguel María Carrillo.—D. Manuel Agustin Ruiz.

• *Por Salamanca.*—D. Luis Mangas Villafuerte. — D. José Velez de Cosío.

• *Por Lérida.*—D. Juan Bautista de Tapias.—D. Vicente Gallart y Escala.

• *Por Segovia.*—D. Juan de Arenzana.—D. Francisco Baez y Cáceres.

• *Por Galicia.*—D. Andrés Antonio Aguilar.—D. José María Marquina.

• *Por Valladolid.*—D. Vicente Diaz de la Quintana y Quevedo.—D. Rafael de Salinas.

• *Por Gerona.*—D. Francisco Delás.—D. Francisco de Martí y de Carreras.

• *Por Jaen.*—Dr. D. Antonio de Hago.—D. Juan de Adá.

• *Por Teruel.*—D. Manuel Becerril. —D. Baltasar de Oñate.

• *Por Tarragona.*—D. Alejandro Cadenas y Carlier.—D. Cárlos de Morenes y de Cazador.

• *Por Borja.*—D. Francisco de la Justicia.—D. Tomás Cuartero.

• *Por Cuenca.*—D. Juan Nicolás Alvarez de Toledo.—D. Lucas Crisanto de Joques.

• *Por Toledo.*—D. Angel Lopez de Lerena.—D. Juan Manuel Teutor.

• Estando todos juntos, á escepcion de los de Teruel, avisó un Portero de que venía el Sr. Presidente acompañado de los Ilmos. Sres. D. Rodrigo de la Torre Marin, D. Pedro José Perez Valiente, D. Juan Acedo Rico y D. Santiago Ignacio de Espinosa, Ministros del Consejo y Cámara, y D. Manuel de Aizpun y Redin, Secretario de la Cámara por lo tocante á Gracia y Justicia y Estado de Catilla, y Asistentes de las Córtes; y al punto los salieron á recibir los caballeros Procuradores á la sala grande que está antes del Salon, y fueron acompañándolos hasta que tomaron sus respectivos asientos en las sillas que estaban preparadas en esta forma: la del Sr. Gobernador, Presidente de las Córtes, en medio debajo del dosel, con una mesa delante cubierta con damasco carmesí con galon de oro, sobre la cual habia una escribania de plata y una almohada de terciopelo carmesí galoneada de oro, y encima un misal abierto con un Crucifijo sobre los Evangelios; y al uno y otro lado de S. I. habia otras sillas para los Señores Asistentes: á distancia de una vara de dicha mesa habia dos filas de bancos á lo largo del salon, cubiertos de damasco carmesí para los caballeros Procuradores: al fin de la del lado derecho una mesa con igual cubierta, y dos escribanías de plata para nosotros los Escribanos Mayores de Córtes; y en medio, al final de las dos filas, un banco para los caballeros Procuradores de Toledo; y colocados todos en sus respectivos lugares, entró en este estado el Sr. D. Baltasar de Oñate, Procurador de la ciudad de Teruel, diciendo que no venia su compañero por estar indispuesto: y luego que tomó su puesto, se dió principio al acto, manifestando el Sr. Presidente, que ante todas cosas se debia hacer por todos el juramento secreto de lo que se tratáre en estas Córtes, conforme á la práctica inconcusamente observada en tales casos, que se reducia á pasar los dos Diputados de cada Ciudad ó Villa, y poner cada uno su mano derecha sobre los Evangelios y misal que se hallaban en la mesa de S. I., y despues, que sucesiva y progresivamente lo hubiesen hecho todos, se recibe el juramento segun la fórmula observada en lo antiguo, la cual mandé que se leyese por mí D. Pedro Escolano de Arrieta antes de empezar el acto, para que todos se enterasen; lo que ejecuté, y es como sigue:

• *Fórmula del juramento de guardar secreto de lo que se trate en las Córtes.*

• Que V. SS. juran á Dios y á la Cruz, y á las palabras de los Evangelios que corporalmente con sus manos derechas han tocado, que ternán y guardarán secreto de todo lo que se tratare y platicare en estas Córtes tocante al servicio de Dios y de S. M., bien y procomún de estos Reinos, y que no lo dirán ni revelarán por sí, ni por interpósitas personas, directe ni indirecte á persona alguna hasta ser acabadas y despedidas las dichas Córtes; salvo si no fuere con licencia de S. M., ó del Sr. Presidente que en su nombre esté presente.

• Responden:

• Sí juramos.

• Si ansí lo hicieren, Dios Nuestro Señor los ayude, y sino se lo demande.

• Amen.

• Despues de haberse concluido su lectura, dijo S. I. que se diese principio al acto, y luego que se levantáron los Caballeros Procuradores de Burgos y se introdujeron por medio de las dos filas los de Toledo á pretender que debían hacerlo primero, exponiendo unos y otros el derecho de su respectiva ciudad, sobre que hacían las protestas convenientes para que no les parase perjuicio, y que se las diese testimonio para usar de él como les conviniese; y S. I. acordó se guardase la costumbre, y se les diesen los testimonios que pedian.

• Seguidamente los caballeros Procuradores de Burgos principiáron el acto, poniendo sus manos derechas sobre los Evangelios y Crucifijo que se hallaba en la mesa de S. I., y continuaron con las mismas ceremonias y formalidades todos los caballeros Procuradores por su órden hasta concluir los de Toledo; á cuyo tiempo mandó S. I. que se recibiese el juramento, y se ejecutó, habiéndose puesto todos én pie, descubiertos, y tambien el Sr. Presidente y Asistentes. Luego mandó S. I. que nosotros los Escribanos Mayores de Córtes hiciésemos el juramento, y lo ejecutamos con las mismas ceremonias y formalidad que los caballeros Procuradores, leyendo la fórmula uno á otro.

» Concluido este acto, hizo S. I. la proposicion y peticion, que se leyó por mí D. Pedro Escolano de Arrieta, que son del tenor siguiente:

» *Proposicion.* Siempre que se ha querido variar ó reformar el método establecido por nuestras leyes, y por costumbre inmemorial, para suceder á la Corona, han resultado guerras sangrientas y turbaciones, que han desolado esta Monarquía, permitiendo Dios, que á pesar de los designios y establecimientos contrarios á la sucesion regular, haya ésta prevalecido.

» Empezando por el caso mas reciente que tenemos á la vista, saben todos, que perteneciendo la sucesion de estos reinos por muerte del Señor Cárlos II, á los hijos y nietos de la Sra. Doña Teresa de Austria, su hermana, mujer del gran Luis XIV de Francia, y como tal, al Señor Don Felipe V, su nieto, por la incompatibilidad del reino de Francia, que debia quedar al Sr. Delfin, su padre, y al Sr. Duque de Borgoña, su hermano primojénito; saben todos, repite, que la claridad de este derecho fue impugnada y combatida, con pretesto de las renuncias hechas por las Señoras Infantas que casaron en Francia; de que resultó la guerra de sucesion de principios del siglo, en que tanto padecieron estos reinos. Sin embargo, despues de muchos años de guerra, fue reconocido el derecho de aquellas hembras de mejor línea, y afirmado en el trono de España el Sr. Felipe V, que procedia de ellas.

» En la sucesion de la Sra. Reina Doña Isabel la Católica, se consiguió, á pesar de las guerras y turbaciones que escitaron los mal contentos, formar esta gran monarquía, uniéndose entonces por medio del Sr. Rey Católico D. Fernando, los reinos de Castilla y Aragon.

• Otro tanto se verificó en la sucesion de la Sra. Reina Doña Berenguela, madre del Sr. San Fernando: pues por su medio y matrimonio con el Sr. Rey D. Alonso de Leon, se unieron para siempre Leon y Castilla.

• En fin, la experiencia de tantos siglos ha hecho ver, que lo que conviene á España es que se guarden sus leyes antiguas, y su costumbre inmemorial, atestiguada en la ley 2.ª, título 15, partida 2.ª, para que sean admitidas á la corona por el órden de la misma ley las hembras de mejor línea y grado, sin postergarlas á los varones mas remotos.

• Aunque en el año de 1712 se trató de alterar este método regular, por algunos motivos adaptados á las circunstancias de aquel tiempo, que ya no subsisten, no puede conceptuarse lo resuelto entonces como ley fundamental, por ser contra las que existian y estaban juradas; no habiéndose pedido ni tratado por el Reino una alteracion tan notable en la sucesion de la corona, en la cual quedaron excluidas las líneas mas próximas, asi de varones como de hembras.

• Si no se pusiese ahora en tiempo de tranquilidad un remedio radical á aquella alteracion, serian de esperar y temer grandes guerras y perturbaciones, semejantes á las ocurridas al tiempo de la sucesion del Sr. Felipe V: todo lo cual quedará precavido, si se mandan guardar nuestras leyes y nuestras costumbres antiguas, observadas por mas de setecientos años en la sucesion de la corona.

• Estos deseos de la paz inalterable y permanente de sus amados súbditos, mueven el benéfico y paternal corazon del Rey á proponer que se trate y resuelva con el mayor secreto, y sin la menor dilacion esta materia, á cuyo fin me ba parecido extender al Reino los términos de la súplica que podria hacer á S. M. en este asunto, conforme en todo á sus soberanas intenciones.

» *Peticion.* Señor: Por la ley 2.ª, título 15, partida 2.ª está dispuesto lo que se ha observado de tiempo inmemorial, y lo que se debe observar en la sucesion de estos reinos, habiendo mostrado la experiencia la grande utilidad que se ha seguido de ello; pues se unieron los reinos de Castilla y Leon y los de la Corona de Aragon por el órden de suceder señalado en aquella ley, y de lo contrario se han causado guerras y grandes turbaciones.

Por lo que suplican las Córtes á V. M., que sin embargo de la novedad hecha en el auto acordado 5.º, título 7, libro 5.º, se sirva mandar se observe y guarde perpetuamente en la sucesion de la monarquía dicha costumbre inmemorial, atestiguada en la citada ley 2.ª, título 15, partida 2.ª, como siempre se observó y guardó, y como fue jurada por los Reyes antecesores de V. M.; publicándose ley y pragmática hecha y formada en Córtes, por la cual conste esta resolucion, y la derogacion de dicho auto acordado.»

» Acabada de leer la antecedente proposicion y peticion, se levantó el Sr. Marqués de Villacampo á responder en nombre del reino, y presentados los caballeros Procuradores de Toledo á interrumpirle, pretendiendo debia hacerlo primero su ciudad, hubo entre unos y otros iguales protestas y solicitud de testimonios; y habiéndose acordado por el Sr. Presidente que se guardase la costumbre, y que se les diesen los testimonios, se volvieron los de Toledo á su banco, y el Sr. Marqués de Villacampo hizo la arenga siguiente:

» *Arenga.* Señor: El reino dá muchas gracias á Dios de habernos concedido un Monarca tan católico y de tan esclarecidas y loables costumbres, para que ampare y detienda á estos reinos y á los naturales de ellos: así lo espera siempre de su gran deseo, como que acudirá á todo lo que convenga y se dirija á su bien, prosperidad y felicidad pública, de que resultará poder mejor hacer su real servicio. A estos Caballeros redunda la mayor satisfaccion en el encargo tan grave y de tanta importancia que se ha dignado S. M. encomendarles; y esperan su desempeño, hallándose V. I. de Presidente de estas Córtes, y estos Señores como sus Asistentes; con cuyo amparo se prometen muy buenos aciertos y sucesos en cuanto se ofreciere: y se dará principio á tratar y votar lo que á V. I. le parezca.»

Habiendo advertido el Sr. Gobernador del Consejo, Presidente de estas Córtes, que todos los caballeros Procuradores manifestaban sus deseos de obedecer y complacer á S. M., hizo presente á S. I. que seria del real agrado se concluyese este asunto con toda brevedad, y por lo mismo le parecia que podria procederse á votar desde luego, y mandó que por los Escribanos mayores de Córtes se volviese á leer la peticion, ejecutándose en alta voz, para que todos la entendiesen cumplidamente; y en su consecuencia nos pusimos ambos en medio de las Córtes, y la leí yo Don Pedro Escolano de Arrieta; y habiendo quedado todos enterados del contenido de la proposicion y súplica que debia hacerse á S. M., y las razones en que se funda, se procedió á la votacion, empezando ésta por los Procuradores y Diputados de la ciudad de Burgos, quienes votaron se hiciese á S. M. la súplica contenida en la proposicion.

Sucesiva y separadamente fueron votando lo mismo los caballeros Procuradores de las demas ciudades y villa, por el órden de su antigüedad, los que la tienen señalada para el asiento en Córtes, y los restantes segun la que les cupo en suerte el dia 14 de este mes: habiendo usado D. Baltasar de Oñate, uno de los Procuradores de Córtes de la ciudad de Teruel, del poder in solidum que le está con-

ferido por su ciudad para este acto, y todo lo tratado y
conferido en la presente sesion, por no haber podido concurrir á ella D. Manuel Becerril, su compañero, á causa
de indisposicion que se lo impidió.

» Y considerando todos la justicia y utilidad de restablecer en la sucesion de la Corona el órden regular ates-
tiguado en la ley 2.ª, título 15, Partida 2.ª, con derogacion específica del auto acordado de 1713, que es el 5.º,
título 7, libro 5.º de la Recopilacion, acordaron ademas
con la misma uniformidad se diesen gracias al Rey Nuestro
Señor por tan necesario restablecimiento en la sucesion de
la Corona, y que se procediese desde luego á solemnizar el
acto, formándose y firmándose la súplica y peticion de
Córtes.

» En su consecuencia nos mandó S. I. á nosotros los
Escribanos mayores de ellas extendiésemos la referida peticion y súplica que acababa de notar el Reino, de plena
conformidad, de que certificamos, y se ejecutó en la forma siguiente:

«Señor: Por la ley 2.ª, título 15, Partida 2.ª, está
dispuesto lo que se ha observado de tiempo inmemorial, y
lo que se debe observar en la sucesion de los Reinos; habiendo mostrado la experiencia la grande utilidad que se ha
seguido de ello, pues se unieron los Reinos de Castilla y
Leon y los de la Corona de Aragon por el órden de suceder señalado en aquella ley, y de lo contrario se han
causado guerras y grandes turbaciones.

» Por lo que suplican las Córtes á V. M., que sin embargo de la novedad hecha en el auto acordado 5.º, título 7, libro 5.º, se sirva mandar se observe y guarde perpetuamente en la sucesion de la Monarquía dicha costumbre inmemorial, atestiguada en la citada ley 2.ª, título
15, Partida 2.ª, como siempre se observó y guardó, y
como fue jurada por los Reyes antecesores de V. M.: pu-

blicándose ley y pragmática hecha y formada en Córtes, por la cual conste esta resolucion y la derogacion de dicho auto acordado. Salon de los Reinos en el Palacio de Buen Retiro á 30 de Setiembre de 1780.—*Siguen las firmas de todos los Procuradores á Córtes.*—Como Escribanos mayores de Córtes.—Agustin Bravo de Velasco y Aguilera.—D. Pedro Escolano de Arrieta.

«Luego que se acabó de poner en limpio esta peticion, nos mandó S. I. á los Escribanos mayores de Córtes que pasásemos á leerla en medio, como se habia hecho antes, lo que ejecutamos en alta é intelijible voz; y habiendo manifestado todos que se hallaba arreglada á lo referido y votado, y estaban prontos á firmarla, les dijo S. I. que lo hiciesen si gustaban, y en efecto bajaron á la mesa de los Escribanos mayores de Córtes los caballeros Procuradores de Burgos, y antes de hacerlo reclamaron los de Toledo que les pertenecia firmar primero, sobre lo cual hubo entre ambos iguales razones, en punto á la preferencia de sus respectivas ciudades, y solicitud de testimonios; habiendo resuelto S. I. que se guardase la costumbre y se les diese testimonio, se volvieron á sus puestos los de Toledo, y firmaron los de Burgos, á quienes sucesivamente fueron siguiendo todos los demas, por el citado órden de antigüedad, siendo los últimos que firmaron los de Toledo, y nosotros despues, como Escribanos mayores de Córtes:

«En este estado hicimos presente á S. I. que ya estaba firmado de todos.

«Sucesivamente dicho Sr. Presidente de las Córtes manifestó al Reino haber hecho presente la Junta de Asistentes al Rey Ntro. Sr. la solicitud de que trata el acuerdo del dia 19 á la vuelta de Palacio, en razon de si debia cesar la comision de Millones, y lo dispuesto en la instruccion formada por las Córtes en el año de 1713; y

que la resolucion de S. M. era que deseaba atender al
Reino, y que para providenciar con mas conocimiento
prevenia á dicha Junta de Asistentes informase de varios
particulares; y que entre tanto, sin hacerse novedad, se
juntasen las Córtes en este sazon de los Reinos.

  • Añadió asimismo que los demas puntos sobre que debia tratarse en las sesiones sucesivas, se reducian á formar súplicas ó peticiones, con vista de los Decretos y
Cédulas Reales que tratan de la incompatibilidad de Mayorazgos, calidades de los que se fundasen de nuevo, abono de las mejoras que en bienes vinculados hiciesen los
poseedores, y de la facultad de cercar los terrenos desti-
nados á huertas y nuevos plantíos; á cuyo fin se traerian
á las Córtes los referidos Decretos y Cédulas.

  • En este estado, siendo ya tarde, y cerca de las doce de la mañana, se concluyó y disolvió la presente sesion y junta de Córtes, habiendo salido los Sres. Gobernador del Consejo y Asistentes en la forma con que entraron
por la mañana: de todo lo cual certificamos y hacemos
fé los infrascritos Escribanos mayores de Córtes.—Agustin
Bravo de Velasco y Aguilera.—Don Pedro Escolano de
Arrieta.

  • NOTA.—La peticion orijinal que por la acta antecedente resulta haberse acordado y firmado, la entregamos
y pusimos en manos del Ilmo. Sr. Conde de Campomanes,
Gobernador del Consejo y Presidente de las Córtes, en la
mañana de este mismo dia, luego que se salio de las Córtes; y S. I. la dirijió tambien original á las Reales manos de S. M. con una consulta que se rubricó inmediatamente por S. I. y Sres. Asistentes, y bajo de un pliego
cerrado entregué yo D. Pedro Escolano de Arrieta de órden de S. I. en mano propia del Excmo. Sr. Conde de
Florida Blanca. Y para que conste, ponemos esta nota, que
firmamos en Madrid á 30 de Setiembre de 1789.—Agus-

tín Bravo de Velasco y Aguilera.—D. Pedro Escolano de
Arrieta.»

«Asimismo resulta por otra certificacion orijinal de igual
fé que las anteriores, suscrita por los dos Escribanos mayores al fólio 127 de dicho libro, que las Córtes continuaron sus sesiones, prévio señalamiento y aviso del Señor
Gobernador Presidente; y que en el dia 3 de Octubre de
1789, celebraron la segunda en el mismo lugar con asistencia de todos los que concurrieron á la anterior, y ademas de D. Manuel Becerril, uno de los Procuradores de
Teruel, que por indisposicion no se habia hallado presente; en la cual se ratificó el acta que precede, como aparece, del fólio 129 vuelto, por estas palabras literales:

«En seguida dijo el Ilmo. Sr. Gobernador del Consejo,
Presidente de los Córtes, que se diese principio leyéndose
por nosotros los Escribanos mayores de ellas la acta de lo
acordado y convenido en la primera sesion que se celebró
en este salon de los Reinos el dia 30 del propio mes de
Setiembre próximo pasado; y en su consecuencia leímos
en medio de las Córtes dicha acta de verbo ad verbum,
de que certificamos y hacemos fé: y despues de concluida,
dijeron unánimemente todos los caballeros Procuradores,
que la leian, aprueban, y ratifican, por hallarla en todo
conforme y arreglada á lo que se trató y convino con uniformidad.» Prestó luego D. Manuel Becerril el juramento
que habian hecho los demas Procuradores; despues del
cual continúa el acta al fólio 130 vuelto en los términos
siguientes: «Concluido este acto, dijo (el D. Manuel) por
lo respectivo á lo acordado y convenido en el referido dia
30 de Setiembre próximo, acerca del restablecimiento de
la forma regular y antigua de sucesion á la Corona real
de España, que accedia á dicho acuerdo y peticion resuelta en él, como justa y útil jeneralmente a los Reinos, y
pedia se anotase así en el presente acuerdo. En su vista

pareciendo justa al Reino congregado en estas Córtes, la esposicion del Sr. D. Manuel Becerril, se nos mandó á los Escribanos mayores que lo anotásemos y pusiésemos en este acuerdo; de que certificamos y hacemos fé. »

Se tratan seguidamente otros puntos, y firman el acta los dos Escribanos mayores de Córtes.

Consta tambien en el libro, desde el fólio 124, que con posterioridad á la sesion mencionada del dia 3, se celebraron con igual solemnidad otras varias en los dias 10, 12, 17, 20 y 25 del mismo mes, de cuyas actas, firmadas en dicho libro por los Escribanos mayores de Córtes, resulta que á propuesta del Sr. Presidente Gobernador del Consejo, Conde de Campomanes, en nombre de S. M., se trataron diferentes asuntos sobre evitar los perjuicios de la reunion de pingües mayorazgos; sobre las reglas á que debian sujetarse los que en adelante se fundasen; sobre los medios de promover el cultivo de las tierras vinculadas, el cerramiento de las heredades, y la seguridad de los plantíos de olivares y viñedos, conciliando el interés particular con el del Estado en la conservacion de los pastos: cuyos asuntos, segun las actas, despues de discutidos en las Córtes, produjeron otras tantas peticiones, que se elevaron á S. M., segun consta desde el fólio 349, sobre las cuales resolvió el Rey en los términos precisos y auténticos que se comunicaron á las mismas Córtes.

A continuacion de estas actas se halla tambien desde el fólio 416 la orijinal, autorizada por los dos Escribanos mayores, de la sesion que se celebró en el dia 31 del mismo mes de Octubre, bajo la presidencia del Sr. Gobernador del Consejo, concurriendo á ella, como á las anteriores, los Sres. Asistentes y Procuradores de los Reinos. Por dicha acta consta que en aquella junta se publicaron en las Córtes, y se mandó por estas cumplir y ejecutar las resoluciones soberanas que el Sr. D. Cárlos IV tuvo á bien tomar sobre cada una de las proposiciones elevadas á su augusta consideracion. En dicha acta se lee al fólio 419 lo que sigue:

«En este estado se hizo presente por el Sr. Gobernador del Consejo, Presidente de las Córtes, que el Rey Nuestro Señor se habia dignado dar su respuesta y resolucion á las seis peticiones ó súplicas hechas por el Reino, acompañando asimismo las dos resoluciones puestas al márjen de las consultas de guia, que con fecha de 30 de setiembre próximo y 26 del corriente hizo la Junta de Sres. Asistentes, pasando á las Reales manos las referidas peticiones ó súplicas, y se publicaron en la Junta de Sres. Asistentes, que se celebró ayer.

«El Sr. D. Manuel de Aizpun y Redin, Secretario de la Cámara por lo tocante á Gracia y Justicia y Estado de Castilla, y que asiste á las Córtes á consecuencia de lo que previno S. I., procedió á leer la primera consulta de 30 de Setiembre de este año, sobre el restablecimiento de la sucesion regular é inmemorial en la Corona de España con arreglo á lo que dispone la ley 2.ª, título 15, Partida 2.ª, derogándose el auto acordado de 1713; la cual con la resolucion de S. M., nos la entregó de acuerdo de la Junta d e Sres. Asistentes á nosotros los Escribanos mayores de Córtes el referido Sr. D. Manuel Aizpun, para insertarla en este acuerdo, y devolvérsela despues; cuyo tenor, con el de su publicacion en dicha Junta, es el siguiente:

El Gobernador del Consejo.
D. Rodrigo de la Torre Marin.
D. Pedro Perez Valiente.
D. Juan Acedo Rico.
D. Santiago Ignacio de Espinosa.

«Señor: Pasa la Junta de Asistentes de Córtes á las Reales manos de V. M. la peticion y súplica que el Reino hace á V. M. para la observancia de ley 2.ª, título 15, Partida 2.ª, en que con arreglo á la costumbre inmemorial de España, se

atestigua la sucesion regular en la Corona con preferencia de mayor á menor y
varon á hembra dentro de las respectivas
líneas por su órden., con derogacion de
lo dispuesto en el año de 1713 en el auto
acordado 6.°, título 7, libro 5.°, en perjuicio de la referida costumbre inmemorial;
para que en consecuencia de este uniforme dictámen. de las Córtes que se están
celebrando en el Buen Retiro, en que
concurrieron con el Gobernador, como Presidente de ellas, todos los Asistentes, se
digne V. M. resolver lo que sea mas de
su agrado y beneficio de estos Reinos. Madrid 30 de Setiembre de 1789. »

Real resolucion.

« *He tomado la resolucion correspondiente á la súplica que acompaña., en-
cargando se guarde por ahora el mayor secreto, por convenir así á mi servicio.* »

Publicacion.

Señores.
Gobernador del
Consejo.
D. Pedro Perez Va-
liente.
D. Juan Acedo Rico.
D. Santiago de Es-
pinosa.

« Madrid 30 de Octubre de 1789. Pu-
blicada : cúmplase lo que S. M. manda,
quedando reservada la peticion y resolucion orijinales para publicarse mañana en
Córtes : y luego que se hayan sacado las
certificaciones correspondientes por los Escribanos mayores de Córtes, lo devolve-
rán todo orijinal á la Secretaría, para que
se conserve con la reserva que S. M. encarga y conviene. »

« En seguida nos entregó el Ilmo. Sr. Presidente á los
Escribanos mayores de Córtes la referida peticion del dia
30 de setiembre próximo sobre sucesion regular de la Co-

rona de España, para que la leyésemos á la letra con la respuesta y resolucion de S. M. en medio del circo, á fin de que se pudiese oir y entender bien por todos, lo cual ejecuté yo D. Pedro Escolano de Arrieta; y es como sigue

«Señor: Por la ley 2.ª, título 15, Partida 2.ª, está dispuesto lo que se ha observado de tiempo inmemorial, y lo que se debe observar en la sucesion de estos reinos; habiendo mostrado la experiencia la grande utilidad que se ha seguido de ello, pues se unieron los reinos de Castilla y Leon y los de la Corona de Aragon por el órden de suceder señalado en aquella ley, y de lo contrario se han causado guerras y grandes turbaciones.

«Por lo que suplican las Córtes á V. M., que sin embargo de la novedad hecha en el auto acordado 5.º, título 7, libro 5.º, se sirva mandar, se observe y guarde perpetuamente en la sucesion de la monarquía dicha costumbre inmemorial, atestiguada en la citada ley 2.ª, título 15, Partida 2.ª, como siempre se observó y guardó, y como fue jurada por los Reyes antecesores de V. M., publicándose ley y prágmática hecha y formada en Córtes, por la cual conste esta resolucion y la derogacion de dicho auto acordado.—Buen Retiro en el Salon de los Reinos 30 de setiembre de 1789.» (*Síguen las firmas de todos los Procuradores á Córtes y de los dos Escribanos mayores.*)

RESPUESTA Y RESOLUCION DE S. M.

«A esto os respondo que ordenaré á los del mi Consejo espedir la prágmática sancion que en tales casos corresponde y se acostumbra, teniendo presentes vuestra súplica y los dictámenes que sobre ella haya tomado.»

«Oido y entendido todo lo referido por los caballeros Procuradores con uniforme dictámen y aclamacion, se reuficaron en sus anteriores acuerdos, y en que se expida por el Consejo la pragmática que se sirva resolver S. M. con todas las cláusulas y firmezas de estilo.

» Asimismo quedó enterado el Reino del especial encargo de S. M. para que se continúe la obligacion del secreto de las Córtes, disueltas éstas, por lo tocante á esta petición, resolucion y acuerdo respectivo á la sucesion de la corona; y así lo ofrecieron uniformemente todos los caballeros Procuradores, extendiendo á mayor abundamiento el juramento del secreto de las Córtes al referido encargo desde el dia de hoy: deseosos de que no solo en la sustancia, sino en el modo, se asegure esta providencia y la ley constitucional, hasta que se verifique la publicacion de la pragmática en el tiempo que S. M. tuviere por conveniente, segun su alta prevision.»

Concluida la pública y solemne lectura por los Escribanos mayores de las demas peticiones de las Córtes sobre los asuntos arriba indicados, y de las resoluciones de S. M. el Sr. D. Cárlos IV, arengó al Reino reunido el Sr. Presidente Conde de Campomanes, segun aparece al fólio 445, anunciando la resolucion de S. M. de cerrar las Córtes el dia 5 de noviembre próximo, y manifestando el grande aprecio que habia hecho el Rey de cuanto se le habia propuesto por ellas: que no podia ser mayor la consideracion que el Reino habia recibido de su Soberano, quien habia tenido la real benignidad de confirmar á los pueblos sus fueros y derechos; y que él mismo habia recibido la mayor complacencia en presenciar el acierto con que habian tratado los Procuradores del Reino el objeto de la sucesion legal en la corona de España conforme á nuestras costumbres y leyes, y las otras materias que habian ocupado sus sesiones. A cuya arenga contestó el primer Procurador de Burgos, á nombre de todo el Reino, con las mas acendradas protestas de fidelidad, gratitud y amor á sus Soberanos, al

Serenísimo Señor Príncipe de Asturias y real familia.

«Terminadas así las sesiones de Cortes, en cumplimiento de la resolucion soberana que en la anterior alocucion anunció el Sr. Presidente sobre cerrarlas personalmente S. M., se realizó en el dia señalado 5 de noviembre, tan augusto y solemne acto á presencia del Rey y con todas las ceremonias de estilo; segun aparece del acta original que obra desde el fólio 449 hasta el 458, autorizada en forma legal por los dos repetidamente mencionados Escribanos de Córtes.»

VI.

He aquí algunas de las cartas y documentos que mediaron entonces entre el Rey y el Gobierno español por una parte, y el Infante D. Cárlos por la otra. No insertamos mayor número de las primeras, porque bastan las siguientes para dar una idea de la situacion, y hacer presajiar los acontecimientos que se preparaban.

Del Infante D. Cárlos.

«Mi muy querido hermano de mi corazon, Fernando mio de mi vida: He visto con el mayor gusto por tu carta del 23, que me has escrito, aunque sin tiempo, lo que me es motivo de agradecértela más, que estabas bueno, y Cristina y tus hijas; nosotros lo estamos, gracias á Dios. Esta mañana á las diez, poco mas ó menos, vino mi secretario Plazaola á darme cuenta de un oficio que habia recibido de tu Ministro en esta corte, Córdova, pidiéndome hora para comunicarme una real órden que habia recibido; le cité á las doce, y habiendo venido á la una menos minutos, le hice entrar inmediatamente, me entregó el oficio pa-

ra que yo mismo me enterase de él, le leí, y le dije que
yo directamente te respondería, porque así convenia á mi
dignidad y carácter, y porque siendo tu mi Rey y Señor,
eres al mismo tiempo mi hermano, y tan querido toda
la vida, habiendo tenido el gusto de haberte acompañado
en todas tus degracias.—Lo que deseas saber, es si tengo
ó no intencion de jurar á tu hija por Princesa de Asturias;
¡cuánto desearia poderlo hacer! Debes creerme, pues me
conoces, y hablo con el corazon, y que el mayor gusto que
hubiera podido tener, seria el de jurar el primero, y no
darte este disgusto, y los que de él resulten, pero mi conciencia y mi honor no me lo permiten; tengo unos derechos tan lejítimos á la corona, siempre que te sobreviva
y no dejes varon, que no puedo prescindir de ellos; derechos que Dios me ha dado cuando fue su voluntad que
yo naciese, y solo Dios me los puede quitar, concedién-
dote un hijo varon, que tanto deseo yo; puedo ser que aun
mas que tú; ademas, en ello defiendo la justicia del derecho que tienen todos los llamados despues que yo, y así
me veo en la precision de enviarte la adjunta declaracion
que hago con toda formalidad á tí y á todos los Soberanos, á quienes espero se la harás comunicar.—Adios, mi
muy querido hermano de mi corazon, siempre lo será tu-
yo, siempre te querré, siempre te tendrá presente en sus
oraciones este tu mas amante hermano.—M. Cárlos.»

PROTESTA QUE ACOMPAÑABA A ESTA CARTA.

«Señor.—Yo Cárlos María Isidro de Borbon y Borbon,
Infante de España.—Hallándome bien convencido de los lejítimos derechos que me asisten á la corona de España,
siempre que sobreviviendo á V. M. no dejo un hijo varon:
digo que mi conciencia ni mi honor me permiten jurar ni
reconocer otros derechos, y así lo declaro.—Palacio de Ra-

malhao 29 de abril de 1833.—Señor.—A L. R. P. de V. M.
—Su mas amante hermano y fiel vasallo.—M. El Infante
D. Cárlos.»

Del Rey Fernando VII.

«Madrid 6 de mayo de 1833.—Mi muy querido hermano de mi vida, Cárlos mio de mi corazon. He recibido tu
muy apreciable carta de 29 del pasado, y me alegro mucho
de ver que estabas bueno, como tambien tu mujer é hijos:
nosotros no tenemos novedad, gracias á Dios.—Siempre he
estado persuadido de lo mucho que me has querido. Creo
que tambien lo estas del afecto que yo te profeso, pero soy
padre y Rey, y debo mirar por mis derechos y los de mis
hijas, y tambien por los de mi corona.—No quiero tampoco violentar tu conciencia, ni puedo aspirar á disuadirte
de tus pretendidos derechos, que fundándose en una determinacion de los hombres, crees que solo Dios puede de-
rogarlos. Pero el amor de hermano que te he tenido siempre
me impele á evitarte los disgustos que te ofrecería un pais
donde tus supuestos derechos son desconocidos, y los deberes de Rey me obligan á alejar la presencia de un Infante,
cuyas pretensiones pudiesen ser pretexto de inquietud á los
mal contentos.—No debiendo pues regresar tú á España,
por razones de la mas alta política, por las leyes del reino, que así lo disponen expresamente, y por tu misma tranquilidad, que yo deseo tanto como el bien de mis pueblos,
te doy licencia para que viajes desde luego con tu familia
á los Estados Pontificios, dándome aviso del punto á que
te dirijas, y del en que fijes tu residencia.—Al puerto de
Lisboa llegará en breve uno de mis buques de guerra dispuesto para conducirte.—España es independiente de toda accion é influencia extranjera en lo que pertenece á su réji-

men interior; y yo obraria contra la libre y completa soberanía de mi trono, quebrantando con mengua suya el principio de no intervencion adoptado jeneralmente por los Gabinetes de Europa, si hiciese la comunicacion que me pides en tu carta.—Adios, querido Cárlos mio, creé que te ha querido, te quiero y te querré siempre tu afectísimo é invariable hermano,—Fernando.

Del Infante D. Carlos.

«Mafra 13 de mayo de 1833.—Mi muy querido hermano mio de mi corazon, Fernando mio de mi vida.—Ayer á las tres de la tarde recibí tu carta del 6, que me entrego Córdova, y me alegro mucho ver que no teneis novedad, gracias á Dios; nosotros gozamos del mismo beneficio por su infinita bondad: te agradezco mucho todas las expresiones de cariño que en ella me manifiestas, y creo que sé apreciar y dar su justo valor á todo lo que sale de tu corazon: quedo igualmente enterado de mi sentencia de no deber regresar á España, por lo que me das tu licencia para que viaje desde luego con mi familia á los Estados Pontificios, dándote aviso del punto á que me dirija, y del en que fije mi residencia; á lo primero te digo que me someto con gusto á la voluntad de Dios que así lo dispone; en lo segundo no puedo menos de hacerte presente, que me parece que bastante sacrificio es el no volver á su patria, para que se le añada el no poder vivir libremente en donde á uno mas le convenga para su tranquilidad, su salud y sus intereses: aqui hemos sido recibidos con las mayores consideraciones, y estamos muy buenos: aqui pudiéramos vivir perfectamente en paz y tranquilidad, pudiendo tú estar bien persuadido y sosegado, de que así como he sabido cumplir con mis obligaciones en circunstancias muy

críticas dentro del reino, sabré del mismo modo cumplir-
las en cualquier punto que me halle fuera de él, porque
habiendo sido por efecto de una gracia muy especial de
Dios, ésta nunca me puede faltar: sin embargo de todas
estas reflexiones estoy resuelto á hacer tu voluntad, y á
disfrutar del favor que me haces de enviarme un buque
de guerra dispuesto para conducirme; pero antes tengo que
arreglar todo, y tomar mis disposiciones para mis particulares intereses de Madrid,.viéndome igualmente precisado
á recurrir á tu bondad para que me concedas algunas can-
tidades de mis atrasos; nada te pedí, ni te hubiera pedido
para un viaje que hacia por mi voluntad; pero éste varía
enteramente de especie, y no podré ir adelante si no me
concedes lo que te pido.—Resta el último punto que es el
de nuestro embarque en Lisboa: ¿cómo quieres que nos
metamos otra vez en un punto tan contajiado, y del que
salimos por la epidemia? Dios por su infinita misericordia nos sacó libres; pero el volver casi seria tentar á Dios:
estoy persuadido que te convencerás, así como te seria del
mayor dolor y sentimiento, si por ir á aquel punto se con-
tajiase cualquiera, é infestado el buque pereciésemos todos.
—Adios, querido Fernando mio; cree que te ama de corazon como siempre te ha amado y te amará ésta—Tu mas
amante hermano.—M. Cárlos.»

DEL REY FERNANDO VII.

«Madrid 20 de mayo de 1833.—Mi muy querido
hermano de mi vida, Cárlos mio de mi corazon. He
recibido tu carta del 13, y veo con mucho gusto que
estabas bueno, como igualmente tu mujer é hijos; nosotros continuamos buenos, gracias á Dios.—Vamos á
hablar ahora del asunto que tenemos entre manos. Yo

he respetado tu conciencia, y no he juzgado, ni pronunciado sentencia alguna contra tu conducta. La necesidad de que vivas fuera de España es una medida de precaucion, tan conveniente para tu reposo como para la tranquilidad de mis pueblos; exijida por las mas justas razones de política, é imperada por las leyes del Reino, que mandan alejar y extrañar los parientes del Rey, que le estorbasen manifiestamente: no es un castigo que yo te impongo, es una consecuencia forzosa de la posicion en que te has colocado.—Bien debes conocer que el objeto de esta disposicion no se conseguiria permaneciendo tú en la Península. No es mi ánimo acusar tu conducta por lo pasado, ni recelar de ella en adelante: sobradas pruebas te he dado de mi confianza en tu fidelidad, á pesar de las inquietudes que de tiempo en tiempo se han suscitado, y en que tal vez se ha tomado tu nombre por divisa.—A fines del año pasado se fijaron y esparcieron proclamas, escitando á un levantamiento para aclamarte por Rey, aun viviendo yo; y aunque estoy cierto de que estos movimientos y provocaciones sediciosas se han hecho sin anuencia tuya, por mas que no hayas manifestado públicamente tu desaprobacion, no puede dudarse, de que tu presencia ó tu cercanía serian un incentivo para los díscolos, acostumbrados á abusar de tu nombre. Si se necesitasen pruebas de los inconvenientes de tu proximidad, bastará ver que al mismo tiempo de recibir yo tu primera carta, se han difundido en gran número (para alterar los ánimos) copias de ella, y de la declaracion que la acompaña; las cuales no se han sacado ciertamente del orijinal que me enviaste. Si tú no has podido precaver la infidelidad de esta publicacion, puedes conocer, á lo menos, la urjencia de alejar de mis pueblos cualquier oríjen de turbacion, por mas inocente que sea.—Señalando para tu residencia el bello país y benigno clima de los Estados Pontificios,

estraño que prefieras al Portugal, como mas conveniente
á tu tranquilidad cuando se halla combatido por una guerra encarnizada sobre su mismo suelo, y como favorable
á tu salud, cuando padece una enfermedad cruel, cuyo
contajio te hace recelar que perezca toda tu familia. En
los dominios del Papa puedes atender como en Portugal
á tus intereses.—No te someto á leyes nuevas; los Infantes
de España jamás han residido en parte alguna, sin conocimiento y voluntad del Rey: tú sabes que ninguno de
mis predecesores ha sido tan condescendiente como yo con
sus hermanos.—Tampoco te obligo á volver á Lisboa, donde solo parece que temes la enfermedad que se propaga
por otros pueblos; puedes embarcarte en cualquier pueblo
de la bahía, sin tocar en la poblacion; puedes elejir algun otro de estas inmendiaciones, proporcionado para el
embarque. El buque tiene las órdenes mas estrechas de no
comunicar con tierra, y debes estar mas seguro de su tripulacion que no habrá tenido contacto alguno con Lisboa,
que de las personas que te rodean en Mafra.—El coman-
dante de la fragata tiene mis órdenes y fondos para hacer
los preparativos convenientes á tu cómodo y decoroso viaje;
si no te satisfacen se te proporcionarán, por mano de Córdova, los auxilios que hayas menester. Yo tomaré conocimiento y promoveré el pago de los atrasos que me dices;
y en todo caso, hallarás á tu arribo lo que necesitares.
Me ofenderias si desconfiases de mi.—Nada, pues, debe
impedir tu pronta partida, y yo confio que no retardarás
mas esta prueba de que es tan cierta como creo la resolucion que manifiestas de hacer mi voluntad.—Adios mi
querido Cárlos. Siempre conservas y conservarás el cariño
de tu amantísimo hermano Fernando.»

DEL INFANTE D. CARLOS

Ramalhao 27 de Mayo de 1833.—Mi muy querido hermano de mi vida, Fernando mio de mi corazon; antes de ayer 25 recibí la tuya del 20, y tuve el consuelo de ver que no había novedad en tu salud, ni en la de Cristina, y niñas; nosotros todos estamos buenos, gracias á Dios por todo.—Voy á responderte á todos los puntos de que me hablas; dices que has respetado mi conciencia, muchas gracias: si yo no hiciese caso de ello y obrara contra ella, entonces sí que estaba mal, y tendria que temer mucho y con fundamento: que no has pronunciado sentencia contra mi conducta, sea lo que quieras; lo cierto es que se me carga con todo el peso de la ley, porque dices que es una consecuencia forzosa de la posicion en que me he colocado; quien me ha colocado en esta posicion es la Divina Providencia mas bien que yo mismo —No es tu ánimo acusar mi conducta por lo pasado, ni recelar de ella en adelante; tampoco á mí me acusa mi conciencia por lo pasado; y por lo de adelante, aunque no sé lo que está por venir, sin embargo tengo entera confianza en ella, que me dirijirá bien como hasta aquí, y que yo seguiré sus sabios consejos: mucho se me ha acusado, pero Dios por su infinita misericordia ha permitido, que no tan solo no se me haya probado nada, sino que todos los enredos que han armado para meter cizaña entre nosotros y dividirnos, por sí mismos se han deshecho, y han manifestado su falsedad; solo tengo un sentimiento que penetra mi corazon, y es que estaba yo tan tranquilo de que tú me conocias, y estabas tan seguro de mí y de mi constante amor, y ahora veo que no; mucho lo siento: en cuanto á las

proclamas, no he desaprobado en publico esos papeles,
porque no venia al caso, y creo haber hecho mucho favor á sus autores tan enemigos tuyos como mios, y cuyo objeto era, como he dicho arriba, romper, ó cuando
menos aflojar los vínculos de amor que nos han unido
desde nuestros primeros primeros años: y en cuanto á las
copias de mi carta y declaracion que se han difundido en
gran número al momento, yo no puedo impedir la publicacion de unos papeles, que necesariamente debian pasar
por tantas manos.—Te daré gusto y te obedeceré en todo;
partiré lo mas pronto que me sea posible para los Estados Pontificios, no por la belleza, delicia y atractivos del
pais, que para mí es de muy poco peso, sino porque tú
lo quieres, tú que eres mi Rey y Señor, á quien obedeceré en cuanto sea compatible con mi conciencia; pero
ahora viene el Corpus, y pienso santificarlo lo mejor que
pueda en Mafra, y no sé por qué te admiras que yo pre-
firiese quedarme en Portugal, habiéndome probado tan
bien su clima, y á toda mi familia, y no siendo lo mismo viajar, que estarse quieto; yo no te dije que temiese
el perecer yo y toda mi familia, sino que si nos íbamos
á embarcar á Lisboa, podia cualquiera contajiarse al pasar por aquella atmósfera pestilencial, y despues declararse en el buque, donde podiamos perecer todos; ahora,
con tu permiso de podernos embarcar en cualquier otro
punto, espero ver á Guruceta, que aun no se me ha pre-
sentado, para tratar con él: te doy las gracias por las
órdenes tan estrechas que has dado á la tripulacion; es
regular que asi las cumpla: mientras tanto el buque se
está impregnando de los aires, precisamente de Belen, á
donde está fondeado; y las personas que me han rodeado
en Mafra, son las mismas que aqui y en todas partes, que
son las de mi servidumbre.—Me parece que he respondido
á todos los puntos en cuestion, y me viene á la memoria

Mr. de Gorset ; ¿no te parece que tiene bastante analojía?
Esto te lo digo porque no siempre se ha de escribir se-
rio, sino que entre col y col viene bien una lechuga.—
Adios, mi querido Fernando, dá nuestras memorias á
Cristina, y recíbelas de María Francisca, y cree que te
ama de corazon tu mas amante hermano.—M. Cárlos.»

6.

DEL REY FERNANDO VII.

« Madrid 30 de junio de 1833.—Mi muy querido hermano Cárlos: he recibido á un tiempo tus dos cartas del 19
y 23 del presente; y ellas solas, sino lo mostrase tu conducta, bastarian para revelar el designio de entretener con
pretestos, y eludir el cumplimiento de mis órdenes. Ya no
tratas del viaje, sino para ponderar sus obstáculos. Si te
hubieses embarcado cuando yo lo determiné, y me decías
te daré gusto, y te obedeceré en todo, hubieras prevenido
el contajio de Cascaes: si aun despues de tus primeras de-
moras no hubieses emprendido la jornada de Coimbra, contra mi expresa prohibicion, hubieras podido estar á bordo
el 10 ó 12, cuyo plazo te prefijé: si hallando en ese fu-
nesto viaje infestada la villa de Caldas, hubieses retroce-
dido, como dictaba tu misma seguridad, ya que nada
valgan para tí mis mandatos, no hallarias ahora tomado el
camino de tu vuelta por una línea de pueblos contajiados.
Quien por voluntad propia y contra su deber permanece en
el pais donde renacen y crecen los peligros, los busca, y
es responsable de sus consecuencias. No te perseguiria el
contajio si no fueses tú delante de él. ¿A quién persuadi-
rás que estás mas seguro á dos leguas de la epidemia, sin
saber si principiará en ese pueblo por tu familia, que poniendo el Océano de por medio?—Alegas la dificultad de
embarcarte en Cascaes, que era el punto designado ante-

riormente, con tan poca razon como alegabas mi primer consentimiento para ver á Miguel , despues de habértelo prohibido. En mi carta del 15 te insinué que Guructa elejiria embarcadero sano y seguro , segun dictasen las circunstancias , y en la real órden que la acompañó y se te ha comunicado, añadí expresamente que se buscase cualquier otro punto de la costa. Con subterfujios tan fútiles no se contesta , cuando se habla con sinceridad.— Llévate en buen hora al médico que deseas: Yo le queria á nuestro lado ignorando tu empeño ; pero no te negaré este gusto , como no te he negado ninguno que haya sido compatible con mis deberes.—No es lo mismo del pago de los dos millones que solicitas, y de que he tomado conocimiento, como te ofrecí. La deuda que reclamas, es anterior al año de 23 en que por regla jeneral se cortaron cuentas sin satisfacer los atrasos. Por gracia particular concedí á los Infantes un abono mensual á cuenta de sus créditos, hasta la completa extincion : tú continuas percibiendole ; y para no exijir de una vez cantidad tan superior á la señalada en este pago privilejiado y singular, no es necesario una suma delicadeza , basta el sentimiento de la justicia.—Tienes dispuesta y provista abundantemente la fragata, y trescientos mil reales ademas á tu órden ; sobra para el viaje. A tu llegada te he dicho que hallarás todo lo que necesites: allí, como en Portugal, puedes arreglar tus obligaciones. En vano fias en el juicio público, que ya entiende y acusa tu detencion, y la condenará abiertamente cuando conozca las razones evasivas de tu inobediencia.—Yo no puedo consentir ni consiento más que resistas con pretestos frivolos á mis órdenes; que continúe á vista de mis pueblos el escándalo con que las quebrantas; que emanen por mas tiempo de ese pais los conatos impotentes para turbar la tranquilidad del reino , nunca tan asegurada como ahora. Esta será mi última carta si no obedeces; y pues nada han podido mis persuasiones fraternales en casi dos meses de contestaciones, procederé según las leyes, si el punto no dispones tu embarque para los Estados Pontificios, y obraré entonces como Soberano, sin otra consideracion que la debida á mi corona y á mis pueblos; quedándome el pesar de que hayan sido inútiles las insinuaciones cariñosas de que solo quisiera usar contigo tu muy amante hermano.—Fernando».

DEL INFANTE D. CARLOS.

«Coimbra 9 de Julio de 1833.—Mi muy querido hermano, Fernando mio de mi vida: he recibido tu carta del 30 del pasado y su contenido me ha causado el sentimiento que puedes considerar: inútil es alegar razones, cuando no tengo otras que las expuestas, las cuales en mi juicio son sencillas, sólidas y verdaderas, pero que no son atendidas, ó no se creen suficientes: ahora me dices que resisto á tus órdenes, que quebranto tus mandatos con escándalo de tus pueblos, y que no emanen por mas tiempo de este pais los conatos impotentes para turbar la tranquilidad del reino, viéndote precisado á obrar como Soberano sino obedezco al momento, procediendo según las leyes, sin otra consideracion que la debida á tu corona, y á tus pueblos, ya que nada han podido tus persuasiones fraternales.—Estos son los cargos á que tengo que contestar: yo, tu mas fiel vasallo y constante, cariñoso, y tierno hermano, nunca te he sido desobediente y mucho menos infiel, pruebas te he dado de ello muy repetidas en todo el curso de mi vida, y particularmente en esta última época, en la que cumpliendo con mi deber, he hecho servicios muy interesantes á tu persona: creo obrar con rectitud, y por lo mismo aborrezco las tinieblas: si soy desobediente, si resisto, si escandalizo y merezco castigo, impóngaseme enhorabuena; pero si no lo merezco exijo una satisfaccion pública y notoria, para lo cual te pido que se me juzgue segun las leyes, y no se me atropelle. Si se examina toda mi conducta en este negocio, no se hallará mas delito que el haber terminantemente declarado, que convencido del derecho que me asiste á heredar la corona, si te sobrevivo sin dejar hijo varon, ni mi conciencia ni mi honor me permitian jurar ni reconocer ningun otro derecho. Yo no quiero usurparte la corona, ni mucho menos poner en práctica medios reprobados por Dios; ya te expuse lo que debia obrar segun mi conciencia, y todo ha quedado en el mas profundo silencio: te pedí que se comunicára á las Córtes extranjeras, y no lo tuviste por decoroso á tu persona, por lo cual me ví precisado á pasar á todos los Soberanos con fecha del 23 de mayo una copia de mi declaracion, y una carta simple de remision para su conocimiento: asimismo envié otras copias y oficios de remision á los Obispos, Grandes y Diputados, Presidentes ó Decanos de los Consejos, para que tuviesen la instruccion, que debian de mis sentimientos, y se extraen todas del correo del 17: estos son los medios que se me ofrecian para defender mis derechos, y no otros, éstos son los que pongo en ejecucion, y se me hacen inútiles: se me podrá acusar de cuanto se quiera; pero se me debe probar. Dígase que este es mi crímen, y no la estancia aquí mas ó menos larga; para ella existen las mismas causas; y ademas, no ya razones, hechos positivos, como son los enfermos y muertos del cólera en la fragata, justifican mis anteriores recelos, y prueban que no eran ciertamente los obstáculos que yo formaba, sino justísimos temores de perecer con toda mi familia. Pero supongamos

que no hubiese ningun inconveniente, como le hay claro
y visible; mi honor vulnerado no me permite salir de aqui,
sin que se me haga justicia, estando muy tranquilo y conforme. Veo el sentimiento que te causa, y te lo agradezco; pero te digo que obres con toda libertad, y sean las
que quieran las resultas. Te doy las gracias de que permi-
tas á Llord el acompañarnos habiéndote convencido mis
razones; mas si tú lo necesitas, mi gusto será el que se
vaya al instante, y corresponde á tu confianza como ha
correspondido hasta ahora á la nuestra. Es efectivamente
cierto que mi deuda es anterior al año 23; pero tú por
una gracia especial la separaste de la regla jeneral, y man-
daste el pago de cien mil reales mensuales, hasta su to-
tal solvencia; y asi mi peticion no es mas que de un adelanto; y espero que me lo concedas.—A Dios Fernando
mio de mi corazon: soy tu mas amante y fiel hermano.—
M. Cárlos. »

8.

Del Rey Fernando VII.

« Infante D. Cárlos:—Mi muy amado hermano: en 6
de mayo os dí licencia para que pasáseis á los Estados Pontificios; razones de muy alta política hacian necesario este
viaje. Entonces dijisteis estar resuelto á cumplir mi voluntad, y me lo habeis repetido despues; mas á pesar de
vuestras protestas de sumision, habeis puesto sucesivamente dificultades, alegando siempre otras nuevas, al paso que
yo daba mis órdenes para superarlas, y evadiendo de uno
en otro pretexto el cumplimiento de mis mandatos.—Dejé
de escribiros, como os lo anuncié, para terminar discusiones no convenientes á mi autoridad soberana, y prolon-
gadas como un medio para eludirla. Desde entonces os
hice entender mis intenciones, sobre los nuevos obstácu-

los, por conducto de mi Enviado en Portugal. Mis reales órdenes repetidas, en especial las de 16 de julio, 11 y 18 del presente, allanaron todos los impedimentos expuestos para embarcaros. El buque, de cualquier bandera que fuera, el puesto en país libre ú ocupado por las tropas del Duque de Braganza, aun el de Vigo en España, todo se dejó á vuestra eleccion; las dilijencias, los preparativos y los gastos, todos quedaron á mi cargo.—Tantas franquicias y tan repetidas manifestaciones de mi voluntad, solo han producido la respuesta de que os embarcareis en Lisboa (donde podeis hacerlo desde el momento) luego que haya sido reconquistada por las tropas del Rey D. Miguel.—Yo no puedo tolerar que el cumplimiento de mis mandatos se haga depender de sucesos futuros, ajenos de las causas que los dictaron; que mis órdenes se sometan á condiciones arbitrarias por quien está obligado á obedecerlas.—Os mando, pues, que elijais inmediatamente alguno de los medios de embarque, que se os han propuesto de mi órden; comunicando, para evitar nuevas dilaciones, vuestra resolucion á mi Enviado D. Luis Fernandez de Córdova, y en ausencia suya á D. Antonio Caballero, que tienen las instrucciones necesarias para llevarla á ejecucion. Yo miraré cualquiera escusa ó dificultad, con que demoreis vuestra eleccion ó vuestro viaje, como una pertinácia en resistir á mi voluntad, y mostraré, como juzgue conveniente, que un Infante de España no es libre para desobedecer á su Rey.—Ruego á Dios os conserve en su santa guarda.—YO EL REY.—Madrid 30 de agosto de 1833.

FIN DEL TOMO I

Lightning Source UK Ltd.
Milton Keynes UK
UKHW020806130219
337247UK00012B/785/P